전투미소녀의 정신분석

―'싸우는 소녀'들은 어떻게 등장했나

SENTOU BISHOUJYO NO SEISHIN BUNSEKI
by Tamaki Saito

전투미소녀의 정신분석
—'싸우는 소녀'들은 어떻게 등장했나

사이토 타마키 지음

이정민 · 최다연 옮김

EDÍTUS

차례

서론 당신은 '싸우는 소녀'들을 알고 있는가   7

제1장 '오타쿠'의 정신병리   19
    오타쿠는 누구인가?   21
    오타쿠론의 흐름   25
    오타쿠와 마니아   35
    '소유'의 문제   41
    허구란 무엇인가   44
    오타쿠와 허구   50
    다중 지남력   53
    오타쿠의 정신병리   55
    섹슈얼리티의 문제   57

제2장 '오타쿠'의 편지   65

제3장 해외의 전투미소녀들   87
    해외 오타쿠 조사   89
    유럽과 미국의 전투미소녀   92
    아니메와 페미니즘   100
    아니메와 도착증, 혹은 섹슈얼리티   104
    전투미소녀와 문화적 배경   109
    몽골로이드 콤플렉스?   115

제4장 헨리 다거Henry Darger의 기묘한 왕국   121
    아웃사이더   123
    생활사   129

발견 131

비현실의 왕국에서 134

다거의 기법 140

병리인가 도착중인가: '히키코모리'의 관점에서 144

제5장 전투 미소녀의 계보 157

전투미소녀의 현재 159

미야자키 하야오의 〈백사전白蛇傳〉 체험 166

전투미소녀의 간략한 역사 170

해외의 주요 전투미소녀 254

제6장 펠릭 걸즈Phallic girls가 생성되다 273

생성 공간의 특이성 275

만화, 아니메의 '무시간성' 277

유니즌적인 동기화 공간 289

다중 인격의 공간 295

하이 콘텍스트 298

간間주관적 매개 또는 미디어론 302

'허구' vs '현실' 308

히스테리로서의 펠릭 걸 319

다거로의 회귀 337

미디어와 섹슈얼리티 342

후기 359

해설 『동물화하는 포스트모던』을 키운 누나 371

옮긴이 후기 379

일러두기 (옮긴이)

* 이 책은 사이토 타마키斎藤環의 『戦鬪美少女の精神分析』(筑摩書房, 2006)을 완역한 것이다. 번역을 하면서 영문판 *Beautiful Fighting Girl*(Univ. of Minnesota Press, 2011)도 참고하였다.
* 정신의학 용어를 번역할 때는 대한의사협회 의학용어위원회의 번역 용어를 따르고 영문명을 병기하였다.[예: 二重見当識→이중 지남력double orientation]
* 정신분석 용어의 경우 일본어 원문을 그대로 번역하기보다는 가급적 기존 한국의 번역례를 따랐다.[예: 現実界(프랑스어로는 le réel)→실재계]
* 옮긴이 주는 별도의 표시를 덧붙였다. 이 표시가 없는 경우는 모두 원주이다.
* 작품명의 경우 원래의 제목으로 번역하되 이미 한국어로 번역되어 익숙한 경우 그 사례를 따르도록 하였다.
* 본문에서 언급되는 모든 웹사이트는 번역 당시(2018년 1월)에 접속이 가능한지 점검하였다.
* 애니메이션, 만화, 영화 등에는 홑화살괄호 〈 〉를, 단행본이나 정기간행물에는 겹낫표 『 』를 사용하였다.

당신은 '싸우는 소녀'들을 알고 있는가

서론
당신은 '싸우는 소녀'들을 알고 있는가

〈리본의 기사リボンの騎士〉, 〈꼬마숙녀 치에じゃりん子チエ〉, 〈바람계곡의 나우시카風の谷のナウシカ〉, 〈세일러 문セーラームーン〉……
당신이 일본인이라면 물론 그녀들을 잘 알고 있을 것이다. 혹은
그녀들 중 몇 사람에게는 각별한 마음이 있을지도 모른다. 혹은
당신은 분별력이 생긴 이후로 그녀들과 함께 커 왔을지도 모른다. 그렇다 할지라도 그것은 조금도 이상한 일이 아닐 것이다.

그렇다고 한다면 당신은 어떻게 그녀들을 알게 되었고 사랑
하게 되었던 것일까. 일반적으로 세상 그 어디에서도 유례를 찾
아볼 수 없는 이 '전투하는 미소녀'들을.
잠정적이지만 '싸우는 소녀'의 계보라고 할 법한 일본 고유
의 표현 장르가 존재한다. 그것도 마이너한 영역에 머무르는 것

이 아니라 오히려 매우 광범위하게, 미디어에 이르는 곳까지. 그것들은 이미 너무나 흔한 이미지이기에 그것의 특이함을 감지하는 경우는 적다. 우리들은 갑옷을 입은, 혹은 중화기를 손에 든 가련한 소녀의 이미지에 더 이상 어떤 이상함도 느끼지 못한다. 물론 나 자신도 예외는 아니었다.

내가 그러한 현상에 기묘함을 느끼게 해준 최초의 계기는 미국의 아마추어 화가, 헨리 다거Henry Joseph Darger Jr.(1892-1973)의 작품과의 만남이었다. 최근 뉴욕과 도쿄에서 개인전도 열려 점점 각광을 받게 된 이 화가의 그림에는 실로 기묘한, 그럼에도 불구하고 강렬하게 시선을 이끄는 광경이 그려져 있다.

다거는 작가이면서 화가였고, 혹은 그것들 중 어느 쪽도 아니었다. 그는 자신이 살고 있는 가공의 세계를 창조하기 위해 '작품'을 만들었다. 그런 사람을 '작가'라고 부르고, 그의 창조물을 '작품'이라 부를 수 있을 것인가. 어쨌든 그의 세계에는 사악한 어른들의 군대와 열 살을 넘지 않는 소녀들이 피비린내 나는 전쟁을 펼치고 있다. 동심과 잔학함의 기묘한 뒤섞임. 아니, 오히려 동심 그 자체의 잔학함이라고 해야 할 것이다.

다거는 이른바 '아웃사이더 아티스트'의 한 사람이다. 아웃사이더 아티스트란 병든 정신, 또는 돌연히 강림한 막을 수 없는 충동으로 그림과 조각 등의 수단을 통해 무엇인가를 표현하지 않을 수 없는 사람들에 대한 존칭이다. 다거는 60년에 걸쳐 그밖에 알 수 없는 강한 동기로 조용하게 자신만의 세계를 구축해 나갔다. 그 세계의 존망을 짊어지게 된 것은 일곱 명의 소녀. '비비안 걸즈'라는 이름이 붙은 그녀들의 늠름한 모습은 나에게 강한 기시감으로 나타났다. 그렇다. 이러한 광경을 어디서 본 적이 있다.

어느 잡지에 다거를 소개하는 칼럼이 하나의 힌트를 던져주었다. 세계를 지키기 위해 싸우는 몇 명의 소녀. 칼럼은 이러한 설정이 일본의 코믹·아니메 작품인 〈세일러 문〉 그 자체라는 점을 지적하고 있었다. 다시 다거의 그림을 살펴보니 몇 명의 소녀들의 얼굴은 정말로 '아니메'의 모습이 어려 있었다. 물론 1972년에 84세로 사망한 화가와 일본 아니메의 접점이 있었다고 하는 것은 아무리 생각해 보아도 부적절하다. 거꾸로 밝혀내야 하는 것은 완전히 격리된 이 두 개의 현상을 묶어주는 불연속적인 영향 관계이다.

이 문제는 미국의 아웃사이더 아티스트의 작품과 일본 아니메 작품의 기묘한 일치에만 한정되지는 않는다. 애초에 '소녀가 싸운다'라는 점 자체가 특수한 현상이 아니었던가. 이러한 시선을 확장시켜 봄으로써 새로운 문제 영역이 떠올랐다.

싸우는 소녀라는 대중적인 표현 장르 자체는 당분간은 일본 고유의 것이다. 일본에는 〈세일러 문〉뿐만 아니라 소녀들이 싸우는 스토리가 셀 수 없을 정도로 존재한다. 아니, 오히려 이렇게 해야 할 것이다. 일본의 아니메 작품은, 그 대부분이 싸우는 미소녀가 등장한다고. 이는 거의 '약속'과 같은 것이다. 아마 제작자 측에서도 그 점을 의식하고 있을 것이다. 현재 평론가이면서 아

니메 제작자이기도 한 오카다 도시오岡田斗司夫는 "예쁜 언니들이 우주에 가고, 거대 로봇이 나오면 된다"는 계획으로 OVA(오리지널 비디오 아니메) 작품 〈톱을 노려라!トップをねらえ!〉를 제작하고 히트시켰다.

그런데 기묘한 것은, 종종 제작자(까지)도 '전투미소녀'라는 아이템의 특이성을 충분하게 인식하고 있지는 않아 보이는 것이다. 거듭 말하지만, 왜 아니메의 히로인은 직접 무기를 들고 사춘기를 전투 행위에 바치는 것일까? 왜 그녀들은 용감한 히어로가 지켜주는, 또는 히어로에 기대는 존재로 만족하지 않는 것일까? 그녀들은 왜 성숙한 여성이 되어 남성 못지않은 활약을 할 때를 기다리지 않는 것일까? 무엇보다도 나를 혼란에 빠지게 했던 것은, 그녀들의 존재가 획득하는 일종의 리얼리티이다. 전투미소녀라는 철저히 허구적인 콜라주여야만 할 이콘Ikon이 욕망되어 소비되는 과정 속에서 획득하게 되는 역설적인 리얼리티. 이것이야말로 풀어야 할 최대의 수수께끼가 아닐까.

유럽과 미국에서는 어떨까. '싸우는 히로인'은, 예를 들면 헐리우드 영화에도 역시 몇 가지의 사례가 있다. 그러나 싸우는 소녀의 경우 기묘할 정도로 그 사례가 보이지 않는다. 극히 최근에 와서야 몇 건의 예외가 보이기 시작했지만, 모든 장르를 통틀어 거의 대부분이라고 해도 좋을 정도로 그 흔적이 없다. 일본의 '대량 소비' 방식에 비교해 보면 이는 꽤 기묘한 일이다. 이렇게 편중된 모습은 무엇을 의미하는 것일까.

물론 프랑스에는 잔 다르크라는 '역사적 사실'이 있다. 모든 싸우는 소녀의 시조가 된 여왕. 이만큼 거대한 이콘을 무시할 수는 없다. 단 그녀는 적어도 픽션으로서의 욕망 그리고 대량 소비의 대상은 아니다. 애초에 그녀는 실제로 존재했다고 믿어지는 인물이다. 소박한 역사적 사실로서의 이러한 실재성은 때로는 리얼리티와 멀어질 수 있다. 나는 역으로 소비의 대상으로서의 허구, 그 질적인 차이에 집중하고자 한다.

한편 일본인의 '로리타 지향'은 이따금 진절머리가 날 만큼 지적되어 왔다.—대체적으로 일본 여성은 유치하다. 그녀들은 아이들 장난감을 애호하거나 소녀와 같이 유난히 앙칼진 목소리로 수다를 떤다. 이렇게 유치한 여성에게 둘러싸여 남성도 점차 유치하게 되어 간다. 일반적으로 일본인은 정신연령이 어리고, 성적 대상도 미성숙하여 다형도착(페티시즘—옮긴이)의 요소가 깊게 들어가게 된다. 그렇기 때문에 일본 연극에는 남성이 여성을 연기하고, 여성이 남장을 할 만큼 도착이 진행되어 있다. 또 일본인 남성은 성적인 억압이 강하기에 성인 여성을 마주하면 위축되어 버린다. 그들은 제멋대로 대할 수 있는 소녀에게나 안심하고 욕망을 드러낼 수 있다…… 그렇기 때문에 '싸우는 소녀'와 같은 무언가의 이상점이 있는 것일 것이다. 이것이야말로 일본인 취향의 다형도착적인 심벌symbol이다. 이렇게 까르르 웃어대는 소녀들은 어이없을 정도로 큰 눈동자와 유난히 작은 입을 가지며, 속옷 같은 갑옷과 그로테스크한 광선총으로 치장하고, 거대한 유방 이외에는 어떠한 주체성도 결여하고 있다. 도착적 욕망을 간결하고 편리하게 응집시키고, 가족용으로 포장을 입혀 전 세계에 출하되는 '문화'. 그것이 '재패니메이션'의 정체이다, 등등……

　당분간은 그렇게 문제를 '해소'해 보이는 것도 가능하다. 그리하여 "일본인이여, 아니메를 버리고 성숙하라" 같은 긴급한 어필을 다른 사람의 일인 것처럼 개진할 수도 있다. 그런데 이자야 벤 다산Isaiah Ben-Dasan 씨[1] 혹은 얀 덴만Jan Denman[2] 씨가 한 것과 같은 설교는 '일본인'을 '오타쿠'로 바꾼다 해도 완전히 같은 문맥이 성립한다. 즉 이 해석은 일본인과 오타쿠를 동일하게 생각할 때에만 성립하는 것이다. 그것은 사실인가.

　말할 필요도 없이 '일본인의 로리타 지향' 같은 해답은 착각이다. 하나의 민족성과 일정한 도착 경향을 단순한 인상에 의거해 연결시키는 것은 윤리 이전에 비과학적인 것에 지나지 않는다. 이러한 자의성이야말로 가장 먼저 회피되어야만 한다. 일본 특수론이라는 빈약한 지위를 반복하는 것도 마찬가지이다. '일본인'에 의거하여 자신을 이야기하는 나르시시즘적 기만은 이미 지적된 바 있다.

1　야마모토 시치헤이山本七平의 필명. 코베 시에서 태어난 유대인이라는 설정을 가지고 있다.—옮긴이

2　1960년부터 『주간 신조週刊新潮』에 칼럼을 기고해 온 자칭 네덜란드인. 실은 일본인 사이토 주이치斎藤十一인 것으로 생각되고 있다.—옮긴이

그렇다면 이러한 현상, 일본 사회에서 비교적 우위에 있다는 것이 양적으로도 검증 가능할 정도인 '전투미소녀'라는 현상을 어떻게 검토해야 할 것인가.

제3장에서 실제 사례를 토대로 검토하겠지만, 해외 아니메 팬과의 의견 교환을 통해 전투미소녀를 보는 해외의 시선은 어느 정도 분명해졌다. 전투하는 미소녀가 일본의 독자적인 이콘이라는 점을 지지해 주는 의견도 있지만, 이와 같은 것은 유럽과 미국에도 얼마든지 사례가 있다는 지적도 있었다. 이 점에 대해서는 전투하는 미소녀의 성격이 상당히 애매하다는 것이 한 원인이라 생각된다. 그러나 전투하는 미소녀라는 이콘이 적어도 일본의 오리지널도 독자적인 분야도 아니라는 것을 명확히 적어 두고 싶다. 안이한 일본 특수론을 피하기 위해서라도 이 점은 여기에 충분히 강조해 두기로 한다.

이러한 전제하에 새롭게 발견된 특질이 몇 가지 있다. 그것은 전투하는 소녀들의 '인격'이다. 유럽과 미국의 그것은 '걸Girl'이며 '우먼Woman'이고, 성격도 남성적이며, 체격도 종종 근육질의 여성이 많다. 또 기본적으로는 '여성의 육체를 가진 남성' 또는 마초의 패러디로서의 여성이 압도적으로 많다. 이들의 대부분은 분명 페미니즘적 정치성이라는 토양에서 발생한 인물의 조형이다.

이에 비해 일본의 싸우는 미소녀들의 경우는 꽤 이질적이다. 〈나우시카〉 혹은 〈세일러 문〉에 현저하게 나타나는 것처럼, 그곳에서는 순진무구함과 가련함 등의 '소녀성'(반드시 '처녀성'과 일치하는 것은 아니지만)이 거의 완전한 상태로 유지되고 있다. 수용 방법도 명백하게 다르다. 일본의 '싸우는 미소녀'들은 원래의 대상층인 로우 틴[3]까지의 소녀들이 동일시하기 위한 이콘이었다. 그러나 이제는 이들을 뛰어넘는 규모의 소비 집단이 존재한다. 그것이 오타쿠다. 적어도 남성 오타쿠의 대부분은 이들 소녀들을 섹슈얼리티의 대상물로 보고 있다.

이러한 '일본식' 전투미소녀들은 유럽과 미국식의 '싸우는 여성'들과 구별되어야만 할 것이다. 그리고 이와 같이 구별할 때에는 정신분석의 문맥이 유효할 것임에 틀림없다.

정신분석에서 주로 성도착을 분석할 때 '팰릭 마더Phallic Mother'라는 기본 개념이 사용된다. 이는 글자 그대로 '페니스를 가진 어머니'를 뜻한다. 이 말은 일반적으로 '권위적인 여성'을 표현할 때에도 사용된다. 어느 쪽이든 팰릭 마더란 일종의 전능성, 완전성을 상징하고 있다.

이러한 의미에서, 앞서 잠정적으로 '일본식'이라 했던 타입의 전투미소녀들을 나는 '팰릭 걸'이라고 부르고자 한다. 다거가 그린 '페니스를 가진 소녀'들에서 아니메의 미소녀에 이르기까지 계보의 특이성을 분명하게 하기 위해, 나는 굳이 이 조어를 사용

---

3   13-14세 정도 나이대의 청소년을 가리킴.—옮긴이

하고자 한다. 이후에 팰릭 마더와 팰릭 걸, 이 두 개의 계열이라는 틀을 사용하면서 검토를 진행하도록 한다.

아래에 이후 어떻게 논의를 진행시킬 것인가를 압축해서 서술한다.

전투미소녀 내지는 팰릭 걸이라는 표상물은 일관되게 성적 욕망의 대상(원인/결과)으로서 다루어진다. 그녀들을 가장 대량으로 소비하는 오타쿠의 공동체가 분석되며, 이어서 오타쿠의 시조로서 헨리 다거에 대한 러프 스케치를 시도한다. 팰릭 걸의 구체적인 사례의 카탈로그가 펼쳐지며, 연표(350-36페이지)를 기본으로 개별적인 확인 작업이 이루어진다. 여기에서 논의는 미디어론으로 나아간다. 특히 미디어상의 허구 공간의 존재 양상과 그 변용에 대해 논한다. 또 성적 도착에 관한 몇 가지 확인 작업에 정신분석이 도입된다. 미디어 분석은 전투미소녀의 성립을 여전히 진행 중인 생성 과정으로서 그려내고, 여기에서 몇 가지를 예견해보고자 한다.

제1장
'오타쿠'의 정신병리

제1장
'오타쿠'의 정신병리

오타쿠는 누구인가?

이 책의 테마를 생각하면 '오타쿠' 그 자체에 대한 검토는 피할 수 없다. '전투미소녀'를 가장 대량으로 소비하고 있는 것이 그들인 이상 이는 어쩔 수 없는 일이다. 오타쿠는 언제 무엇을 생각하고, 무엇을 어떻게 원하는 것인가? 그렇다고 할지라도 '오타쿠의 정신병리'라니? 그런 것이야말로 '가짜 문제'는 아닐까? 혹시 답은 이미 나와 있는 것이 아닌가?

오타쿠란 아니메나 괴수 등 유치한 대상을 꼭 쥐고 놓지 못한 채로 성장해 버린 미성숙한 인간을 의미한다. 그들은 현실과 마주하여 상처받는 것을 회피하고 허구의 세계로 도망가 버렸을 뿐이다. 성숙한 인간관계, 특히 성관계를 무서워하며 허구에 대해서만 욕정을 품는 인간. 정신의학적으로 말하자면 '분열적 기질', □□이상 등, 오타쿠에 대해 생각나는 대로 일정한 틀을 만들어 나열할 수 있을 것이다. 물론 '일정한 틀'은 꼭 틀린 것을 의미하지는 않는다. 문제는 그것이 '올바르다 하더라도 그다지 의미가 없다'라는 점이다. 오늘의 시점에서 이러한 해석으로는 오타쿠라는 공동체의 흥미로운 특성을 모조리 놓쳐 버리게 될 것이다.

오타쿠란 근대적인 미디어 환경이 일본의 사춘기적 심성과 상호작용함으로써 성립된, 기묘하고 독특한 공동체다. 그리고 내가 아는 한 '공동체로서의 오타쿠'에 관해 충분한 고찰은 아직 만족스럽게 이루어지지 않았다. 나는 이 장에서 정신과 의사로서, 또는 가끔씩 그 입장에서 벗어나서 '오타쿠의 정신병리'에 대해 검토해 보도록 하겠다.

물론 '오타쿠의 정신병리'라는 표현은 오타쿠인 것이 그 자체로 병리적 현상이라는 것을 의미하지는 않는다. 이는 '사춘기의 정신병리' 혹은 '여고생의 정신병리' 등과 같이 어떤 집단에 공통되었다고 여겨지는 특이한 심성에 대한 가칭이다. 이는 또한 '심리'와 '정신구조'라는 말을 사용하지 않기 위한 방편이기도 하다. 이해의 어려움을 무릅쓰고 이를 한층 엄밀하게 바꾸어 말해 보도록 한다. 여기서 말하는 '정신병리'라 함은 '주체를 매개하는 것'의 지향성을 가리킨다. 즉 문제는 재차 '미디어'인 것이다.

나는 오타쿠 그 자체를 단순히 병적으로 취급하지도 않고, 거꾸로 스스로를 '오타쿠'로 자칭하지도 않는다(오타쿠는 자칭하는 것이 아니다). 그리고 이러한 것을 바탕으로 '오타쿠의 정신병리'에 대해 말하고자 한다. 그것은 공동체로서의 오타쿠가 어떤 방법으로 적응하고 있는지, 혹은 병을 앓는지와 관련되어 있다.

우선 오타쿠에 대해 설명하는 행위의 독특한 어려움에 대해서도 짚고 넘어가야 한다. 필시 '오타쿠 문화'는 아직 미성숙한 단계에 있다('성숙'을 기대할 수 있다고 가정하여). 생성의 도중에 있을 뿐더러 초월적인 입장에서의 검토는 원리적인 곤란함과 마주친다. 그렇기 때문에 오타쿠를 설명하는 방법은 극히 한정된다. 스스로를 오타쿠라 규정하면서 철저하게 내재적으로, 즉 굳이 무비판적으로 설명하는 전략을 취할 것인가(이는 오카다 도시오岡田斗司夫 씨의 입장이기도 하다), 스스로를 은근히 무시하며 혐오감과 배제의 논리로 대치할 것인가. 이것들은 대조적 태도로 보이지만 양쪽 다 자기애의 변형이고, 게다가 오타쿠 사랑의 자기고백이나 다름없다. 우리는 오타쿠를 설명하는 데 있어서 이 중 어느 하나의 수단밖에 가지지 못한다는 것을 먼저 알아둬야 할 필요가 있다.

그러나 나는 제3의 길을 목표로 한다. 그것은 '오타쿠의 오타쿠'가 되는 것이다. 오타쿠 문화라는 존재 그 자체를 애호하는 오타쿠. 그 역시 오카다 씨가 표방하는 입장과 가깝겠지만, 오카다 씨는 스스로를 특촬·모형 오타쿠라고 규정하고 있다. 나는 구태여 말하자면 특촬·괴수물 팬이지만 과거에 편애했던 고지라ゴジラ도 지금은 완전히 단념했다(내가 성장한 것이 아니라 고지라가 퇴행했기 때문이다). 수많은 미소녀 아니메에는 무언가 '불타오르는'(59-60페

이지 참조) 것이 느껴지지 않는다. 나는 아마도 만화 없이는 살 수 없겠지만, 아니메 계열 작품은 그림체와 대사의 표현 방식이 싫어서 거의 보지 않는다. 나는 미야자키 하야오의 아니메조차 '아니메 그림'의 허용 한도가 아슬아슬할 정도이다. 그리고 그것과는 무관하게 오타쿠의 말과 행동으로부터는 눈을 뗄 수 없다. 행운인지 불행인지 나는 대학원을 졸업하고 난 후에도 매우 농도 짙은 오타쿠가 반드시 몇 사람은 가까이에 있는 환경에 둘러싸여 있었다. 곁에서 본 바로는 그들의 언동은 매우 흥미 깊은 것이었다. 나는 그들을 가까이서 볼 기쁨을 느끼는 반면, 미성숙한 사회인이라고 할 수밖에 없는 그들의 언동에 그때마다 곤혹감을 느껴왔던 것도 부정하지 않는다. 그렇다. 물론 '그들'이란 전부 정신과 의사이며, 사견으로는 정신과 의사만큼 오타쿠 비율이 높은 직업은 적다고 생각된다. 1997년 에반게리온 붐이 일었을 때 내가 아는 모 의국에서 얼마나 〈에바〉 논쟁이 융성했었는가라는 여담까지 깊게 파고들지는 않겠지만.

그렇다면 이렇게 말하는 나 자신은 대체 무엇일까. 지금은 적절한 답이 보이지 않는다. 애초에 정신분석은 자기분석의 불가능성을 전제로 하고 있다(그래서 '교육분석didactic analysis'이 필요하다). 나도 의미 없는 자문자답은 피하고 한 명의 정신과 의사의 입장에서 보게 되는 특이한 공동체의 풍경에 대해 말해 보고자 한다.

오타쿠론의 흐름

우선 '오타쿠에 대한 서술'로부터 시작해야 할 것이다.

다만 서술이라고 해도 그렇게 엄밀한 것은 아니다. 이 책에서 어떠한 사람을 오타쿠라 부를 것인가라는 잠정적인 결정일 뿐이다. 그러나 가능하다면 이 서술로 오타쿠 공동체의 영토가 한층 선명하게 보일 수 있기를 바란다.

이제는 세계적인 규모로 유통되고 있는 '오타쿠'라는 말은 다양한 의미에서 특이하다. 먼저 상당히 유명한 이 이름이 유통되기까지의 경위를 대략적으로 복습해 두기로 하자. 유행어의 뿌리를 이만큼 명료하게 되짚는 것 자체가 현대 미디어의 특수성 없이는 생각할 수 없는 일이다.

1983년에 기고가 나카모리 아키오中森明夫 씨가 잡지 『망가부릿코漫画ブリッコ』에서 아니메 팬이 서로를 부를 때 사용하는 2인칭을 따와서 야유를 담아 그들을 '오타쿠'라고 불렀다. 이 말은 일종의 차별성까지도 내포하면서 당시의 서브컬처 업계 내에 조심스럽게 침투해 갔다. 덧붙이자면 내가 이 말의 존재를 처음으로 알게 된 것은 1985년 잡지 『보물섬宝島』의 지면에 기고된 사토 카츠유키佐藤克之 씨의 칼럼에서였다.

그러나 1989년에 있었던 소녀 연속 살인사건이 계기가 되어 '오타쿠'라는 말이 단번에 보급되게 된다. 말의 보급과 함께 몇 가지 바리에이션이 만들어졌다. '오타쿠족族', '오타키オタッキー' 등

이 그것이다. 이렇게 하여 '오타쿠'는 한때의 유행어로부터 일상적인 구어로 충분한 진화를 달성했다.

그리고 1990년대. 착실하게 증가해 왔던 해외의 '아니메(이른바 "재패니메이션")' 팬 등을 중심으로 "otaku"라는 말이 수출되었고, "sushi", "karaoke" 등과 마찬가지로 유럽과 미국에서 '외래어'로 인지되기에 이르렀다. 인터넷에서 "otaku"라는 말이 들어 있는 홈페이지를 검색해 보면 7만 건에 가까운 리스트가 나온다. 물론 대부분은 아니메 팬 개인이 제작한 것이지만 그뿐만은 아니다. 하버드 대학이나 매사추세츠 공과대학 같은 엘리트 학교를 시작으로 많은 대학에 아니메 서클이 존재하며 그들 역시 각각 홈페이지를 개설해 놓았다. 또 AM-PLUS라는, 비평으로서도 퀄리티가 높은 인터넷 매거진이 만들어지는 등, "otaku"는 '아니메'와 마찬가지로 일정한 영역을 차지하기 시작했다.

이 정도로 보급되었음에도 불구하고, 또는 보급되었기 때문에 '오타쿠'라는 말의 윤곽은 꽤나 애매한 채로 남아 있다. 최근에는 '마니아'와 동의어로 사용되는 경우도 많다. 또한 '미야자키 츠토무宮崎勤 사건' 이후의 사용법으로는 '집에 틀어박혀 있으며 대인관계가 나쁘고 어두운 (또는 위험한) 인간'이라는 네거티브한 이미지도 있다. 이 점에서는 한때의 유행어였던 '네크라ネクラ'[1]의 포지션에 '오타쿠'가 대신 그 자리를 차지한 느낌도 있다. 예를 들면 '오타쿠'라는 이름을 붙인 나카모리 아키오 씨가 예견했다고(시작

---

1   일반적으로 '음침한'의 의미로 사용.—옮긴이

했다고) 알려진 미디어 현상으로서의 '타쿠 하치로宅八郎'의 존재가 있다. 그는 '마니아'임과 동시에 이러한 네거티브한 이미지까지도 과장되게 자기 자신에게 적용하는 전략을 취했다. 그러나 점점 네거티브한 것만 전면화된 것으로 보인다. 상당히 조잡하긴 하지만 이미지적으로는 포지티브하고 열린 오타쿠를 '철도 아니메계', 네거티브하고 닫힌 오타쿠를 '라디오 라이브 전파계'로 구별할 수 있을지도 모른다. 단 이들은 상당히 중복되는 점이 있다.

그런데 논의를 진행하기 위한 전제로서 이 정의하기 어려운 '오타쿠'라는 말의 의미를 어느 정도 한정해 둘 필요가 있다.

이름을 붙인 당사자인 나카모리 씨에게는 아니메 팬이 가지는 독특한 분위기를 그 독자의 스탠스에서 차별화하려는 의도가 있었다고 여겨지지만 명확한 정의는 내리고 있지 않다. 그러나 이렇게 이름을 붙인 직후에 당시 만화 편집자였던 오오츠카 에이지大塚英志 씨가 이 말의 '차별성'을 지적하여 논쟁이 되었다. 그들이 미야자키 츠토무 사건을 계기로 '화해'하게 되는 경위도 흥미롭지만 여기서는 다루지 않겠다. 어찌 되었든 '오타쿠'라는 이름을 붙이는 것에 일종의 천재성이 관련되어 있다는 것은 분명하다. 다만 이 하나의 단어에 본질에서부터 표층에 이르는 모든 것이 응집되어 있다. '오타쿠'의 애매함은 본질적인 추상물이 내포하는 다의성의 효과다. 그런 의미에서 이 말은 도이 타케오土居健郎 씨가 일본인의 퍼스낼리티(인격) 구조를 이해하기 위해 사용한

키워드로 알려진 '어리광甘え'과 유사하다.[2] 양쪽 모두 일상어이면서 조어의 이화작용異化作用을 갖추고 있고, 항상 정의에서 벗어나는 애매함을 포함한다는 것도 우리의 표상에 결정적인 각인을 가져온다. 그래서 나는 완전한 오타쿠의 서술 같은 것이 가능하리라고는 물론 생각지 않는다. 여기서 내가 시도하는 몇 개인가의 추상과 형용으로 오타쿠의 이미지의 해상도가 조금이나마 오르는 것, 내가 목표로 하는 것은 그것뿐이다.

현 시점에서 '오타쿠 현장'의 제1인자인 오카다 도시오 씨(오타 킹オタキング)는 왕답게 명쾌한 정의를 내리고 있다. 그의 저서 『오타쿠학 입문オタク学入門』[3]에서 인용해 본다.

'오타쿠의 정의'는 다음의 세 항목과 같다.

정의 1: 진화된 시각을 갖는다.

정의 2: 고성능의 레퍼런스 능력을 가진다.

정의 3: 만족할 줄 모르는 향상심과 자기 현시욕.

2   도이 타케오, 『어리광의 구조甘えの構造』, 弘文堂, 1971.

3   오카다 도시오, 『오타쿠학 입문オタク学入門』, 太田出版, 1996. '오타쿠' 표기법에 대해 다루어 보도록 한다. 오카다 도시오 씨는 종래의 네거티브한 '히라가나 오타쿠おたく' 이미지와의 차별화가 이루어져야 한다고 하며, '카타카나 오타쿠オタク'의 표기법을 썼고 현재는 이쪽이 주류라고 한다. 본서에서는 오리지널 발안자에게 경의를 표하여 나카모리 아키오 씨의 표기법에 따라 '히라가나 오타쿠おたく'로 통일했다. 단 오카다 씨의 저서에서 인용하는 부분과 해외의 아니메 팬에 대해서는 '카타카나 오타쿠オタク' 표기를 사용했다.(한국어 번역에서는 히라가나 '오타쿠おたく'의 경우는 단순하게 '오타쿠'로만 번역하고, 카타카나 '오타쿠オタク'의 경우에는 옆에 반드시 카타카나 표기를 달도록 하였다.—옮긴이)

오카다 씨에 따르면, 최초 '오타쿠オタク'라는 말은 게이오 기주쿠 대학慶応義塾大学 유치사(幼稚舍; 소학교—옮긴이) 출신의 SF 팬이 발상한 것이다. 또 오타쿠 인구는 비디오데크의 발매 이후 급속하게 증가했다. 애초에는 처음 만난 사람들에게 실례가 되지 않는 호칭으로 사용되었지만, 현재는 거의 사용되지 않고 있다. 즉 현역 오타쿠オタク는 '오타쿠オタク'라는 호칭을 별로 좋아하지 않는다. 그 이유로 오카다 씨는 오타쿠オタク의 특징인 '과잉되었다고 할 만큼의 자기언급성(자칭이 아니다)'과 '자신이 타인에게 카테고리화되는 것을 극단적으로 싫어한다'는 두 가지 점을 들고 있다.

'오타쿠オタク'는 장르를 크로스오버한다. 이 점에서 단일 장르에 집착하는 '마니아'와는 다르다고 한다. 이는 즉 단순한 아니메 팬에 머무르는 것이 아니라, 관심 영역이 특촬, 영화, 코믹 등 복수의 영역에 걸치고 있다는 것이다.

그리고 진정한 오타쿠オタク가 되기 위해서는 '순수의 눈粋の眼', '장인의 눈匠の眼', '정통한 눈通の眼'이 필요하다고 한다.[4] 단, 이는 오타쿠オタク의 '충분조건'이긴 해도 '필요조건'은 아닐 것이다. 말하자면 세 개의 눈은 이미 '오타쿠 엘리트オタク・エリート'의 조건이어서, 모든 오타쿠オタク가 충족할 수 있는 조건이라고는 할

---

4   앞의 책. 오카다 씨의 해설에 의하면 '순수의 눈'이란 "자신의 독자적인 관점으로 작품 속에서 아름다움을 발견하고, 제작자의 성장을 지켜보며 즐기는 시점"이며, '장인의 눈'이란 "작품을 논리적으로 분석하고 구조를 꿰뚫어 보는 과학자의 시점. 동시에 기술을 훔치려고 뚫어지게 바라보는 장인의 시점이기도 하다". '정통한 눈'이란 "작품 속에 살짝 보이는 제작자의 사정이나 작품의 디테일을 간파하는 눈"이다.

수 없다. 내가 여기서 문제로 삼고자 하는 것은 거꾸로 모든 오타쿠オタク에게 해당하는 '오타쿠オタク의 필요조건'은 있는가, 있다면 그것은 무엇인가라는 점이다.

여기서 하나의 흥미로운 사실을 지적해 두고자 한다. 그것은 '오타쿠'를 자인하기 위해서는 오타쿠를 탈피해야 한다는 것이다. 오카다 씨는 이미 '오타 킹(오타쿠 킹―옮긴이)'이기 때문에 오타쿠 그 자체와는 미묘하게 차이를 보이는 장소에 있다. 그의 포지션은 종종 '오타쿠 나라의 대변인'으로 보인다. 이는 과연 오타쿠계의 자폐성을 시사하는 것일까. 적어도 '오타쿠를 자인하는 것'은 오타쿠 탈피로 이어질 수 있는 이유이다. 이 '자인이 탈피로 이어진다'는 점에서 오타쿠의 정의가 곤란한 하나의 원인이 있는 것은 아닐까. 오카다 씨의 저작은 현장으로부터의 리포트로서 재미있고 또한 자료적인 성격이 높다는 점에서 희소성을 가진다. 그러나 안타깝게도 그는 오타쿠 밖으로는 충분히 나오고 있지 않다. 그가 오타쿠의 병리적 측면을 굳이 보지 않는 것은 일종의 전략일지도 모르지만, 그것은 종종 일면적인 인상을 풍기기도 한다. 예를 들면 오카다 씨는 오타쿠의 본질인 '섹슈얼리티'의 문제에 대해 충분히 논하고 있다고는 할 수 없다. 무엇보다 이 점은 많은 오타쿠론이 놓치기 쉬운 측면이어서 오카다 씨 한 사람의 문제가 아니긴 하겠지만 말이다.

미야자키 츠토무 사건으로 오타쿠 옹호론을 전면적으로 전개한 평론가 오오츠카 에이지 씨는 『가상현실 비평』[5]에서 흥미로 운 조사 결과를 공표하고 있다.

> '오타쿠는 이성 친구의 수가 일반보다 많으며, 친구의 수도 많다. 사교적이다.'
>
> '오타쿠는 대체적으로 부자이다. 엔지니어와 의사가 많다.'
>
> '수입에서 점유하는 놀이에 대한 투자율이 높다.'
>
> '텔레비전 시청 시간이 매우 짧다.'
>
> '취미의 수가 많다.'
>
> '"타락"이라는 단어를 싫어한다.'

물론 이 결과에는 오타쿠 옹호라는 편향이 있을 것이다. 그러나 그 안에는 상당히 의외의 지적도 있어 꽤나 흥미로운 데이터이긴 하다. 오타쿠에 대해서 섣불리 정의하는 것보다 이렇게 현상의 레벨에서 느슨하게 상상해 보는 편이 유의미한 경우가 많은 듯하다.

또 오타쿠는 남성이 압도적으로 많다고 여겨지지만, 일설에는 코미케(정기적으로 수십만 명 규모의 팬들을 모아 개최되는 '코믹 마켓'. 주로 아니메와 코믹 동인지 등을 판매한다) 참가자의 70퍼센트 정도가 여성이라고도 한다. 그들 모두가 여기서 말하는 '오타쿠'가 아니라 하더라도, 이 점은 충분히 고려해야만 할 것이다.

---

5   오오츠카 에이지, 『가상현실 비평仮想現実批評』, 新曜社, 1992.

정신의학적으로는 주로 분열증적 기질이 있는 이가 오타쿠화한다고 논해지며, 여기에 해당할 법한 사례도 적지는 않다. 그러나 이 또한 일반화할 수는 없다. 애초에 오타 킹인 오카다 씨 등은 체형부터가 전형적인 순환성 기질(사교적이며 사람을 대하는 태도가 좋고, 조울증적 기분 변화가 보이는 타입. 비만 체형이 많다고 논해진다)이다. 이에 대해서는 오카다 씨 본인이 일기나 에세이 등에서 스스로의 조울증적 기분 변화를 공표하고 있다. 이에 더해 내 생각에 '타쿠하치로' 또한 분열증적 기질이 아니라고 생각된다. 그러나 여담은 이 정도로 해 두도록 한다.

사회학자 오오자와 마사치大澤真幸 씨는 '오타쿠론'[6]에서 내가 아는 한 가장 엄밀한 기술을 시도하고 있다. 그는 오타쿠라는 현상을 최대한의 한계점까지 추상화한 결과 다음과 같은 결론에 도달했다.

> 오타쿠에게는 자기동일성을 규정하는 두 종류의 타자, 즉 초월적인 타자와 내재적인 타자가 극도로 근접해 있다.

그는 나아가 이를 "자아 이상과 이상 자아의 근접"이라 정신분석적으로 바꾸어 말한다. 약간의 해설을 추가해 본다. 초월적인 타자에 의해 성립되는 것은 자아 이상, 즉 '그렇게 되고 싶은 나'이다. '좋은 대학에 들어가고 싶다', '지적이고 수입이 많은 직업

---

6   오오자와 마사치, 『전자 미디어론電子メディア論』, 新曜社, 1995년 소급.

을 갖고 싶다'처럼 일정한 사회적 가치관에 의해 성립되는 자기 이미지. 한편 내재적인 타자에 의해 성립되는 것은 이상 자아의 차원이다. 이는 사회적인 가치판단이 어쨌든 제쳐 놓고 '나는 대단하다', '다시 태어나도 내가 되고 싶다'는 등의 나르시시즘적 자기 이미지를 가리킨다.

오오자와 씨의 정의에 불만이 있다고 한다면 "초월적인 타자와 내재적인 타자가 극도로 근접해 있는 사람"이라는 기술만으로는 정신과 의사의 습관으로 볼 때 오타쿠보다는 오히려 정신병자를 연상할 수밖에 없다는 점이다. 이 기술만으로는 오타쿠의 정신병리는 매우 심각한 것이 되어 버린다. 그 결과로 병리 현상부터 건강한 취향마저 포괄적으로 기술할 수 있어야 할 '오타쿠'의 어감이 편향되어 버리게 된다.

그럼에도 그의 착안점은 오타쿠에 대한 새로운 시점을 가져오기도 한다. 특히 분석적인 해석에 있어서 하나의 가능성을 시사해 준 의의는 크다. 다만 논란도 있다. 후술하는 바와 같이, 우리들도 오타쿠 못지않은 신경증자라는 점에서 심적 장치의 구조상의 차이는 전혀 없다. 따라서 "자아 이상과 이상 자아의 근접"에 대해서도 비유로서는 일면 옳다고 인정할지라도 구조 분석으로서는 틀렸다고 할 수밖에 없다. 그리고 또한 오오자와 씨의 이러한 표현은 '내재성'보다는 '초월성'을, '이상 자아'보다는 '자아 이상'을 좋게 평가하는 것으로 받아들여질 염려가 든다. 그렇게 되면 결국은 '현실을 받아들여 어른이 되어라'나 '이상과 현실의 차이를 받아들여라' 같은 친숙한 슬로건을 보강하게 될 것이다.

나는 그의 지적을 그대로 받아들이지는 않겠지만 내 나름대로 번안할 수는 있을 것이다. 그것은 앞서 다룬 바 있는 '주체의 매개물'의 문제이다. 예를 들면 '성장'이나 '성숙'마저도 이러한 주체의 매개물 중 하나로 간주된다. 그리고 '이상 자아'는 이 '성장'이라는 매개물에 의해 '자아 이상'으로 변환되며 고정된다. 오타쿠와 우리들의 간격을 벌리는 것이 혹 있다면 이 매개 작용의 차이는 아닐까.

오오자와 씨의 지적을 어느 정도 충실하게 번안해 본다면, 오타쿠는 이 매개 작용이 약하다고 할 수 있을 것이다. 매개 작용이 약하기에 이상 자아가 자아 이상으로 충분한 변화와 고정을 겪지 않는다. 때문에 외견상 양자는 근접해 있는 것이다. 그러나 그것은 정말일까.

나는 그렇지 않다고 생각한다. 적어도 매개 작용의 강약이란 너무 단순한 정리는 여전히 앞서와 같은 슬로건화를 거부할 수 없다. 이 매개 작용의 차이를 논하기 위해, 우리는 일단 크게 우회할 필요가 있다. 따라서 여기서는 문제 제기에 머무르겠지만, 여기서 말하는 '매개 작용'의 강조가 미디어론의 복선이 될 것이라는 점만은 예고해 두고자 한다.

오타쿠와 마니아

인물 유형을 기술함으로써 파악하려는 행위의 한계와 모순까지 근거로 삼는다면 오타쿠에 대해 몇 개의 특질을 추출해 낼 수 있다. 어떠한 사람을 오타쿠라고 불러야 할 것인가, 나의 기술을 열거해 보도록 한다.

· 허구적 콘텐츠에 친화성이 높은 사람
· 사랑의 대상을 '소유'하기 위해 허구화라는 수단이 작용하는 사람
· 이중적 지남력指南力/orientation[7]이 아닌 다중적 지남력을 가지고 살아가는 사람
· 허구 그 자체에서 성적 대상을 찾아낼 수 있는 사람

이들 각각의 항목에 대해 순차적으로 해설을 시작하기 전에 몇 가지 사항을 명확히 해 두고자 한다. 먼저 나는 여기서 오타쿠에 대한 가치판단을 보류한다. '현실도피', '허구로 도망가기', '일반 상식의 결여'와 같은 부적응 문제를 오타쿠에게서 쉽게 볼 수 있더라도 그것은 본질적인 것이 아니다. 가치판단이 기술에 섞여

---

7   이는 원문의 '見当識'을 대한의협의 용어 사전에 의거하여 번역한 것이다. 국립국어원에 따르면 '지남력'이란 "시간과 장소, 상황이나 환경 따위를 올바로 인식하는 능력"을 의미하는데, '현실감' 혹은 '현실 의식'이라 해석해도 무방할 것이다.―옮긴이

들어가면 혼란이 한층 심해져 버린다. 나의 기술이 조금이라도 유효하다고 한다면 그것은 (명백하게) 가치판단이 포함되어 있지 않다는 점에 의거한다.

어떤 인물 유형의 특징을 분명하게 하는 데는 그것과 가까운 유형과 대비해 가면서 논하는 것이 알기 쉽다. 그리고 오타쿠와 가장 가까운 유형이라고 한다면 그것은 마니아가 아니겠는가.

여전히 혼동되는 듯하지만 오타쿠와 마니아는 분명히 구별된다. 그 차이는 미묘하긴 하지만 중요하다. 만약에 오타쿠와 마니아가 동의어라고 한다면 '오타쿠의 정신병리'에 대해 논할 현대적인 의미는 전혀 없다. 말할 필요도 없이 마니아의 보편성은 오타쿠와 비교할 만한 것이 아니기 때문이다. 마니아가 일종의 페티시즘이라고 한다면 그 역사는 거의 문명의 기원까지 거슬러 올라갈 것이다.

서로가 크로스오버하는 부분도 있겠지만 당분간은 이 두 개의 차이를 논해 보는 것부터 시작해 보자. 결론을 부분적이나마 미리 말해 두자면 나는 마니아의 일부가 미디어 환경의 변화에 대응하여 일종의 '적응방산適応放散/adaptive radiation'을 이룬 형태가 현재의 오타쿠가 아닌가라고 생각하고 있다. 마치 오스트레일리아 대륙에서 유대류가 포유류 전체의 분화를 모방한 것처럼, '미디어 환경'이라는 육지가 봉쇄되고 폐쇄된 곳에서 오타쿠는 마니아적 분화를 모방한 것이다.

이 두 개의 '공동체'의 차이는 먼저 그들이 무엇을 애착 대상으로 하는가라는 선택의 단계에서 분명해진다. 시험적으로 각각의 공동체가 대상으로 선택하는 장르를 구체적으로 열거해 보자.

· 오타쿠적 대상물

아니메, TV 게임(미연시 중심)[8], 비주얼 노블, 성우 아이돌, 특촬, C급 아이돌, 동인지, 야오이(48페이지 각주 17 참조), 전투미소녀

· 중복 가능한 대상물

철도, 퍼스널 컴퓨터, 영화, 만화, B급 아이돌, SF, 미국 만화, 오컬트, 라디오 라이브, 경찰물, 프라모델, 모형

· 마니아적 대상물

우표 수집, 서적(비블리오 마니아), 오디오, 카메라, 천체관측, 버드워칭, 곤충채집, 음악 전반, 그 외 수집과 관계된 것들

이 분류는 나의 개인적인 인상에 기초한 것으로 특정 기초 자료에 충실한 것은 아니다. 따라서 많은 예외와 다른 의견도 있을 법하고, '아니메 피규어(제2장 각주 2 참조) 콜렉터는 오타쿠인가 마니아인가'라고 물어 온다 할지라도 똑 부러지는 대답은 어렵다. 그러나 대략 경향적인 차이로서는 타당한 것이라 생각한다. 이하에 이 대상물의 분류를 전제로 하여 오타쿠와 마니아의 차이

---

8   아니메 그림체의 미소녀 히로인이 등장하며 히로인과의 연애를 성취하는 것을 주목적으로 하는 롤플레잉 게임의 한 장르로, 〈두근두근 메모리얼ときめきメモリアル〉, 〈To Heart〉 등이 대표적인 작품이다.

를 검토해 보자.

대상물에서 가장 돋보이는 것은 '허구적 콘텍스트의 레벨이 다르다'는 점이다. 여기서 우선 '허구'란 '현실'을 일정한 편향성에 따라 추상화한 것이라고 생각할 수 있다. 물론 현실은 그만큼 단순한 것이 아니지만 편의상 그렇게 가정하도록 한다.

이 가정으로 '허구성의 정도'에 순위를 매겨 볼 수 있다. 예컨대 인터뷰나 일차 자료에 기초한 다큐멘터리는 허구성이 낮다와 같은 식으로 말이다. 그리고 인용과 패러디 등의 방법으로 '허구' 그 자체도 제한 없이 추상되며 또다시 허구화될 수도 있다. 즉 여기서는 메타 픽션이 픽션보다도 허구적 레벨이 높다고 생각되게 된다. 바꾸어 말하자면 오리지널 정보를 매개하는 미디어의 수가 많으면 많을수록 허구 레벨이 높다는 점이다. 이를 '허구적 콘텍스트'의 레벨의 차이라고 불러 보자.

여기서 '콘텍스트'의 용법은 그레고리 베이트슨Gregory Bateson[9]과 E. T. 홀[10]이 사용한 것을 따르고 있다. 즉 어떤 자극의 의미를 결정하는 것과 같이 넓은 의미의 문맥성이라는 것이다. 주의해야 할 점은 여기서 말하는 '허구적 콘텍스트'의 레벨이 높

9   그레고리 베이트슨, 「학습과 커뮤니케이션의 논리적 카테고리学習とコミュニケーションの論理的カテゴリー」, 『정신의 생태학精神の生態学』 하권, 사토 요시아키佐藤良明·다카하시 카즈히사高橋和久 역, 思索社, 1987.[한국어 번역은 그레고리 베이트슨, 「학습과 커뮤니케이션의 논리적 범주」, 『마음의 생태학』, 박대식 옮김, 책세상, 2006.]

10   에드워드 T. 홀, 『문화를 넘어서文化を超えて』, 이와타 케이지岩田慶治·타니 유타카谷泰 역, TBSブリタニカ, 1993.[한국어 번역은 에드워드 홀, 『문화를 넘어서』, 최효선 옮김, 한길사, 2013.]

을수록 허구성이 높은 단순한 비례관계는 성립하지 않는다는 것이다. 이에 대해서는 뒤에서 한 번 더 다룰 것이다.

그런데 마니아란 원래 일반적으로 실리가 없는 일에 열중하는 사람들을 가리키던 것이었다. 그러나 오타쿠 앞에서는 마니아마저도 극히 '실체적'('실리적'이 아니라는 점에 주의)인 취미로 보이게 될 정도이다. 다시 앞서 제시한 비교를 보면, 마니아가 대상으로 하는 오디오, 우표, 골동품, 곤충채집 등은 분명히 취미라고 하면 취미라고 할 수 있으며 대개 쓸모가 있을 것 같지는 않다. 그러나 오타쿠의 그것과 비교해 본다면 마니아의 대상물은 상당히 '실체성'이 있다. 여기서 말하는 '실체성'이란 손으로 만질 수 있는 것, 무게를 잴 수 있는 것 같은 소박한 의미를 가지고 있다.

마니아는 일반적으로 그들의 취미가 어떻게 **실체로서 유효한가**를 경쟁한다. 콜렉터는 실제로 콜렉션 물량이 많다는 것을 자랑한다. 여기에는 물론 '희소가치'라는 '확률적 판단'도 포함된다. 오디오 마니아는 어떻게 노이즈를 줄여서 음원을 보다 충실하게 재생할 수 있게 할까, 또는 곤충 마니아에게 있어 희귀한 곤충을 '알고 있는 것'은 당연한 일이고 그 표본을 소유하는 것이야말로 콜렉터로서의 평가가 걸린 일이다. 여기에서도 아직 소박한 '실체 지향'이라 부를 만한 암묵적인 룰이 건재하고 있다.

오타쿠에게는 이러한 '실체'나 '실효성'에 대한 지향이 오히려 부족하다. 그들은 자신이 집착하는 대상에 실체라고 부를 만한 것이 없는 것, 그 방대한 지식이 세상에서는 어떠한 도움이 되지 않는다는 것, 또는 그 쓸모없는 지식이 (특히 '미야자키 츠토무' 이후) 경멸당하고 경계마저 당한다는 것을 알고 있다. 그리고 그것을 잘 알고 있으면서 게임과 같이 서로 열광하고 있는 것처럼 연기하고 있는 것이다. '허구적 콘텍스트에 친화성이 높다'는 표현은 대략 이러한 구별을 명확히 하기 위한 것이다.

지금 나는 '열광하는 것처럼 연기한다'고 했지만, 여기에는 해설이 약간 필요할지도 모른다. 즉 '오타쿠의 열광'은 '마니아의 열광'보다도 연기적인 성격이 높다. 이는 즉 '열광'이라는 코드로 다른 오타쿠와 교신하는 듯한 상황을 가리킨다. 그렇다 해서 결코 정신을 차리고 있다는 것을 의미하는 것은 아니고, 또한 그렇다고 해서 자신을 잊고 열광하는 것도 아니다. 이 '태세를 갖춘 열광'에서야말로 '허구적 콘텍스트에 친화성이 높은' 오타쿠의 본질이 있을 것이다. 뒤에서도 다루겠지만 '□□ 모에萌え'라는 표현이 이 부분의 호흡을 아주 잘 대변해 주고 있다.

무엇보다 이에 대해서는 사회적인 요소도 고려해야 할지도 모르겠다. 오타쿠의 애착물은 일반적으로 '부끄럽다'. 나이를 먹고 아니메에 빠져 있다고 간단하게 경멸당한다. 이에 대한 방어로서 반쯤 필연적으로, 적어도 세상 사람들에게는 '꿈속에 빠져 있는 척을 할 뿐'이라는 변명이 필요해질 것이다.

이제까지 기술해 온 것을 벤야민[11]식의 비유로 바꾸어 말하자면 '실체=오리지널'의 아우라에 매료되어 있는 것이 마니아,

---

11 발터 벤야민, 『복제기술시대의 예술複製技術の芸術』, 카와무라 지로川村二郎

'허구=복제물'의 아우라를 스스로가 허구화해 보이는 것이 오타쿠라 표현할 수 있을 것이다.

'소유'의 문제

그런데 이러한 것에 이어 오타쿠에게 특징적인 점이 애착 대상의 소유 방법이다. 정말로 그들은 아니메를 좋아한다. 특촬도 좋아한다. 그러나 이것들은 우표나 오디오와 다르게 단순한 수집의 대상이 되기 어렵다. 또 사실은 오타쿠가 반드시 콜렉터인 것만은 아니다. 모든 아니메 팬이 예컨대 '셀화' 수집에 열중하는가 하냐면 의외로 그런 것만도 아니다. 물론 그러한 오타쿠도 적지 않게 있지만 이러한 수집벽 또한 '오타쿠의 필요조건'이 아니다. 이는 우선 셀이 반드시 아니메의 실체적 대상물이 아니라는 점에 기인한다. 역설적인 표현일지도 모르겠지만, 셀은 아마 아니메의 부산물로서 관련 상품과 동등한 위치에 놓여 있는 셈이다. 따라서 아니메 작품의 모든 셀을 소유했다 하더라도 그것은 아니메를 소유한 것은 아닐 것이다. 그렇다면 오타쿠들은 사랑의 대상을 어떻게 자기의 것으로 하고 있는 것인가.

외 역, 紀伊國屋書店, 1965.[한국어 번역은 벤야민, 『기술복제시대의 예술작품/사진의 작은 역사 외』, 최성만 옮김, 도서출판 길, 2007.]

그것은 단적으로 '허구화의 절차를 통해서'이다.

그들이 좋아하는 것은 허구를 실체화하는 것이 아니다. 자주 논해지는 바와 같이 현실과 허구를 혼동하는 것도 아니다. 그들은 오로지 현재 가지고 있는 허구를 더욱 '자신만의 허구'로 레벨 업하는 것만을 목표로 한다. 오타쿠의 패러디 애호는 우연이 아니다. 또한 코스프레나 동인지도 우선 이와 같이 허구화의 절차로 이해되어야만 하는 것은 아닐까. 인기 있는 아니메 작품에는 반드시 'SS(쇼트 스토리 내지는 사이드 스토리)'라 불리는 이야기의 필자가 붙어 있다. 그들은 아니메 작품의 설정과 등장인물은 그대로 한 채로 다른 버전의 소설 또는 시나리오를 써서 PC 통신의 포럼 등에 업로드한다. 이렇게 이익도 기대할 수 없는 표현 행위는 무엇을 위한 것일까. 자기과시? 다른 팬에 대한 서비스? 그러나 그렇다고 한다면 패러디나 평론 쪽이 훨씬 효율이 좋을 것이다. 내 생각에는 'SS'야말로 진정 오타쿠가 작품을 소유하기 위한 수단이나 다름없다. 작품에 스스로가 빙의되어 동일한 소재에서 다른 이야기를 지어내고 공동체에 발표한다. 이 일련의 과정이야말로 오타쿠 공동체에서 이루어지고 있는 '소유의 의식'은 아닐까.

그렇게 '농도 짙은' 것은 아닐지라도 일반적으로 오타쿠는 평론가이다. 모든 오타쿠는 평론 충동이라고 말할 수 있는 특징을 지니고 있으며 이 점에서 미야자키 츠토무도 예외는 아니다. 오히려 평론을 잃어버린 팬은 오타쿠로 보이지 않는다. 오타쿠라면 작품을, 혹은 작가에 대해 입이 닳도록 이야기하여 더 이상 말할 것이 없을 정도여야 한다. 그리고 그의 수다는 작품 그 자체뿐만 아니라 작품과 자신과의 관련성에까지 달하게 될 것이다. 오타쿠가 평론을 할 때 그 정열은 재차 새로운 허구를 창조한다는 소유로의 열의와 겹쳐진다. 즉 극단적으로 말하자면 오타쿠는 자신이 애호하는 대상물을 손에 넣는 수단으로서 '그것을 허구화한다', '그것을 자신의 작품으로 만든다'라고 하는 방법밖에 모른다. 거기에 새로운 허구의 문맥을 만들어 내야만 한다.

오카다 도시오 씨가 '오타 킹'일 수 있었던 것은 그의 지식량이 출중했기 때문도, 정보가 정확했기 때문도 아니다. 무엇보다도 그는 과거에 극히 아마추어적인 입장에서 전설적인 명작 〈오네아미스의 날개オネアミスの翼〉라는 아니메 영화를 제작했다. 또한 명작 OVA 〈톱을 노려라!トップをねらえ!〉의 제작에도 참여했다. 그의 치밀한 마케팅 감각은 이러한 실제 체험을 기반으로 이루어져 있고, 그것 자체가 훌륭한 평론이 되는 것이다. 오타쿠 업계란 우수한 비평성이 높은 창조성으로 그대로 연결되는 희소한 영역이다. 그가 존경받고 있다고 한다면, 그것은 그의 출중한 허구 창조 능력 때문일 것이다. 마니아에게 엄격하게 요구되는 '정보의 정확함'의 가치가 오타쿠에게는 '정확한 것보다 더 좋은 것은 없다' 정도의 것이다. 사실, 오카다 씨는 종종 확신에 의거하여 틀린 정보를 말하지만, 그것은 '예술적 경향'으로서 허용된다. 거기에는 비록 틀린 것이라 할지라도 '재료ネタ'로서 재미있다면 OK라는 콘텍스트마저 존재하고 있을 것이다.

허구란 무엇인가

여기까지 논해 온 '허구'라는 개념 또한 아주 명백한 것은 아니다. 예를 들면 앞서 다루었던 바와 같이 고차원의 '허구적 콘텍스트'가 반드시 높은 허구성과 묶이지는 않는다는 것이다. 허식에 물든 자서전보다 성실한 메타 픽션이 더 리얼하다는 역설적인 상황을 우선 떠올릴 수 있다. 그러나 여기에는 거듭하여 문제가 착종해 있다. 예컨대 그 '허식에 물든 자서전'의 허구성에 작자의 욕망의 리얼리티가 농후하게 반영되어 있는 상황도 있을 수 있기 때문이다.

어떤 작품의 허구성을 정량적으로 판정하기 위한 기준은 없는 것이나 다름없다. 그래서 나는 '허구적 콘텍스트'라는 중립적인 개념을 도입했다. 앞서도 논한 바와 같이, 이는 단순하게 작품이 성립하기 위해 매개로서 필요한 미디어의 수로 규정되는 '가공의 개념'이다. 굳이 말하자면 '가공'은 이러한 것이다. 우리들은 실제로 매개되는 미디어의 수 같은 것을 셀 수는 없다. 무엇이 인용이고 무엇이 패러디인가를 결정할 권리는 수용자만이 가지고 있다. 만약 어떤 인용이 오리지널로서 받아들여진다면 그 수용자에게 '허구적 콘텍스트'는 낮은 수준의 것이 된다. 이렇게 수용자의 주관이 개입되어 있기 때문에 현상은 한층 혼란스러워진다.

물론 엄밀하게 생각하지 않는다면 허구는 간단하게 이해된다. 그것은 즉 '거짓말 같은 것이 허구, 리얼한 것이 진짜'와 같은 입장이다. 이 명쾌한 언명 앞에서 허구성의 엄밀한 검토 같은 것은 길을 의미 없이 돌아가는 것에 지나지 않는다. 그러나 정말로 그러한 것인가. 내막을 밝혀 보자. '거짓말 같은 것'이라 운운하는 것은 단순한 동어반복에 지나지 않는다. 당연하게도, 이러한 문장은 결국 아무것도 의미하지 않는다고 하는 것이 옳다.

논의가 혼란스러워지는 것은 아마도 '리얼'이라는 단어를 썼기 때문이다. '허구'와 '리얼'은 대립되는 말이 아니다. 그렇지 않을 경우 '리얼한 허구'라는 표현은 무의미하다. '허구'와 '현실'이야말로 대립어이다. 그렇다면 문제는 '현실'이란 무엇인가가 된다.

현실이란 무엇일까? 어떤 매개도 통하지 않는, 삶의 체험. 그것이 현실일까. 그러나 '오움사건'[12] 이후 이러한 소박한 등식은 이미 성립하지 않는다. 삶의 리얼한 체험이야말로 사람을 가장 잘 속인다. 오움 진리교 신도의 다수가 수행 중에 체험한 신비로운 체험 혹은 의식 변성 상태(Altered state of consciousness) 체험이야말로 '실제 체험=현실'이라는 등식의 근본적 오류를 잘 알려주었다. 그렇다면 이제 다시 한 번 묻는다. 현실이란 무엇인가.

그렇다. 말할 것도 없이 '현실' 또한 허구의 일종이다. 적어도 우리들이 사용하는 일반명사로서 '현실'이란 '우리들이 살아가는 일상 세계'라는 이름을 가진 허구를 의미한다. 그러나 그것은 가

---

12   오움 진리교가 벌인 일련의 사건을 말한다. 1995년 3월 도쿄 지하철 사린 테러가 대표적이다.—옮긴이

장 광범위하게 공유되고 있는 허구이다. 어떤 조건이 붙든, 이를 받아들이는지 여부로 사회 적응도가 결정된다. 그런 의미에서는 가장 권위 있는 허구라고 할 수 있을지도 모른다.

정신분석으로 돌아간다면, 우리는 '삶의 현실'을 건드릴 수조차 없다. '현실'이란 불가능한 것의 다른 이름이다. 적어도 라캉에 따르면 그렇다. 라캉의 세 가지 구분을 확인해 두자. 즉 '실재계'[13], '상징계', '상상계'의 구분을 말한다. 이는 인간의 심적 영역을 위상적으로 구분한 것으로, 내 나름의 해석에 따르면 그것이 어떻게 체험될 것인가라는 형식이 중시된다. 실재계는 앞서 말한 바와 같이 '불가능의 영역'으로, 체험할 수 없기 때문에 존재한다는 역설적인 영역이다. 상징계는 언어 시스템과 거의 같은 의미이며, 그것은 주체의 외부에서 '대문자 타자'라 불린다. 언어가 타자라는 점은 즉 언어 시스템이 우리 주체의 외부에 위치하는 초월적인 존재라는 것을 의미한다. 우리는 스스로 말함으로써 그 존재를 체험하지만, 체험 자체를 완전하게 의식할 수는 없다. 상상계는 이미지나 표상의 영역으로, 주체의 내부[14]에 있기 때문에 나르시시즘의 영역이기도 하다. 이른바 '의미'나 '체험'이 가능할 수 있는 것은 이 영역에서이다.

13　일본어 원문은 '現実界(현실계)'이며, 이는 프랑스어 'le réel'의 번역어이다. 다만 한국에서 이 용어가 일반적으로 '실재계(實在界)'로 번역되기에, 오해를 피하기 위해 본 번역 또한 기존의 한국어 번역을 따랐다.—옮긴이

14　이곳의 '주체의 내부/외부'라는 구분은 이해를 용이하게 하기 위한 잠정적인 것으로, 정신분석적으로 엄밀한 입장에서는 이러한 구분이 무의미하다.

우리가 '허구'를 체험한다는 것은 어떤 것일까. 방금 말한 것처럼 이른바 '체험'이 가능해지는 것은 상상계의 영역이다. 우리가 무엇인가를 의식적으로 '체험'할 때 그 '체험'은 상상계라는 영역에서 일어난다. 그러한 의미에서는 '일상적 현실'과 '허구' 사이에 본질적인 구별은 있을 수 없다.[15]

그렇다면 우리들은 어떻게 해서 '일상적 현실'을 식별할까. '일상적 현실'이 상징계나 실재계에 관여하는 정도가 높다는 것일까. 그렇다면 '우리가 살아가는 일상적 세계'는 '가장 상징계에 근접한 허구'인 것일까. 혹 그렇다면 오타쿠는 '상징적 허구 이상으로 상상적 허구가 우위에 있다'고 규정할 수 있을 것이다.

말할 필요도 없이 이러한 서술은 착각이다. 그리고 이렇게 라캉을 오독하는 사례는 도처에 존재한다. 즉 '상징계를 상상적으로 파악할 수 있다고 믿는 것'이다. 예를 들면 아즈마 히로키 씨는 현대의 문화적 상황을 가리켜 '상징계가 기능하지 않는다'고 한다. 그는 하나의 예로서 팝 뮤직의 가사가 쇠약해져 있는 상황

---

15 이 책의 기술 전체에서, 특히 예고 없이 '현실'이라고 쓸 경우 여기서 사용한 상상적 현실, 또는 일상적 현실을 가리킨다. 이에 비해 정신분석적 의미에서의 실재, 즉 체험이 불가능한 유물론적 영역으로서의 실재를 가리킬 경우에는 '실재'라 표기하여 구분한다. 무엇보다 후자의 의미에 대해서는 여기서 말고는 이후 거의 다룰 기회가 없다고 생각된다. 이 책에서는 상상계와 상징계의 관련성이 서술의 중심에 놓인다. 전투미소녀가 신경증적인 욕망의 산물이고 결코 분열증적인 생성의 영역에 있지 않은 이상, 서술에서 실재계가 끼어든다는 것을 적극적으로는 상정할 수 없는 이상 당연한 일이다. 여기서 이렇게 단정해서 쓰는 것은, 내가 말한 '현실도 허구의 일종이다'라는 단언이 마치 유환론(唯幻論; 모든 것이 환상에 지나지 않는다는 것—옮긴이)자나 관념론자의 신앙고백이라 오해될 가능성을 부정할 수 없기 때문이다.

을 지적한다.[16] 이 자체는 흥미로운 지적이지만, 이 또한 같은 종류의 실수이다.

라캉의 세 가지 구분은 보편성을 상정하지 않으면 완전히 무의미한 사변적 도구에 지나지 않는다. 우리가 언어를 획득한 이래 영원히 '신경증자'일 수밖에 없음을 가정하지 않는다면 정신분석은 성립하지 않는다. 그리고 우리가 신경증자인 이상 이 세 개의 구분은 적어도 그 토폴로지컬topological한 관계를 유지해 나간다.

나의 근거점을 분명하게 해 둔다. 나는 이후에 일관되게 미디어와 상상계의 상호작용에 논점을 둘 것이며, 상징계와 실재계에 대해서는 어떠한 변질, 변용도 가정하지 않을 것이다. 그곳에서 오타쿠는 상상적으로밖에 말할 수 없는 존재가 될 것이다. 즉 '비오타쿠적 주체'와 '오타쿠적 주체'의 사이에는 어떠한 구조적인 차이도 상정할 수 없다. 왜냐하면 양쪽 모두 '신경증자'이며, 상징계와의 관계라는 점에서 동등하기 때문이다. 따라서 앞에 인용한 오오자와 씨의 견해도 여기에 이르러서는 완전히 부정된다. 같은 식으로 '공동체로서의 오타쿠'에 정신분석의 관점에서 어떠

---

16   아즈마 히로키, 『우편적 불안들郵便的不安たち』, 朝日新聞社, 1999. 이 지적은 정확하게 다음과 같이 바꿔 말할 수 있다. '가사가 쇠약해지는 것'은 '말의 상상적 작용'의 변질 혹은 변이로서 이해된다. 일찍이 '말'에 위탁되었던 상상적인 기능, 예컨대 말이 어떤 종류의 공동체를 '깊이 공감함'으로 연대시켰던 것 같은 종류의 특권적 기능을 외견상 잃기도 한다는 것은 명확할 것이다. 가사뿐만 아니라 이전과 같은 시대를 상징하는 '유행어'가 쇠약해져 가는 것에서도 같은 징후를 볼 수 있다. 그러나 그것을 두고 '상징계의 소실'로 지적함은 본질을 무시한 처사이다. 나는 여기에서 미디어와 상징계의 위치 관계의 변용을 발견하는데, 이에 대한 검토는 다른 기회로 양보하고자 한다.

48

한 특이성을 지적하는 것도 불가능해진다. 오히려 그곳에서 특이성을 억지로 가정하려고 하는 쪽에서 일종의 병리성을 발견하는 경우가 적지 않다. 나는 오타쿠의 정신병리를 구조적으로 말하려는 것을 단념하고 어디까지나 상상적 서술로 일관하게 될 것이다. 이는 내가 무엇보다 정신분석을 제일로 지향하는 이상 부득이한 일이다.

그런데, 나는 앞에서 스스로 제시한 의문에 답하지 않았다. 즉 '일상적 현실'은 어떻게 해서 체험되는가라는 질문이다. 그것과 허구를 구분하는 것은 어디까지나 상상적인 작용이다. 구체적으로는 '체험이 매개된 정도'라는 이미지이다. 그 '체험이 매개된 것이다'라는 의식 —'사실'이 아니라—에 의해 최초로 '허구'가 성립한다.[17] 따라서 '체험'에서 미디어의 존재는 이와 같은 '매개되는 의식'에 기여하는 이상의 기능을 가지지 않는다. 거꾸로 말하면 '일상적 현실'이란 '매개되지 않는 의식'에서 성립하는 체험에 지나지 않는다. 그리고 이 '매개되는-매개되지 않는'이라는 의식의 차이는 분명 상상적인 것에 지나지 않는다. 다시 강조해 두지만, 우리 신경증자에게 '일상적 현실'은 본질적인 특권을 가지지 못한

---

17 '매개'란 어느 곳에나 있다. 우선 TV와 영화, 만화와 인터넷이라는 미디어가 있다. 물론 전화와 편지, 이메일이라는 개인적인 것도 포함될 것이다. 그뿐만이 아니다. 일상생활의 대인 관계도, 어떠한 매개를 피할 수 없다. 그것은 잠정적으로 '역할의식 awareness of role'이라 불릴 만한 매개이다. 말할 것도 없이 개인은 복수의 대인 관계에서 복수의 역할을 연기하고 있다. 예컨대 나는 정신과 의사로서 환자와 면담할 때, 그 체험은 '의사라는 역할의식'에 의해 매개되고 있다. 그렇게 하여 치료 관계가 일종의 '허구화'되는 것이다. 이는 면담 체험이 의사의 일상생활에 과도하게 영향을 미치지 않게 하는 방벽이 된다.

다. 이는 신경증적 병리 현상인 이인증[18] 환자에게 일상적 현실마저 허구와 같이 체험되는 임상적 사실에서 명백하게 나타난다.

오타쿠와 허구

허구에 대한 친화성이 높은 오타쿠의 심성을 가지고 있는 사람은 실제 적응 여부와는 무관하게 현실에 대한 위화감을 잠재적으로 느끼고 있을 것이다. 그러나 이는 심각한 것이 아니라 '일상적 현실은 촌스럽다!'는 정도의 것이다. 적어도 부적응 상태가 현실으로부터 도피→허구 세계로 틀어박히기와 같은 식으로 단순하게 발전하지는 않을 것이다.

코어core 오타쿠라는 것은 허구에 대한 스탠스가 독특해서 아니메 작품도 다수의 레벨에서 즐길 수 있다. 앞서 말했던 방법을 따르자면 그들은 '허구적 콘텍스트'의 레벨을 자유자재로 바꿀 수 있다. 앞에서 말했던 것 처럼 그들은 현실을 허구의 일종으로 보고 있다. 그로 인해 현실을 반드시 특권화하지 않는 것이 흔

18　離人症(Depersonalization). 자신이나 외부 세계의 실재감, 현실감이 희박해지며, 자신이 자신이 아닌 것 같이 느껴진다. 또는 타인이나 풍경이 막에 싸인 것처럼 현실감이 부족하게 느껴지기에 고통을 호소하는 정신증상. 신경증, 우울증, 분열증 등과 같이 보이는 경우가 많다. 단 최근에는 또 한 사람의 자신이 자신의 몸과 행동을 외부에서 보고 있는 것처럼 느끼는 체험을 가리키는 경우도 있다. 여기서는 전자의 의미로 사용하고 있다.

히 현실도피라고 여겨지는 부분일지도 모른다. 그런 의미에서 오타쿠는 결코 '허구와 현실을 혼동'하지 않지만 '허구와 현실의 대립'을 그다지 중요하게 바라보지 않는다. 그들은 오히려 허구에서도 현실과 동등하게 리얼리티를 발견할 수 있다.

오타쿠는 분명 허구의 허구성을 대할 때조차도 다층적인 리얼리티를 발견한다. 아니메 캐릭터는 물론이고 각본과 캐릭터 디자인, 작화 감독에서 마케팅, 평론에서 감상 포인트까지, 허구의 모든 수준에서 리얼리티를 찾아내고 그것을 즐길 수 있다. 이것이 오타쿠의 특수 능력이다. 이것이 충분히 발전되면 오카다 씨가 지적한 '순수의 눈', '장인의 눈', '정통한 눈'이라는 세 개의 능력에 도달하게 된다. 그렇다. 오타쿠는 단순하게 많은 정보량을 가지고 있을 뿐만 아니라 이러한 허구의 수준을 순간적으로 분류, 정의하거나 감상의 레벨을 바꾸는 기술도 가지고 있어야 한다. 이는 하나의 작품 세계에 푹 빠져 버리는 것이 아니라 어딘가 깨어 있으면서 열광하는 듯한 자세로 이어진다.

작품 세계에 푹 빠진 오브젝트 레벨에서의 열광은 오타쿠의 본질과는 무관하다. 영화화된 스티븐 킹의 소설 『미저리』에는 작품에 빠진 광신적인 팬이 그려진다. 그녀는 어떤 소설 시리즈를 지나치게 사랑하여 그 시리즈가 불만스럽게 끝맺었다는 사실을 용서할 수 없었다. 그래서 소설가를 자신의 집에 감금하고 협박하여 자신이 좋아하는 결말을 쓰게 하려 했다. 이러한 사례가 혹시 존재한다면, 그녀에게야말로 '사실과 허구의 혼동'이라는 명

예로운 이름을 바치고 싶다. 이러한 타입의 폭력 내지는 열광으로부터 오타쿠는 한없이 멀어지려 한다.

자신의 마음에 드는 이야기가 불만스럽게 끝났을 경우 오타쿠라면 어떻게 행동할 것인가. 여기에 정확히 들어맞는 샘플이 있다. 후에 상세하게 논할 예정인 〈신세기 에반게리온新世紀エヴァンゲリオン〉이라는 아니메는 대략 그 결말만으로도 사회적인 사건이 되었다. 드라마의 후반부까지 그것은 지금까지 전례가 없는 세련된 거대 로봇 아니메였다. 그런데 문제는 마지막 화였다. 주인공이 갑자기 끝없는 내면적 갈등을 말하기 시작했고, 결국 **내면적으로 구원**받아 끝난다는 그 결말에 팬들의 대부분이 격노했다.

그렇다면 그들은 작가인 안노 히데아키庵野秀明를 직접 비판했는가. 물론 그런 반응도 다수 있었다. 그러나 한편으로 자신의 취향에 맞는 〈에바〉 스토리를 쓰기 시작한 팬이 대량으로 출현했다. 이것이야말로 올바른 오타쿠의 반응이라고 해야 할 것이다. 그들은 작가를 반드시 절대시하지 않는다. 단순한 팬의 입장 이상으로 그들은 감정사와 비평가, 작가 자신도 될 수 있다. 이렇게 수용자와 송신자의 차이가 극히 적고 애매하다는 것도 오타쿠의 특징 중 하나일 것이다. 그렇다. 그런 의미에서, 즉 허구와 마주하는 방법으로 한정하자면 오오자와 씨의 지적이야말로 정확하다. 오타쿠에게는 작가라는 초월적이어야 할 타자가 내면적 타자의 위치에 한없이 가까워져 있는 것이다.

다중 지남력

정신의학에 '이중 지남력double orientation'이라는 용어가 있다. 이는 조현병Schizophrenia[19] 환자에게서 볼 수 있는 것으로, 예컨대 "나는 도쿄 도지사다. 재산이 수십조 엔이다" 같은 망상을 이야기하면서도 간호사의 지시에 따라 병동의 청소를 돕거나 하는 상황을 가리킨다. 아무리 중증의 망상을 보이는 분열증 환자라 할지라도 망상과 환자의 실제 입장을 구별하는 경우가 많다. 자신이 처한 입장을 이해하는 것을 지남력이라 칭할 때, 이러한 환자는 이중 지남력을 갖고 있다고 여겨진다. 지금까지 보아온 바와 같이 오타쿠는 다양한 허구적 콘텍스트 사이를 자유자재로 점프하며, 수신자의 입장에서 제작을 하는 입장으로 간단하게 넘어갈 수 있다. 즉 오타쿠는 '이중'이 아니라 '다중 지남력'을 가졌다고 비유적으로 말할 수 있다.

일찍이 코가미 쇼지鴻上尚史 씨는 오타쿠의 대상물에 대해 '국산품(일본제—옮긴이)으로 뿌리를 거슬러 올라갈 수 있는 것'이라 한정했다. 대단한 혜안이긴 하지만 문제는 남는다. 그것은 '왜 국산인가'라는 점이다. 아마 이 점에 대해서도 오타쿠의 다중 지남력으로 설명할 수 있을 것이다.

뒤에서 논하겠지만, '디즈니 오타쿠'는 원칙적으로 존재하지 않는다. 여기에는 당연히 섹슈얼리티의 문제가 얽히기 때문이지

---

19   원문은 '統合失調症'.—옮긴이

만, 또 한 가지 해외의 작품에 대해서는 오타쿠의 지남력이 잘 발동하지 않는다는 점에 있다. 디즈니의 작품이 깔고 있는 고전의 수용 방법, 일본의 그것과는 다른 아니메 제작 과정, 더욱이 강력한 벽은 '디즈니에는 실체가 있다'라는 점이다. 디즈니의 실체성은 그 역사, 관련 상품, 저작권 관리의 철저함, 그리고 그 정점에 '디즈니랜드'의 존재이다. 그렇다. 디즈니는 '현실'이다. 이에 더해 사춘기 이상의 남성은 커플이 아닐 경우 도쿄 디즈니랜드의 입국 자격이 없다는 점도 널리 알려졌다시피 사실이다. 전형적인 오타쿠라면 먼저 이 자격의 단계에서 실패할 공산이 높다.

전체를 전망하는 것은 고사하고 입국마저 곤란한 이러한 실체성을 앞에 두고서는 오타쿠의 지남력이 금세 마비되어 버린다. 오타쿠가 고도로 기능하는 것은 그의 다중 지남력이 발휘되면서 전체적으로 조감할 수 있는 허구에 대해서 말할 경우뿐이다. 앞서 거론한 '오타쿠적 대상'을 지금 다시 조망해 보았으면 한다. 마니아적 대상물과 비교하여 기획과 제작의 속사정까지 훤히 캐물을 수 있는 대상이야말로 오타쿠의 마음을 사로잡는 것이다. 여기에 비해 작가의 얼굴과 내막 같은 것이 전혀 보이지 않는 도쿄 디즈니랜드나 '일상적 현실' 또한 오타쿠의 지남력을 마비시키는 영역인 것이다.

오타쿠의 정신병리

　오타쿠의 현실성을 우습게 보면 안 된다. 예를 들어 앞서 논한 코믹 마켓이 있다. 여기는 '일상적 현실'의 논리가 아니라 오타쿠의 논리가 강력하게 지배하는 공간이다. 그것이 '현실이 아니다'라고 말하면 안 된다. 그것이야말로 진성 오타쿠가 만드는 동인지가 100만 단위로 팔리기도 하는 세계이다. 즉 여기서는 매력적인 허구를 생산하는 힘이 최우선시되는 것이다. 그리고 여기에서 발휘되는 것은 오타쿠의 현실 변형 능력의 극히 일부분이다. 아마 그들이 현실을 허구의 일종이라 잘라 말할 수 있는 것은 장점이기도 한 것임에 틀림없다. 예컨대 우수한 오타쿠 엘리트는 현실을 자신의 취향에 맞춰 바꿀 수 있다. 빌 게이츠나 마이클 잭슨이 그렇게 해 왔던 것처럼 말이다.

　그러나 다중 지남력의 기능에는 관점을 유연하게 바꿀 수 있는 포지티브한 측면이 있음과 동시에 일종의 병리적인 한계가 있다. 관점의 전환이 적확하게 이루어지는 만큼 체험 전체의 프레임은 허구 쪽으로 옮겨 갈 수밖에 없다. 복수의 지남력이 등치되는 상황에서 리얼리티의 본질인 단일성이 감소해 간다. 오타쿠가 종종 자신을 이탈한 듯한 체험을 했다고 하거나 남의 눈에 속세를 떠난 것처럼 보인다고 한다면 이 때문일 것이다. 따라서 다중 지남력이 때때로 현실도피로 보일 수밖에 없다. 그러나 그 '현실도피'라는 말이야말로 잠정적인 것일지도 모른다.

사람은 어떠한 계기로 오타쿠가 되는 것인가. 옆에서 보자면 그것은 분명 어떠한 부적응 체험이 발단일지도 모른다. 그러나 또한 사람은 그러한 외상外傷 없이도 오타쿠가 될 수 있는 것이 아닌가. 오타쿠화의 본질적인 계기야말로 지금까지 논해 온 바와 같은 다중 지남력으로의 과도한 몰입인 것은 아닐까. 그렇다면 왜 오타쿠는 그렇게 몰입하는 것일까.

나는 여기에 섹슈얼리티의 문제가 매우 밀접하게 관여되어 있다고 생각한다. 섹슈얼리티의 허구성, 또는 다층성을 감지하는 것. 아니메에 그려진 여성에게 욕망을 느낄 때, 사람은 당황해 하면서도 이 사실에 감염되어 버린다. 아마도 여기가 결정적인 분기점인 셈이다. 왜 그려진 여성이 성적 대상이 될 수 있는 것인가.

"나는 이 불가능한 대상, 만질 수도 없는 여성의 대체 어디에 끌리게 된 것인가." 이와 같은 의문이 오타쿠의 뇌 속에 빙의되어 간다. 자신의 섹슈얼리티에 대한 일종의 분석적인 시선이 이 수수께끼를 풀어주는 대신 성의 허구성, 성의 공동체성을 결정한다. '성'은 허구의 프레임 속에 해체되고 다시 통합될 것이다. 그러한 한 오타쿠는 히스테리화해 간다고도 할 수 있을 것이다. 왜냐하면 오타쿠의 '이야기'란 자신의 섹슈얼리티에 대한 영원히 풀 수 없는 물음이기 때문이다. 히스테리증자의 말은 우리에게 다양한 해석을 유발하게 한다. 그렇기에 나는 이제 와서 이렇게 오타쿠를 분석하고 있는 것이 아니겠는가.

섹슈얼리티의 문제

오타쿠가 가장 오타쿠다운 얼굴을 보여주는 것은 성생활에서가 아닐까. 즉 스스로의 취미 영역에 성생활의 전부 또는 일부를 확보하고 있을 때, 그 사람은 '오타쿠'인 것이 아닐까. 마니아라면 사정이 다를 것이다. 그들에게도 대상물(자동차, 골동품 등)에 어떤 종류의 에로스를 느끼는 순간이 있을 수 있다. 그러나 그들의 성생활(자위행위를 포함해서)은 보다 현실적인 대상, 예컨대 '여성의 실재성'으로 유지될 것이다. 어찌 되었든 마니아가 수집품을 통해 직접적으로 성욕을 환기한다고는 생각하기 어렵다. 이는 마니아의 대상물이 고도로 '실체적'이라는 점과도 관련이 있다.

오타쿠의 본질적 특성 중 하나는 허구적 콘텍스트에 대한 높은 친화성이다. '허구의 리얼리티'라는 역설적인 감성이 그들의 기본적 욕구의 방향을 결정한다. 전투미소녀라는, 더 이상 허구적일 수 없는 것이 사랑받음은 물론 진정한 욕망의 대상이 되었다는 점이 이를 입증하고 있다. 그러나 물론 허구이기만 하면 된다는 것은 아니다. 몇 가지 예외가 있기 때문이다. 그중 가장 특징적인 것은 앞서도 다룬 '디즈니랜드'이다. 오타쿠의 사정에 밝은 젊은 친구에 따르면 '디즈니 오타쿠'는 존재하지 않는다. 이는 아마도 가끔씩 그러한 것이 아니라 원리적으로 존재할 수 없을 것이다.

오타쿠 문제의 본질은 섹슈얼리티와 필연적으로 관계를 맺는다. 예를 들면 디즈니 마니아가 '미니마우스'나 '포카혼타스' 등을 직접적으로 성욕의 대상으로 삼는다는 것은 생각하기 힘든 일이다. 물론 디즈니 측에서도 상당히 의도적으로 섹슈얼리티 표현을 배제한다. 그 배제의 방법은 실제로 철저하다. 그것은 이미 성적인 암시를 전혀 나타내지 않는 치졸한 배제가 아니다. 오히려 철저하게 배제할 경우 거꾸로 은폐 효과로서 섹슈얼리티를 강조한다는 것을 그들은 잘 알고 있다.

작가의 의도에서 이탈하여 섹슈얼리티를 읽어 내는 것은 예컨대 〈바람계곡의 나우시카〉의 수용 양상을 보면 이해할 수 있다. 미야자키 하야오 씨는 섹슈얼리티를 배제하고 있다고 할 만큼 매우 금욕적인 자세를 취하고 있다. 그러나 미야자키 씨의 의도를 배반하는 것처럼 〈나우시카〉는 오타쿠의 섹슈얼리티를 계속해서 빨아들이고 있다.

한편 디즈니 작품은 어떤가. 예컨대 〈토이 스토리〉 등에서는 공주님 인형이 카우보이 인형을 성적으로 유혹하는 장면까지 등장한다. 즉 섹슈얼리티는 배제되지 않는다. 중요한 것은 그 행위조차 어떠한 파국 없이 양식화되어 허구화되고 있기 때문에 리얼한 섹슈얼리티가 개입할 여지가 없다는 점이다. 인형일 뿐더러 CG로 그려진 세계에만 허용된 건조한 '성'. 이리하여 디즈니의 피조물들은 성적 대상으로서 소비될 위험성을 완전히 회피할 수 있는 것이다.

오타쿠에 대한 소박한 혐오의 시선은 그들의 섹슈얼리티에서 극단에 이를 것이다. 남성 오타쿠라면 '로리콘'의 낙인을 피할 수 없다. 여성 오타쿠의 경우 '야오이'[20], '쇼타콘'[21] 등의 도착증 그룹을 무시할 수 없다.

그들의 섹슈얼리티에 대한 이러한 혐오감이야말로 우리가 오타쿠를 보는 시선을 현저하게 치우치게 한 것이 아닌가.

오타쿠의 도착성을 왈가왈부하거나 무시하는 것은 간단하다. "걔들은 로리콘에다가 메카닉 페티시즘"이라고 하면 된다. 하지만 문제는 그 다음에 있다. 만약 그들이 '로리콘이자 메카닉 페티시즘'이라 할지라도, 그것은 거의 행동으로 나타나지 않는다. 30년 가까이 지난 오타쿠의 역사에서 거의 미야자키 하야오만이 예외였다는 사실에서도 그들의 기호와 행동의 괴리가 나타나고 있다.

최근 자주 사용되는 '오타쿠 용어'의 하나로 '□□ 모에'라는 말이 있다. 이하는 내가 앞서 말한 젊은 친구로부터 배운 지식이다. "세일러 문에 등장하는 토모에 호타루土萠ほたる라는 캐릭터가

---

20   주로 여성 동인지 작가가 그리는 패러디 작품의 한 장르로, 아니메 작품에 등장하는 잘 생긴 남성 캐릭터가 서로 호모섹슈얼한 관계를 취하게 하는 것. 그 작품을 특징짓는 '주제 없음, 결말 없음, 의미 없음(ヤマなし, オチなし, イミなし)'을 어원으로 했기에 '야오이'라고 명명된 경위는 유명하다. 대상이 된 작품으로는 가장 초기의 〈캡틴 츠바사キャプテン翼〉로부터 〈세인트 세이야聖闘士星矢〉, 〈사무라이 트루퍼鎧伝サムライトルーパー〉, 〈초자 라이딘超者ライディーン〉 등이 있다.(참고: 와타나베 유미코渡辺由美子, 『쇼타 연구ショタの研究』, 『국제 오타쿠 대학国際おたく大学』, 光文社, 1998).

21   소녀를 편애하는 로리콘에 비해 아니메나 만화 작품에 등장하는 소년을 애호하는 이를 쇼타콘이라 부른다. '쇼타'란 만화 〈철인 28호鉄人28号〉에 등장하는 주인공 반바지 소년 가네다 쇼타로金田正太郎의 이름을 어원으로 하며, 정식 명칭은 '쇼타로 콤플렉스'라고 한다. '야오이'라는 장르가 안정된 이후, 여성 오타쿠뿐만 아니라 남성 팬을 포함한 붐이 일었으며 '쇼타'가 크게 번성하기도 했다(참고: 와타나베 유미코渡辺由美子, 『쇼타 연구ショタの研究』, 앞의 책).

인기를 모았고, '호타루한테 모에모에燃え燃え(불타다)'에서 바뀌어 '호타루에게 모에모에萌え萌え(싹트다)'라고 하는 팬이 늘었다. 여기서 바뀌어 캐릭터에 몰입하는 것을 '□□ 모에萌え'라고 표현하게 되었다."[22]

이러한 표현이 성립하는 콘텍스트에서도 오타쿠 공동체의 특이한 내부 사정이 엿보인다. 나는 여기에서 오타쿠의 섹슈얼리티라는 본질적 문제의 토포스를 의식했다. 그들은 자신의 섹슈얼리티마저 예술화해 버린다. '그 캐릭터를 좋아하는 자신' 그 자체를 희화시켜 대상화해 보이는 말이 '□□ 모에'이다. 그들이 스스로의 섹슈얼리티에서도 그러한 거리를 두려고 하는 이유는 왜일까.

오타쿠가 반드시 캐릭터를 우상화하는 것은 아니다. 코믹 마켓에서 팔리는 동인지의 주요 장르의 하나로 18금이 있다. 즉, 저명한 아니메 작품의 캐릭터를 패러디해서 포르노그래피 작품으로 만들어 내는 것이다. 이것이 가장 잘 팔린다. 그리고 오타쿠는 거유(巨乳, 큰 가슴─옮긴이) 같은 장르에 관용적이다. 가끔씩은 캐릭터 우상화가 너무 지나친 나머지 이러한 동인지를 용서할 수 없다고 외치는 팬도 있다(제2장 참조). 그러나 기묘하게도 이렇게 '흔한' 팬은 그다지 '오타쿠'로 보이지 않는다. 그들은 오히려 진정한

---

22 '모에'의 어원에 대해서는 이외에도 NHK 방송 〈천재 테레비군天才テレビくん〉에서 방영된 아니메 작품 〈공룡혹성恐竜惑星〉의 히로인 '사기사와 메구무鷺沢萠'에서 유래했다는 설이 유력하다.

오타쿠로부터 꺼려지는 존재가 된다. 오타쿠인 이상 캐릭터의 우상화는 예술의 범위 내에서 스마트하게 소화되어야 하는 것이다. 이렇게 허구와 실제를 혼동하는 팬은 오타쿠 공동체에서는 이단적 존재, 굳이 말하자면 도착적인 존재 취급을 당하는 것이다.

나는 이 장의 앞부분에서 오타쿠란 근대적 미디어 환경이 사춘기의 심성과 상호작용하면서 출현한 라이프스타일의 하나라고 논했다. 그렇다. 오타쿠란 사춘기 이후 삶의 방식으로, '아이 오타쿠'는 존재하지 않는다. 그것은 아이가 아니메를 좋아하는 것은 당연하기 때문이 아니다. 그게 아니라 오타쿠이기 위해서는 2차 성징 이후의 성욕을 필요로 하기 때문이다. 나이를 꽤나 먹고서도 아니메를 좋아하는 것이 문제가 아니다. '문제'를 찾고 싶다면, 나이를 먹고서도 아니메에 나오는 소녀를 성적 대상으로 삼는다는 것을 우선적으로 다루어야 한다.

단적으로 속되게 말하자면 아니메 캐릭터에서 '뽑아낼' 수 있는지의 여부가 오타쿠와 비오타쿠의 분기점일 것인가. 잘 모르는 분을 위해 주석을 달아 두자면 '아니메에서 뽑아낼 수 있는가'란 '아니메에 그려진 여성 캐릭터의 이미지를 이용하여 자위를 할 수 있는가'라는 정도의 의미이다.

그렇다면 '아니메로 뽑아내는' 행위는 도착증자의 이름에 해당할 정도의 '현실성'을 가지고 있을 것인가.

여기에 사람들이 간과해 왔던 결정적인 질문이 있다. 왜 오타쿠는 '현실에서' 도착증자가 아닌 것인가. 내가 알고 있는 한,

오타쿠가 실생활에서 선택하는 파트너는 거의 예외 없이 매우 성실한 이성이다. 개인적인 인상으로 오타쿠 인생의 '정점'이란 이성 오타쿠 파트너와의 결혼이라고 여겨지는 구석이 있다. 따라서 나는 오타쿠에게서 결정적인 것은 상상적인 도착 경향과 일상에서의 '건강한' 섹슈얼리티의 괴리가 아닌가라고 생각하고 있다(이런 의미에서도 미야자키 하야오는 완전히 특수한 사례이다). 호모섹슈얼은 말할 것도 없고 진정한 로리콘 오타쿠도 지극히 극소수인 것은 아닌가. 그것은 예컨대 아니메 히로인을 우상화하면서 일상적으로는 그의 대체물로서 현실의 여성으로 참아 낸다는 것이 아니다. 그들은 여기에서도 '욕망의 지남력'을 간단히 바꾸어 내고 있는 것이다.

'오타쿠의 욕망'에 대해 검토하는 것은 섹슈얼리티의 상상적인 형식이 어떻게 변질되어 가는가를 추적함과 동시에 매우 흥미로운 샘플을 제시해 줄 것이다. 오타쿠가 아무리 페도필리아 Pedophilia(소아성애증)와 유사하게 보일지라도, 그것을 성급하게 도착증의 문제로 처리하면 안된다. 그것은 먼저 '허구적 콘텍스트'와의 관련성에서 검토되어야 할 문제이다. 오타쿠는 그림으로 그려진 어린 미소녀를 애호하면서 동시에 온건한 헤테로섹슈얼의 일상도 유지할 수 있다는 사실을 잊지 말자. 여기서 오타쿠의 '로리콘'이란 오히려 성적 도착증의 알리바이이거나 '성의 허구화'의 과정이 된다. 그렇다면 그 전형적인 대상물로서 왜 '전투미소녀'가 선택되는 것인가.

전투미소녀의 이미지에는 모든 성도착이 담겨 있다. 그곳에 동성애(소녀의 팔루스), 유아 성애, 사디즘, 마조히즘, 페티시즘 등의 흔적이 있음을 지적하는 것은 오히려 간단하다. 그것은 거의 다 형도착적인 이미지라 볼 수도 있다. 야오이 계열에도 말할 수 있는 것이지만, 오타쿠는 허구로서 섹슈얼리티를, 그리고 반전-결합-왜곡 등을 가하지 않으면 못 배긴다. 이러한 의미에서 전투미소녀라는 이콘은 오타쿠적 브리콜라주의 멋진 발명품이다. 이콘으로서의 보편성은 단적으로 사실로서 증명할 수 있다. 그녀들은 인터넷 등을 통해 이미 전세계적으로 파종되었으며, 다음 세대가 각지에서 일제히 싹을 틔우고 있는 것이다.

어찌 되었든 오타쿠의 섹슈얼리티가 다층적이고 복잡한 콘텍스트를 품고 있다는 점에서 페티시즘이나 페도필리아와 같은 선상에서 논하기 어렵다. 그리고 이러한 점은 또한 팰릭 걸즈의 생성에도 깊게 관여하고 있을 것이다. 여기서 중요한 것은 오타쿠들이 스스로의 섹슈얼리티를 상상적 영역에서 확보하고 충분히 기능하게 할 수 있다는 점이다. 여기서는 거꾸로 성적 도착은 전혀 문제가 되지 않는다. 왜냐하면 상상의 영역에서는 모든 인간이 도착증자의 권리를 가지기 때문이다.

오타쿠적 욕망에 대한 해석은 여기서 끝내도록 한다. 여기서 다룬 몇 개의 문제는 마지막 장 '팰릭 걸즈가 생성되다'에서 보다 일반적인 형태로 논의될 것이다.

제2장
'오타쿠'의 편지

제2장
'오타쿠'의 편지

지금까지 강조해 왔던 것처럼 오타쿠의 정신병리를 논할 때 무시할 수 없는 것이 그들의 섹슈얼리티의 문제이다. 유럽과 미국의 아니메 팬들이 "아니메도 좋아하지만 '현실'에도 살아 있는 여자 친구가 있다"는 점을 자랑으로 삼는다면, 일본의 오타쿠는 이러한 것에 그다지 구애받지 않는다. 이성 반려자를 얻는 것이 '오타쿠 문화인'의 필요조건이긴 해도, 단순하게 오타쿠이기 위해서는 크게 중요치 않다.

아니메 팬의 포럼을 보고 있으면 가끔씩 나오는 것이 아니메의 어떤 캐릭터로 뽑아낼 수 있는가라는 문제이다. 자위의 환상을 뒷받침하는 이미지, 이른바 '오나펫ォナペット'으로서 아니메라는 스타일. 여기서 바로 연상되는 것은 최근 포르노 코믹의 그림체가 현저하게 바뀌었다는 점이다. 이제 이 장르는 완전히 아니메풍의 스타일이 독점한 상태이다. '좋은 시절'에 이시이 타카시 石井隆 또는 히라구치 히로미平口広美 혹은 더티 마쓰모토ダーティ松本가 남긴 유산은 이미 그 흔적마저 보이지 않는다.

이러한 문제들은 의외로 중요하지 않겠는가. 즉 왜 사람은 이러한 비현실적인 그림에서 가장 효율적으로 욕정을 품을 수 있는가라는 의문. 그렇다. 여기에서 문제가 되는 것은 어디까지나 효율이다. 그것은 이미 '에로티시즘'과는 어떤 관계도 없다. 섹슈얼리티에 대해 세련된 거리감을 갖는 것. 그러한 간접성과 매개성을 도입하는 것이 '에로티시즘'이다. 포르노 코믹의 효율성, 직접성은 그곳에서 한없이 멀다. 성욕 처리의 대상으로 어떠한 스타일의 만화를 선택해야 가장 효율적으로 복제, 전달, 가공할 수 있을 것인가. 문제시해야 할 것은 바로 이 점이다.

그러나 여기에서 내 인상만을 길게 이야기해도 의미가 없다. 나는 다시 현장으로 향하여 오타쿠들의 목소리에 귀를 기울여 보고자 한다. 섹슈얼리티에 관해서는 한결같이 방어 태세인 해외의 오타쿠들과 비교해서 보다 솔직하게 이야기를 나눌 수 있는 것은 역시 일본의 오타쿠다.

이 책을 집필할 때 나는 우연히 알게 된 20대의 오타쿠 청년을 취재할 수 있었다. 그는 〈세일러 문〉에서 〈웨딩 피치ウエディングピーチ〉의 열광적인 팬으로 옮겨 갔던 전력이 있었다. 극히 정통적인 미소녀 아니메 오타쿠인 셈이다. 물론 PC는 윈도우즈이며, 홈페이지에는 〈웨딩 피치〉의 그림으로 꽉 차 있다. 정기적으로 오

프라인 모임을 주최하고, 등교 거부 문제에도 적극적으로 의견을 펼치는 그에게 '자폐'의 그림자 같은 건 전혀 보이지 않았다. 그렇다. 오타쿠는 원래 '자폐' 같은 건 하지 않는다.

나는 그와의 대화를 통해 '오타쿠나 나나 별반 다르지 않다'고 느끼기에 이르렀다. 그러할지라도 도저히 이해할 수 없는 한 가지 지점, 그것이 섹슈얼리티의 문제였다. 그는 정말로 〈웨딩 피치〉 캐릭터로 '뽑아낼 수 있었다'. 나는 그것을 이해할 수 없다. 그렇게 감정을 이입하는 것이 어떻게 가능할 것인지 상상할 수도 없다. 정신과 의사란 공감되지 않는 정신 현상과 만나게 되면 갑자기 불타오르게 되는 자이다. 나는 정말로 '모에모에燃え燃え'해서 그에게 메일을 보내 인터뷰를 시도했다. 아래에 그의 흥미로운 메일을, 본인의 승낙을 얻어 편집, 재현해 보도록 한다.

최근, IRC[1]에서 세일러 문에 빠져 있는 대학생과 아야나미綾波(에반게리온의 등장인물 아야나미 레이—옮긴이)의 등신대 인형 이야기를 하다가 오랜만에 어떤 말이 머릿속 저편에서 되살아났습니다. 그건 '보존용', '감상용', '실용'이라는 말/개념입니다. 이미 대체적인 의미는 알고 계시겠지요? 완전히 빠져 있는 분들은 하나에 수십만 엔 하는

---

1   Internet Relay Chat의 약어로, 1988년에 핀란드에서 개발되어 1990년에는 일본에서도 이용되기 시작한 네트워크 리얼타임 회의 시스템을 가리킨다. 이 시스템을 통해 인터넷상에서 복수의 이용자와 실시간으로 채팅할 수 있게 되었다. PC유저는 이 시스템에 접속하여 채널을 선택함으로써 자신의 관심사에 가까운 테마로 이야기를 즐길 수 있다.

인형인데도 세 개씩이나 살지도 모른다는 말이지요……

저도 세일러 문 팬이었을 적에는 상품을 두 배로 사는 것을 당연하다고 여겼지만, 세일러 문이 작품으로서 붕괴했던 이유가 상업주의에 있었다는 것을 깨달은 이후로 그렇게 사고 있지는 않습니다.

아니메나 피규어[2]의 '실용성' 말입니까? 그런 종류의 상담이라면 무엇이든 분부만 내려주십시오(메이드[3] 모드의 말투로). 메이드는 제쳐두고(^^;, 솔직하게 얘기하자면 '뽑아내는' 이야기 말이지요. 어쨌든 이 이야기를 하려면 일단 아니메 캐릭터 전반에서 '뽑아낼' 경우를 이야기하지요).

모 PC 통신의 회의실에서 알게 된 일인데, 예를 들면 '순수하고 예쁜 **쨩으로 그런 상상을 한다니, 더러워'라고 생각하는 사람은—아마도 몇 퍼센트라고 생각하지만—남성도 있습니다. 이른바 '18금' 부정파예요. 100명 정도가 글을 쓰는 회의실에 한 사람 정도로, 이 '뽑아내기 부정파'는 드러난 사람만을 꼽아 보자면 약 1퍼센트 정도겠지

---

2   다양한 캐릭터 인형을 가리키지만, 특히 플라스틱으로 만들어진 전시용 모형을 이와 같이 부른다. 관절이 가능한 것은 '액션 피규어'라 불린다. 현재는 통상 인기 아니메의 캐릭터를 입체화한 모형을 가리킨다. 1980년대 초반 아니메 작품 〈기동전사 건담 機動戦士ガンダム〉이나 〈시끌별 녀석들うる星やつら〉에 나오는 주요 캐릭터의 프라모델이 발매되었고, 이 제품을 베이스로 하여 개조를 즐기는 팬이 급증하였으며, 이때부터 현재의 피규어 붐에 이르렀다고 한다. 본문에서 다루어진 아야나미 레이綾波レイ의 1/1 피규어란 아니메 작품 〈신세기 에반게리온〉의 인기 캐릭터를 등신대 입체모형으로 만든 것으로, 28만 엔이라는 판매가에도 불구하고 제조 분량이 금세 매진될 정도의 인기가 있었다. 또 최근 〈스폰Spawn〉 등 코믹 작품이나 〈스타 워즈Star Wars〉, 〈스타 트렉 Star Trek〉과 같은 인기 영화의 캐릭터 피규어가 투명 포장 박스에 넣어져 도장 완료된 완성품으로 발매되어 인기를 얻었고 피규어 붐을 가속화했다.

3   최근 아니메나 게임 작품에 등장하는 미소녀 타입도 다양화했으며, 팬의 기호도 그 종류마다 갈리는 경향이 현저해졌다. '메이드'도 이러한 유형 중의 하나이다. 주요 작품으로는 게임 〈껍질 속의 작은 새殻の中の小鳥〉, 〈피아캐롯에 어서오세요Piaキャロットへようこそ〉 등에 등장하는 캐릭터가 대표적이다.

요. 그 외 대부분은 용납 아니면 긍정파라고 봐도 좋을 겁니다.

그런데 극단적으로 이걸 싫어하는 양반이 되면 대단히 철저해집니다. 하나 재미있는 이야기가 있으니 소개하지요.

이 사람은 어떤 미소녀물 만화 작품의 열광적인 팬인데, 에로 패러디는 작품의 등장인물을 더럽힐 뿐더러, 작가의 감정을 해치는 말도 안 되는 범죄행위라고 일관되게 주장해 왔습니다. 그래서 그 사람은 코미케에 가도 무서워서 회장을 돌아다니지도 못해요. 그러니까 자기가 좋아하는 작품을 재료로 에로 패러디 동인지를 만들거나 판매하는 무리들을 발견하게 되면, 순간 화가 나서 "이 돼지새끼!"라고 하면서 덤벼들게 될지도 모르는 거지요. 그래서 그 사람은 코미케에 참가해도 분명 안심할 수 있다고 판단되는 서클의 물건만을 대충 사게 되고, 그 다음에는 화장실에 갈 때나 밥 먹으러 갈 때 외에는 자기 부스에 눌러 앉아 있기만 할 정도로 철저하다는 거지요.

그 사람은 물론 그렇게 실력 행사까지 할지도 모르는 상황에서는 자제하지만, PC 통신의 회의실 같은 데서는 '에로 동인지' 같은 추잡스러운 것을 지상에서 말살해야 한다고 혼자서 계속 주장해 왔습니다. 물론 회의실에 있는 다른 멤버는 그런 그의 자세에 매우 비판적이었지요. 자주 들어 왔던 것처럼 "당신은 허구를 허구로서 즐기지 못하십니까?"라고요. 그래서 그는 점점 그 장소에서 고립되어 갔던 겁니다.

그런데 어느 날 그는 그답지 않은 침울한 톤으로 글을 쓰게 됩니다. 그것은 놀랄 만한 일로, 자신의 '에로 동인지' 섬멸이라는 싸움에 종지부를 찍겠다는 선언이었습니다. 무엇이 그 사람을 그렇게 만든 것일까요?

　그 계기라는 것은 어떤 에로 패러디 동인지였습니다. 그것은 그가 열광적으로 좋아하던 만화 작품을 포르노 코믹으로 만든 작품으로, 그라면 원래 격노해서 찢어발길 만한 물건이었습니다. 그런데 그 사람은 그럴 수 없었던 것이지요. 왜냐면 그 동인지는 놀랍게도 '작가 본인'이 만들어 가지고 온 것이었기 때문입니다. 분별없는 오타쿠들이 추잡한 패러디 작품을 만들어서 상처받았어야 할 작가가 스스로 그러한 작품을 그려서 판매하고 있다는 사실. 이때 그는 인생관이 바뀔 정도로 충격을 받았다고 합니다.

　그는 하나의 작품에 빠지면 등장인물에 완전하게 감정을 이입하는 타입인 것 같습니다. 슬픔, 기쁨, 불행, 행복 등 다양한 감정 전부를 등장인물과 공유하려고 하는 것이지요. 마음에 드는 작품과 만나면 마치 등장인물이 혼을 가지고 거기에 존재하는 것처럼 착각마저 느낀다고 합니다. 물론 이 사람도 보통의 팬과 마찬가지로 그 만화를 소재로 자신의 오리지널 스토리를 소설화해서 쓰는 것 같습니다. 단 그는 어디까지나 등장인물에 애정을 쏟아서 마음속에서부터 행복해졌으면 좋겠다는 소원을 담아 이야기를 만들고 있는 듯합니다. 저는 개인적으로 그런 소설은 별로 읽고 싶지 않지만요.

　그렇기에 그에게 있어서는 작가 본인도 그러한 애정과 소원을 담아 작품을 만들어 내고 있어야 하는 것으로, 같은 작품에서 우리 아이가 포르노와 흡사하게 패러디화된다는 것은 곧 우리 아이가 강간당하는 것이나 마찬가지로 용납하기 어려운 행위였던 셈입니다.

그런데 그가 사랑한 작품의 작가(덧붙이자면 여성입니다)가 자신이 만들어 낸 사랑스러운 등장인물을 사용해서 에로 동인지를 제작하고 태연하게 코미케에서 판매하고 있다…… 그의 충격은 자신의 감동이 모두 환상이었으며 착각이었다는 것을 작가 본인에 의해 깨닫게 된 것이었습니다. 자신이 고군분투해서 지켜 나가고자 한 순결이 실은 존재조차 하지 않았다는 점을 알게 되었고 그는 패닉에 빠졌습니다. 만화는 결국 종이와 잉크로 만들어진 환상이었다는 것을 그는 '처음으로' 깨닫게 된 것입니다. 이 사실 자체는 웃기는 일이지만, 웃을 수는 없는 일이지요.

나는 이전에 이 에로 패러디 동인지를 만든 작가 선생에게 그녀가 쓴 글에 대해 질문한 적이 있습니다. 그녀의 대답은 '만화는 어디까지나 허구'였고, 자신이 지적한 '겉과 속'이란 '아이들 대상인가 어른 대상인가'라는 독자 대상의 차이였기 때문에 캐릭터를 모독할 심산은 아니었다는 것이었습니다.

뭐, 이렇게 이야기하는 분은 정말 특이한 예라고 할 수 있겠지요. 일반적으로 오타쿠는 작가 선생에게 들은 이야기 같은 것은 당연한 전제라고 생각하며 작품을 즐기고 있다고 해도 좋을 겁니다. 극단적으로 이야기하자면, 'ロ짱 모에'라고 하면서 '뽑아' 내더라도 그 작품이나 캐릭터와 완전히 끊어져 있는 지점이 동시에 존재하지 않는다면 오타쿠 같은 건 못할 겁니다. 그러니까 엄청나게 열중해서 작품을 즐기거나 이야기하는 측면도 당연히 있겠지만, 동시에 다른 어떤 측면에서는 완전히 깨어 있는 듯한 상태라고 할까요. 자기가 좋아하는

작품을 가지고 이리저리 다루고 즐기는 것이야말로 오타쿠적인 것으로, 작품을 신성화해서 받들게 되면 그건 단순한 마니아라든지 팬으로 타락해 버리는 것입니다.

소녀 만화 계열, 그것도 작품의 연대가 오래될수록 작품을 신성한 존재로 읽어 버리는 독자가 많은 것 같습니다. 〈요술공주 밍키ミンキーモモ〉, 〈크리미 마미クリミーマミ〉는 아직 순수하게 '소녀 취향'이어서 에로 패러디를 만든다는 것은 조금 어렵지 않았을까요. 여기에서 결정적인 것은 OVA의 등장입니다. OVA로 〈크림 레몬くりぃむレモン〉이 팔리고, 이윽고 시장이 만들어집니다. 그 후에는 모든 아니메 작품에 '겉 얼굴'과 '속 얼굴'이 붙어 다니게 된 겁니다.

서두가 길어져 버렸지만 이를 토대로 해서 점차 문제의 핵심으로 향해 보지요.

아니메 캐릭터로 '뽑아내는' 사람은 먼저 피규어로도 '뽑아낼 수 있다'고 생각합니다.

피규어를 욕망의 시선으로 보고 있으면 점차 그 이미지가 자신이 욕망했던 대로의 이미지로 변화해 가는 것입니다. 예를 들어 아야나미라면 자신만을 위해 커스터마이즈된 감미로운 아야나미와의 행위에 빠져들 수 있는 것입니다.

이렇게 말하는 저도 피규어로 '뽑아낸' 경험이 있습니다. 나의 대상은 1/6[4] 스케일의 하나사키 모모코花咲ももこ입니다. 1996년쯤부

---

4   피규어의 축척 비율. '실물'의 6분의 1을 의미함.

터 유행한 이른바 제니[5] 같은 돌Doll[6] 타입으로, 분명히 말해서 개러지 키트[7]보다 훨씬 완성도는 낮습니다. 그래도 모모코라는 캐릭터라고 인식할 수 있게 해 주는 부품은 잘 갖추어져 있기에 이걸로 '뽑아내는' 것이 가능합니다.

먼저, 브라운관으로는 결코 할 수 없는 캐릭터를 만지는 것, 꿈과 같은 행위를 여기서 해낼 수 있습니다. 이는 알고 계시겠지요[브라운관을 넘어서 키스하려는 분도 옛날에는 있었던 모양입니다만(웃음)].

두 번째로 머릿속에서 자신 취향의 모모코를 만들어 냅니다.

그때 피규어의 이미지 자체는 실체가 없는 것입니다. 욕망의 중심에는 내가 모모코라면 머리카락을 어루만져 주거나 "당신만을 사랑해요"라고 속삭여 주는 등, 결코 피규어로는 할 수 없는 것을 해 주는 착각에 빠지는 것입니다. 그때, 피규어의 소유자는 '전능한 신'이 되어 그 캐릭터의 모든 것을 지배할 수 있게 되는 것입니다. 그렇기 때

---

5   마텔사에서 라이센스를 받아 일본제 바비를 판매했던 다카라タカラ는 1986년 마텔사와의 라이센스가 끊긴 이후 같은 디자인의 인형을 '제니ジェニー'라 이름을 바꾸어 판매했다. 리얼한 생김새의 오리지널 바비와 비교해서 '제니'는 큰 눈동자에 작은 코와 입이라는 일본인 취향의 어레인지로 인기를 끌었다.

6   마텔사의 바비, 타카라의 제니, 리카짱リカちゃん 등, 주로 여자아이가 옷을 갈아입히고 노는 목적으로 제조된 인형을 가리킨다.

7   전시를 목적으로 한 소량 생산의 전시 모형. 그 대상은 범선이나 클래식 자동차 등 오래된 것부터 최근에는 아니메나 특촬 등 더욱 다양한 분야로 확장되고 있다. 통상 메이커 제품에는 없는 마니악한 디테일 표현이 가능하기 때문에 대량 생산할 수 없는 희소성과 어우러져 고가임에도 불구하고 인기 분야로 성장해 왔다. 개러지 키트의 경우 기본이 되는 캐릭터의 원형은 지점토나 퍼티로 일일이 만들어지며(피규어의 부분적인 개조는 '풀 스크래치フルスクラッチ'라 부른다), 이를 수작업으로 본떠서 제품이 만들어진다. 원형을 만드는 조형 작가를 '원형사原型師'라 부르는데, 그들의 작가성도 개러지 키트를 즐길 때 중요한 포인트가 된다.

문에 피규어의 이미지 그대로 뽑아내는 것에 비해 그것을 자기 나름 대로 각색하거나 연출할 수 있게 되고, 비로소 그 행위를 달성할 수 있게 되는 것이라 생각합니다.

참고로 나와 1/6 스케일의 모모코와의 관계를 깊이 생각해 만든 자작시를 인용해 봅니다(원래는 나의 홈페이지에 있던 것입니다).

깨달음

나는 왜 당신을 사랑하는 것일까.

그것은, 당신이 정한 운명.

당신이 나를 필요로 하는 한 나는 맹목적으로 당신을 사랑할 거예요.

나를 필요로 하지 않을 때, 당신의 눈앞에는 결코 나타나지 않아요.

나에게 주어진 자유는 당신의 의지라는 범위 안에서의 것.

나는 당신이 바라는 모습으로 변화합니다.

모든 것은 당신이 바라는 대로.

당신은 전능한 신.

왜냐면 나는 당신 안에 있기 때문에.

이러한 행위나 문장은 겉만 보면 "변태적이다"라며 혐오감마저 느낄지도 모릅니다. 그런데 오타쿠의 대부분은 허구에 빠지는 자기 자신도 객관화할 수 있으며, 또한 그것을 재료로 해서 놀고 있기 때문에 혐오감을 품는다는 것조차도 재료로 삼을 수 있습니다. 아, 물론 합법적인 범위 안에서요.

예를 들면 '슈퍼에서 〈카드캡터 사쿠라カードキャプターさくら〉그림책을 샀더니 점원이나 주위 사람들에게 눈총을 받았다'는 등의 대화도 일상적으로 합니다. 또 앞에서 말한 '아야나미의 등신대 피규어로 뽑아낸다'는 이야기라면, 자기 옆에다가 로션을 당당하게 준비한 채 친구를 방에 들여보내는 사람이 실제로 있다는 겁니다. 이걸로 무엇을 하고 있는가 일목요연하다는 거지요.

그러고 보니 코미케에서 스카톨로지(분변 기호증—옮긴이) 계열의 아니메 동인지를 팔고 있던 분, 매우 자랑스러운 얼굴이었어요. 심지어 사는 쪽도 자랑스럽게 사 갔습니다(웃음).

내가 모 PC 통신의 아니메 관련 게시판의 오프라인 모임에서 오타쿠 남성 수십 명이 무리를 지어 신주쿠를 돌아보던 때에는, 때마침 가부키쵸를 걷게 되었습니다만, 그때 풍속업소의 삐끼가 나타났던 겁니다. "예쁜 애 있어요"라고 말이지요. 거기에다가 간부급 멤버 한 사람이 "나는 세일러 문이 좋아!!"라고 대답했더니, 삐끼가 온순하게 사라지는 것을 보고 모두 폭소를 터뜨렸던 적도 있었습니다.

"보통사람이라면 그렇게까지는 하지 않지!"라는 안팎의 목소리는 오히려 민감하게 받아들여진 거라고 생각합니다. 그들의 반응을 살피어 또 이것저것 하면서 놀지요. 이걸 되풀이합니다.

내가 알고 있는 한 오타쿠의 성생활 실태는 극히 건전하고, 최악이라고 해 봤자 그저 평범한 정도입니다. 그러니까 성욕의 양상으로서는 건전하고 평범해서 일반인하고 차이가 없어요. 대체로 실제 생활에서 호모섹슈얼이거나 로리콘인 오타쿠는 적어도 제가 아는 범위 내에서는 없습니다. 남녀 오타쿠가 서로 사귀는 경우도 드물지는 않고, 남성일 경우 돈벌이를 해서 나름대로 사회적인 지위도 얻게 되면 정말 당연하다는 듯이 보통 여자하고 결혼하지요. 뭐 오오츠카 에이지 선생이 말한 대로 일반인보다 이성 친구가 많은지 적은지는 잘 모르겠지만 말이에요. 어쨌든 일반적으로 오타쿠하고 성도착은 그다지 관련이 없는 것 같아요.

예를 들면 동인지 같은 것에 성도착적인 표현이 있다고 해도 그것은 '어쨌든 오타쿠적인' 것이라서, 작품이나 캐릭터를 오타쿠로서 즐기기 위해 일반에 알려진 성도착의 패턴을 '모형'으로 이용하는 것에 지나지 않는다고 할 수 있겠지요. 단, '어쨌든 변태적인' 사람도 코미케 등에 일반 참가 자격으로 참여하고 있기 때문에, 그러한 사람들과는 구별해서 생각해야 합니다. 그렇게 극히 일부 사람이 하는 행동을 가지고 오타쿠 전체를 이해하려고 하는 건, 분명히 말하건대 민폐이기 짝이 없는 행동이지요.

여성에 관하여 오타쿠적 취향이 있다고 한다면, 어쨌든 '여자 오타쿠'는 일반적으로 인기가 높아요. 결혼했는데 알고 보니 부인이 오타쿠인 경우는 역시나 부럽다는 생각이 들지요. 니시무라 토모미西村知美[8]가 오타쿠들에게 인기가 높은 건 말이지요, 나름대로 귀엽기 때

---

8   가수. 1970년생으로 1986년에 데뷔.—옮긴이

문이기도 하지만 그녀 자신이 엄청난 오타쿠라는 조건을 뺄 수가 없는 거지요. 크리에이터로 활약하고 있는 사람 중에서도 오타쿠 커플=오타플おたップル은 많아요. 오카다 도시오 씨의 부인은 가이낙스 GAINAX 사원이니까 오타쿠 레벨도 높고, 가라사와 준이치唐沢俊一와 소르본느 케이코ソルボンヌK子도 그렇고, 괴수물로 유명한 카이다 부부[9]도 말이지요. 아카이 타미赤井孝美(프린세스 메이커 시리즈 감독)와 히구치 키미코ひぐちきみこ(만화가)의 사례도 유명하지요. 뭐, 오타쿠 남녀의 친화성이 높다는 것은 오히려 당연한 것이겠지만요.

다만 지금부터는 단순히 오타쿠인 것만으로는 이상적이라고까지 할 수 없을 것 같습니다. 이제부터는 '코스프레를 할 수 있고, 게다가 푹 빠져 있다'는 점이 보다 중요하게 될 겁니다.

요즘 코스프레 수요가 확대된 것은 알고 계시리라 생각하지만, 『쟈마루じゃまーる』[10]나 그 외에 아니메와 게임 전문지 같은 걸 봐도 옛날 같으면 "□□를 좋아하는 분과 연락을 주고받고 싶습니다"였는데 요즘은 "□□ 코스프레 하고 있는 분, 같이 해요" 같은 코스프레 친구 모집 광고가 엄청나게 많아요.

그리고 아니메 계열 코스프레 문화가 일부에서 유행하고 있는 것도 주목해야 할 겁니다. 일단은,

---

9   일러스트레이터 카이다 유지開田裕治와 관능 소설가 카이다 아야開田あや 부부를 가리킴.—옮긴이

10   당시 리크루트의 자회사였던 주식회사 리크루트 프롬 에이株式会社リクルートフロムエー가 발행한 개인 간 상거래나 불특정 인물과의 만남 정보로 구성된 정보지를 가리킴.—옮긴이(위키피디아 참조)

'성 코스프레 학원聖コスプレ学園'(http://www.bigdesire.co.jp/Stcosple/ : 현재 없어짐.—옮긴이)

'COS만COSまん'(http://cosman.net/fr.html : 현재 없어짐.—옮긴이)

'웨딩 벨ウェディングベル' 정도가 있겠지요.

전자는 이미 '시부야의 S'로 꽤 유명하다고 생각하는데 여기에 오는 손님 중에는 그저 여자애와 이야기만 하고 싶어서 오는 사람이 일정 정도 있는 듯하고, 후발 주자 COS만이 거기에 주목했는지 '5,000엔으로 이야기만 하는 코스'까지 만들어 놓았습니다.

저도 성 코스프레 학원에 네 번 정도 가 봤는데, 전에 갔을 때는 가게에서 가장 긴 '45분 코스'로 마음에 드는 애를 지명해서 그야말로 이야기만 하고 돌아왔습니다. 행위라면 마지막에 아메리칸 허그를 한 것뿐이지요.

일반인 남자가 보면 "한 번에 1만 엔 정도를 낸다니, 돈 아깝다"고 개탄할 수도 있겠지만, 저에게는 충분히 돈을 낼 가치가 있는 일이었고 오히려 그런 손님도 그 가게에서는 '보통'이에요.

코스프레를 하고 있는 예쁜 여자애(물론 아니메와 게임에 대한 지식도 있는)와 이야기를 할 수 있다. 그것만으로 이미 도심에서는 시장이 형성되어 있습니다. 장소에 따라 일반인에게 코스프레를 시키는 곳도 있는 것 같은데, 그 가게에서 내가 매번 지명하는 아가씨는 이야기로 추측해 보건대 진짜 오타쿠입니다.

"최근 무슨 게임 해요?"

"〈레이 스톰レイストーム(플레이스테이션/타이토タイトー)〉하고 〈전차로 GO!電車でGO!〉 정도?"

"저는 〈레이 포스レイフォース〉를 좋아했어요."

〈레이 포스〉는 〈레이 스톰〉의 이전 버전 같은 건데, 둘 다 타이토의 팬이나 게임 마니아밖에 모르는 타이틀일 거예요.

오타쿠가 진짜 여자한테 어떤 이상적인 것을 원하는지는 성 코스프레 학원의 '재적 걸즈 데이터在籍ギャルズデータ'에 꽤 반영되어 있지 않을까요. 참고로 그 가게의 여자애들은 데이터만 봐도 알 수 있듯이 다들 가슴이 작아요. 그런데도 엄청 잘 나가지요. 이것이 시사하는 바도 크죠.

개인적인 이상형을 말해 보자면, 역시 모모코 코스프레를 할 수 있는 것이 조건이기 때문에 가슴은 B컵 정도인 분이 좋고, 마른 분이라면 더 좋습니다. 그렇게 진짜로 코스프레를 해서 코미케를 같이 걷는 날에는 완전 최고지요(웃음). (아, 덧붙이자면 잡지에서 '코미케에 같이 가 줄 여성 모집' 같은 것도 자주 봅니다.)

그렇다고 나이까지 10대 초반이 좋냐고 한다면 이야기가 달라지지요. 10대 초반의 진짜 여자라면 완전히 대상이 아닙니다. 저는 지금 20대 초반인데, 인간적으로 10대보다는 '성숙'하지만 또한 젊기도 한 20대 중반 정도가 이상적입니다(정확히 연상을 좋아하는 나이니까 그렇겠지요).

소녀 아니메 팬이 진짜 여자를 덮치지 않는 것도 같은 이유입니다. 그 점에 있어서의 감각은 특별히 일반인과 크게 다르지 않은 것 같아요. 로리, 쇼타, 동물(웃음). 일반인보다 허구의 폭이 넓다고는 해도, 근처의 개나 고양이에게 못된 장난을 치는 오타쿠 같은 건 들어본 적이 없습니다.

최근 '쇼타'를 빼놓고 유행을 이야기할 수 없겠지요. 이전에는 없던 쇼타 유행이 도래했다고도 이야기하잖아요. 〈폭주형제 렛츠&고! 暴走兄弟レッツ&ゴー!(한국명 '우리는 챔피언')〉, 〈YAT 안심! 우주여행 YAT安心! 宇宙旅行〉, 〈가오가이가ガオガイガー〉 등을 소재로 한 일련의 '쇼타' 유행에는 재미있게도 많은 남성 오타쿠들까지 끌어들이고 있습니다. 저 자신도 남자 오타쿠 친구들에게 이끌려서 시부야의 NHK 스튜디오 파크 안에서밖에 볼 수 없다는 〈YAT〉 필름을 보러 간 적이 있습니다(웃음).

또, 미소녀 계열 이야기를 해 보자면 해마다 머리의 길이와 키의 비율이 작아지는 것 같습니다. 〈세일러 문〉이 엄청나게 유행했던 1992-93년에는 〈빨간망토 챠챠赤ずきんチャチャ〉 같이 극단적으로 짧은 비율을 빼면 대부분 6등신이나 그 이상이었던 작품이 많았었지요. 그런데 요즘에는 〈나데시코ナデシコ〉의 루리ルリ라든지 〈아키하바라 전뇌조アキハバラ電脳組〉의 메인 캐릭터를 보면 알 수 있는 것처럼 등신비가 좀 낮습니다. 굳이 말하자면 소녀보다는 어린아이 모습이 남아 있는 여자애가 오타쿠에게 받아들여지고 있는 인상을 받지요. 〈Serial Experiments Lain〉의 레인玲音도 중학생이라고 하지만 실

제로 앳된 용모를 하고 있고, 그 유명한 아야나미 레이綾波도 '여자아이 버전'이 좋다는 오타쿠들도 적지만은 않습니다. 마찬가지로 18금 PC 게임에서도 성숙한 여성보다는 일견 초등학생 정도의 여자아이와 행위를 하는 게임이 늘어나기도 했지요.

이 부분의 이유에 관해서는 우선 '납작가슴'[11]이라는 단어로 운을 떼지 않을 수 없습니다. 납작가슴인 여자아이와 남자아이, 즉 2차 성징 이전의 아이들이라는 것은, 어느 쪽이든 아이들을 대상으로 하는 아니메의 캐릭터로 그리면 귀여움과 가련함이 강조되어서 모에의 대상이 되는 것이지요. 거꾸로 말하자면 실제 아이들이라면 많든 적든 가지고 있는, 적나라한 잔학성 같은 면은 종종 필터에 걸러져 버리겠지요. 예를 들면 〈렛츠 고!〉의 레츠烈와 고豪가 벌레를 괴롭히고 노는 모습 같은 건 누구도 상상할 수 없겠지요(웃음). 그래서 '쇼타'가 반드시 실제 아이들까지 좋아한다고는 할 수 없고, 하물며 성적인 대상으로 삼을 수 있는가는 정말로 의문입니다. '소년을 납치하고 싶은' 오타쿠 소녀는 실제로 거의 없다고 단언해도 문제가 없을 겁니다. 만약 있다고 한다면, 벌써 어떠한 형태로든 사회문제가 되어 있지 않을까요?

'쇼타'라 해도 오타쿠의 모에 기호 중의 하나일 뿐이고, 그것과 현실의 성적 취향과는 단순하게 관련지어 이야기할 수는 없습니다. 실제로 대부분의 오타쿠는 소년이나 소녀에게 특별히 흥미조차 없어요. 지금 제 자신이 그렇기 때문이지요.

---

11   원문은 '츠루페타つるぺた'.—옮긴이

이외에도 최근의 에로 패러디의 경향은 앞서 말한 '쇼타' 장르가 흥하는 것 말고는 기본적으로 스토리 있는 화간和姦물이 중심이 되었고, 이렇다 할 유행 같은 건 없는 것 같아요. 단, 스카톨로지나 초거유 같은 '이색작'도 아주 조금이나마 있지만 이건 일부 오타쿠에게만 받아들여진다고 하기보다 일부의 그러한 성적 집착을 가진 사람을 대상으로 만들어지고 있을 뿐이겠지요. 제가 가지고 있는 전투미소녀 계열의 동인지 앤솔로지 중에 〈리리카 SOSリリカSOS〉의 리리카에게 대변을 보게 한 후 그걸 먹이는 만화가 있었는데, 적어도 제가 읽는 걸 건너뛰게 만드는 부류였습니다.

일부 장르에서 팬이 많은 '동물' 계열은 로리 계열 동인지에서 파생된 버전인 것 같은데, 최근에는 쇼타로까지 번져 나갔다고 이야기되고 있습니다. 요컨대 예쁘고 작은 여자아이에게 고양이 귀를 붙이거나 꼬리를 붙이면 좀 더 귀엽게 된다는 것이 생각의 원점입니다. 로리 자체는 오래된 장르이기 때문에 예전부터 존재해 왔다고 추측할 수 있겠지만, 제가 알기로는 '동물' 특성이 들어간 기존의 소녀 아니메 캐릭터의 동인지는 적습니다. 아마 창작 계열에서나 볼 수 있는 장르인 것 같아요. 제가 창작 계열에는 약간 약하기 때문에 언제부터인지는 알 수 없지만 말이에요.

이어서, 여기에 관련해서 이야기하자면 〈포켓몬스터ポケモン〉의 피카츄ピカチュウ는 무시할 수 없는 캐릭터겠지요. 요전에 피카츄의 에로 패러디를 만들어서 체포된 여성이 있었습니다. 이게 꽤 인기가 있어요. 피카츄 코스프레 같은 게 있을 정도이니까요. 그래서 당연하

지만 피카츄로 뽑아내는 팬도 있습니다. 이외에도 서브 캐릭터 동물과 수간을 한다든지, 주인공 여자아이 vs 동물이라는 구도는 신기한 게 아닙니다. 〈세일러 문〉에서는 루나 vs 아르테미스, 즉 고양이의 교미를 그린 동인지도 있었지요. 그건 단순한 패러디라고 해야 하겠지만요.

제가 참가하고 있는 네트워크에 여자 로리콘(!)이 한 사람 있었는데, 그 사람은 〈에바〉와 〈명탐정 코난〉을 좋아하고 〈도키도키 메모리얼〉을 아주 좋아하면서 새턴(세가의 게임기─옮긴이) 게이머인 특이한 사람입니다. 채팅을 해 보면 엄청 많은 로리타 사진을 보내는데, 그 사진에 위화감을 느끼면서 동시에 "여성이 여기까지 진짜 여자아이한테 빠질 수 있구나!"라고 놀란 적이 있습니다.

제가 모모코를 좋아하기 때문에 공감할 수 있을 거라 생각해서 사진을 보낸 듯하지만, 저는 아니메의 소녀는 좋아해도 실제 소녀, 하물며 어린 여자애한테 매달리는 건 있을 수 없어요. 아까 그녀의 경우, 유치원 같은 데를 보면 '납치하고 싶어진다(웃음)'는 것 같습니다. 덧붙이면 코미케 같은 데는 가본 적이 없는 것 같고…… 오타쿠의 보더라인을 방황하는 사례라고 할 수 있겠지요.

나는 그와 몇 번인가 의견을 나눠 왔기 때문에, 그의 이러한 견해는 미묘하게 내 쪽으로 기울어 있을 가능성도 부정할 수 없다. 그러나 뭐라 한들 무시할 수 없는 것은 오타쿠의 특성으로서 '허구에 대한 욕정', '허구로서의 도착'과 평행선을 그리는 '건전한 성생활'이 아니겠는가. 성이라는 근원적인 것, 특히 그 상상적 성질과 마주 대하는 태도에서 오타쿠의 특성이 가장 잘 나타난다. 그들은 이른바 주체적으로 분리된 삶을 살고 있다. 그리고 여기서 볼 수 있는 것은 전투미소녀와 '분리 또는 매개된 섹슈얼리티'와의 생성적인 관계가 아니겠는가. 이 문제에 대해서는 마지막 장에서 보다 상세하게 검토해 보기로 한다.

해외의 전투미소녀들

제3장
해외의 전투미소녀들

해외 오타쿠 조사

이제는 'otaku'나 'anime'(오카다 씨에 따르면 'Japanimation'이라는
표현은 거의 사용되지 않는 듯하다)라는 말은 'sushi', 'sake', 'karaoke'
와 마찬가지로 유럽과 미국에서도 그대로 사용되는 '외래어'가
되었다. 예컨대 미국에서는 대부분의 주요 대학에 어떠한 형태로
든 아니메 팬 서클이 있으며, 또한 각각의 서클은 인터넷 홈페이
지를 공들여 만들어 놓았다.

시험 삼아 세계 최대 규모의 인터넷 검색 엔진인 Alta Vista
로 관련된 말을 검색해 보았다(1999년 11월 24일 조사). 우선 'otaku'
는 69,420건이 검색되었다. 같은 식으로 외래어인 'anime'가
1,703,605건, 'manga'는 1,356,310건이었는데, 'comic'의 검색 수가

1,997,490인 것을 생각해 보면 그 침투력에 또 한 번 놀라지 않을 수 없다.

이하에 참고를 위해 인기 있는 단어를 몇 개 열거해 보도록 한다. 'Star Trek'이 447,430건, 'Superman'이 277,330건, 'Batman'이 426,250건, 'Beatles'는 670,512건, 'Spice Girls'가 160,242건, 또 미국에서 거의 '오타쿠'의 의미로 사용되는 단어 'Nerd'는 374,920건이었다.

물론 이런 종류의 검색 결과는 현시점에서는 이렇다 할 신뢰성을 기대할 수 없다. 따라서 이것들은 어디까지나 참고 자료일 뿐이다. 그러나 'otaku'의 침투력을 생각해 보는 데 하나의 기준이 될 것이다.

나는 유럽과 미국의 '오타쿠'의 말과 행동을 다룰 때마다 그들의 팬 의식이 일본의 오타쿠들과 미묘하게 어긋나 있다고 느꼈다. Otaku[1]들은 대체 '전투미소녀'를 어떻게 바라보고 있는 것일까. 나는 유럽과 미국 아니메 팬의 간단한 의식조사를 계획하고 아니메 팬의 웹사이트 중 비교적 유명한 곳을 중점적으로 접속하여 몇 개의 질문을 이메일로 보냈다. 다음은 메일의 질문 부분이다.

나는 몇 해 전에 의문을 가진 적이 있습니다. 왜 일본의 만화나 아

---

1   원문은 카타카나 'オタク'이나, 앞서 오카다 도시오의 표기와 혼동될 수 있기에 한국어판에서는 알파벳 표기 Otaku를 사용하도록 하였다.—옮긴이

니메(예를 들면 〈세일러 문〉 같은)에는 사춘기의 소녀들이 무장을 하고 적과 싸우는 것일까요? 헐리웃 영화 같은 곳에서도 싸우는 히로인은 많이 등장하지만, 그녀들은 소녀가 아닙니다. 〈탱크 걸Tank Girl〉이나 〈레옹Leon〉을 빼면 말이지요. 미국의 저명한 아웃사이더 아티스트인 헨리 다거는 공상 속에서 무장을 하거나 전투하는 다수의 소녀를 그린 바 있습니다. 혹시 당신이 판타지에 등장하는, 무장한 혹은 전투하는 소녀의 예를 알고 있다면 저에게 가르쳐 주실 수 있겠습니까.

정신과 의사로서 저는 이와 같은 히로인들을 '섹슈얼리티'의 관점에서 검토하고 있습니다. 알고 계신 바와 같이 일본에서는 아니메나 만화를 애호하는 사람들을 '오타쿠'라고 부르고 있습니다. 가장 유명한 오타쿠로 소녀 연속 살인사건의 범인인 '미야자키 츠토무'는 얼마 전 사형선고를 받았습니다. 이 사례 이후로 오타쿠에 대한 인상은 점점 나빠지고 있습니다. 지식인들조차도 오타쿠를 소아성애자라고 오해하고 있지요. 이탈리아의 어떤 심리학자는 소녀가 적과 싸우는 아니메(그는 〈세일러 문〉에 대해 말하고 있습니다)를 보는 아이가 성장하면 성도착자가 된다고 지적했다고 합니다. 이들 무장한 미소녀들은 오타쿠가 가진 도착적인 욕망의 파생물일까요? 당신은 이 문제에 대해 어떻게 생각하십니까.

조금은 노골적인 이 질문에 대해 예상외로 진지한 답변이 많이 돌아왔다. '자폐적', '비상식', '사회성이 없다'라는 스테레오타입의 오타쿠 비판을 다시금 피하기 위해서라도 이 점은 꼭 강조해 두고자 한다. 내 인상으로는 평균적인 영어권의 인터넷 이용자에 비교해 보아도(또는 일본의 평균적 오타쿠 인터넷 이용자에 비교해 보아도) 그들은 매우 예의가 바르고 진중하며, 의견 또한 지적이면서 시사하는 바가 컸다. 다음에 그들의 발언을 인용해 가면서 해외에서의 전투미소녀 수용 상황을 개관해 보도록 한다.

유럽과 미국의 전투미소녀

먼저 내 문제의식의 핵심인 '유럽과 미국에 전투미소녀는 존재하는가'라는 물음에 대한 반응을 몇 가지 소개해 보도록 하겠다.

매사추세츠 공과대학의 마이클 프랭크 씨는 미국에서 있었던 몇 가지 흥미로운 사례에 대해 알려주었다.

"최근 〈버피 더 뱀파이어 슬레이어Buffy the Vampire Slayer〉라는 TV 드라마가 시리즈화되었습니다. 10대 소녀가 뱀파이어를 퇴치하는 이야기지요. 지금 큰 인기를 끌고 있는 드라마 〈여전사 지나Xena: Warrior Princess〉에도 싸우는 히로인이 등장하지만, 그녀도 따지고 보면 사춘기, 대학생 정도의 나이인 것 같습니다."

"아메리칸 코믹에는 젊은 여성 슈퍼 히어로가 다수 등장합니다.

ㅇ〈엑스맨X-Men〉 시리즈에는 13살 나이로 싸움에 참가한 소녀(키티 프라이드Kitty Pryde 혹은 코드명 섀도우캣Shadow Cat)가 등장하지요. 그녀는 10대 시절에 아주 인기가 많았지만, 20대가 된 현재는 그만큼은 아닌 것 같아요."

마이클 씨는 내 주장의 포인트인 '아마조네스 여전사와 전투미소녀의 차이'를 충분히 이해했으며, 거의 모든 미국 만화의 여성 히로인은 '귀여움'을 결여하고 있고 단순히 터프할 뿐임을 인정하고 있다. 그중 〈X-Men〉의 키티 프라이드는 예외적으로, 적어도 코믹에 등장했을 때에는 꽤 귀엽고 순진무구한 히로인이었다고 했다.

"페이퍼백 소설에도 다수의 싸우는 히로인이 등장합니다. 메르세데스 랙키Mercedes Lackey라는 작가는 종종 싸우는 어린 여성 캐릭터를 등장시킵니다. 그리고 토요일 아침 애니메이션[2]에서 주가 되었던 것들, 예를 들어 〈원더 트윈스Wonder Twins〉, 〈스쿠비 두Scooby Doo〉 등에도 용감한 소녀가 나오지만 이쪽은 폭력성이 거의 나타나지 않지요."

---

2   미국 학교는 완전한 주 5일제이기 때문에, 토요일 오전 중에 아이들을 대상으로 하는 애니메이션이 집중적으로 방영된다. 아이들을 TV에 집중하게 하여 부모의 부담을 덜어주기 위한 의미도 크다고 여겨진다. 솔직히 말해서 여기서 방영되는 작품의 질이 결코 높다고는 할 수 없다. 그렇기 때문에 '토요일 아침 애니메이션Saturday-morning cartoon'이라는 별칭도 있다고 한다.

여기에서 마이클 씨가 지적한 몇 개의 작품에 대해서는 제5장의 후반부에서 간단하게 소개하기 때문에 여기서는 다루지 않겠다. 그러나 최근 미국에서도 이러한 히로인이 인기를 모으고 있다는 사실은 매우 흥미롭다. 물론 그 범위는 일본에 비해 극히 한정되어 있긴 하지만, 어찌 되었든 이러한 사례가 늘어나는 것은 적어도 징후적이라 할 수 있을 것이다.

존스 홉킨스 대학의 디 리 씨는 전투미소녀에 대해 "판타지와 만화 외에 바로 생각나는 것은 없습니다"고 하면서도 "배트 걸즈가 나오는 것"이 현재의 트렌드라고 말한다. 미국에서 웹사이트 'anime.net(현재 접속되지 않음—옮긴이)'를 관리하는 댄 홀리스Dan Hollis 씨는 미국의 애니메이션에도 싸우는 여자아이가 다수 있다고 하지만, 그 대부분은 별 볼 일 없는 작품이라고 한다. 콜로라도 대학 아니메 연구회의 멤버 중 한 사람은 미국의 애니메이션 〈헤비 메탈Heavy Metal〉의 예를 들고 있다. 그러나 내가 생각하기에 이 작품에 등장하는 것 또한 아마조네스 계열 여전사였다.

스페인의 아니메 팬, 라몬 오르디알레스 씨에 따르면, 유럽의 역사와 전설에서 무장한 히로인은 희귀하지(만은) 않다고 한다. 그는 오히려 왜 유럽의 전통에서 벗어난 장소, 즉 일본에서 소녀가 갑옷으로 무장을 하는 것인가라는 점이 중요하다고 본다. 가장 근접한 것으로 그가 예로 드는 것은 '잔 다르크'와 〈코난Conan the Barbarian〉의 레드 소냐Red Sonja이다. 잔 다르크에 대해서 그는 어쨌거나 전투미소녀와 아마조네스 여전사의 이미지를 혼동하고 있다. 따라서 그의 "1960-70년대 다수의 SF 작품에도 그러한 사례가 많다"라는 지적도 말 그대로는 받아들이기 힘들다. 라몬 씨와 마찬가지로 미국에서 웹사이트 'otaku.com(현재 운영중—옮긴이)'을 관리하는 알렉스 맥라렌 씨도 유럽 역사에 몇 개의 사례가 있다고 지적한다. 그러나 그가 드는 예 또한 잔 다르크, 엘리자베스 1세, 빅토리아 여왕, 아마조네스 등, 라몬 씨와 마찬가지로 여전사 내지는 여장부와 같은 것까지 정의가 확대되고 있다. 영국 그리니치 대학의 매튜 바버 씨는 일본 정도까지는 아니더라도 미국과 영국에도 전투미소녀의 예는 있다고 말하며, 돈 캐머런Don Cameron의 〈사이버렐라Cyberella〉나 크리스 버챌로Chris Bachalo의 〈제너레이션 XGeneration X〉 등의 예를 들고 있다. 또 그는 내가 예로 든 〈탱크 걸〉이 정말로 예외적인 작품이라고 지적한다. 즉, 영국에서는 만화, 애니메이션, 소설, 영화 등의 장르 사이의 관계가 깊지 않아서 코믹의 영화화 자체가 흔치 않다는 것이다.

매튜 씨는 일본의 오타쿠에 꽤 가까운 감성을 가지고 있는 듯하며 그의 분석은 대체로 '아니메'의 문맥에서 적절한 것처럼 생각된다. 이하에 전투미소녀에 대한 몇 개의 코멘트를 인용해 보도록 한다.

"〈공각기동대〉의 쿠사나기草薙 소령[3]은 아니메화되면서 무장도

---

3   원문에서는 대령大佐이라 하고 있으나, 코믹판에서 쿠사나기가 '소령少佐'이라 통칭되는 것을 생각해 보면 이는 명칭의 착각이라 생각된다.—옮긴이

귀여움도 잃어버리게 되었습니다. 그녀의 모습은 충격적이었고, 미국에서의 성공도 그 외모 때문이라고 생각합니다."

"(앞서 언급한 〈버피 더 뱀파이어 슬레이어〉에 대해) 저는 버피를 터프한 파이팅 우먼이라고 생각하지는 않습니다. 그녀는 전형적인 미국 여학생(Valley Girl)이고, 괴물을 퇴치하는 것보다 데이트나 쇼핑에 관심이 있지요. 뭐 그게 방송에서는 개그가 되어버리겠지만요. 단, 저는 미국 여학생의 스테레오타입도 일본과는 다르다고 생각해요."

그는 또 '마법소녀물' 또는 그녀들의 '변신'에 대해서도 흥미로운 코멘트를 남겼다.

"〈요술공주 샐리魔法使いサリー〉는 본 적이 없지만, 그 후계자인 〈마법기사 레이어스魔法騎士レイアース〉, 〈리리카 SOSナースエンジェルりりかSOS〉, 〈세일러 문〉 같은 건 본 적이 있어요. 저는 이것들이야말로 〈아내는 요술쟁이Bewitched〉와 같은 코미디보다는 슈퍼 히어로물에 가깝다고 봐요. 캐릭터가 그다지 어울리지 않는다고 말할 수는 없지만요."

"변신과 비밀스러운 정체라는 컨셉은 미국의 슈퍼 히어로물을 떠올리게 합니다. 〈슈퍼맨〉이라든지 〈스파이더맨〉 같은 거요. 그들은 일상 생활을 하면서 특별한 옷으로 갈아입고 슈퍼 히어로의 페르소나를 얻게 되는 거지요. 그 영향이 있는 게 아닐까요?"

그러나 그의 이야기 중에 가장 중요하다고 생각되는 것은 아니메의 유약화幼若化 경향에 관한 다음의 지적이다.

"아니메를 보고 놀라는 점은 주인공이 나이보다 어리게 보인다는 겁니다. 〈건 스미스 캣츠ガンスミスキャッツ〉의 미니 메이ミニーメイ는 17살인데 14살 정도로밖에 보이지 않아요. 주인공이 어려지는 것이 요즘 추세인가요? 〈야마토宇宙戦艦ヤマト〉도 〈마크로스超時空要塞マクロス〉도 〈독수리 오형제科学忍者隊ガッチャマン〉도 새로운 시리즈에서는 히어로가 어리게 변해서 소년처럼 되었지요. 〈갈포스ガルフォース〉나 〈3×3 EYES〉 같은 것에 대항하기 위해서일까요? 이유가 어쨌든, (일본인의) 취향은 점점 어린 캐릭터로 향하고 있는 것 같네요."

'마법소녀', '어린 히로인'이라는 문제와 관련하여 역시 〈세일러 문〉은 중요한 작품이다. 이번 조사에서 가장 반응이 갈린 작품이 〈세일러 문〉이었다는 점도 큰 의미가 있을 것이다. 나는 여기서 유럽과 미국의 Otaku와 일본의 오타쿠의 의식차를 볼 수 있다고 생각한다. 물론 의견이 갈린다고 해도 대부분의 반응이 '그건 어린 여자아이를 대상으로 한 작품', '그걸 너무 많이 보면 바보가 된다', '우리 클럽에서는 금지하고 있습니다'와 같은 농담조이면서 네거티브한 것이 많았지만 말이다.

핀란드에서 아니메 홈페이지를 관리하고 있는 안티 베스마

씨는 이번 앙케이트의 대상인 아니메 팬 중에서는 몇 안 되는 〈세일러 문〉 지지자였으며, 일본의 오타쿠에 가장 가까운 아니메 팬이었다. 그는 〈환상게임ふしぎ遊戯〉이나 미야자키 하야오 아니메의 팬이기도 했다. 원래 영화 팬이었던 그는 아니메에 열중하게 되면서 거의 영화를 보지 않게 되었다고 한다.

그는 또 유럽과 미국에서 '싸우는 여자아이'의 실제 사례가 거의 떠오르지 않는다고 했다. 〈세일러 문〉에 대해서는 처음에는 어린 여자아이 대상의 작품이라고 생각해서 관심이 거의 없었지만 그걸 참으면서 보는 사이에 어느 날 갑자기 매우 좋아하는 작품이 되어 있었다고 한다. 그는 그 이유를 주인공이 초능력을 가진 소녀들이기 때문이라고 했다. 원래 변태물이 취향이 아니었던 그에게 〈세일러 문〉과 같은 멋지고 예쁜 아니메가 도착증을 일으킨다고는 믿기지 않는 듯했다.

"변태 만화에도 팬이 있다는 것은 알고 있습니다. 핀란드에서 아니메는 액션 계열의 다섯 작품 밖에 손에 넣을 수 없어요. 핀란드의 아니메 팬은 그렇기 때문에 액션 계열의 팬이 많지요. 여기서 아니메 팬이 된다는 것은 엄청나게 힘든 일을 해야 한다는 것을 의미해요. 처음에 본 아니메가 (변태, 액션 계열의) 〈우로츠키 동자うろつき童子〉였고, 당시에는 꽤 마음에 들었지요. 지금 취향은 변태, 액션물에서 로맨틱 코미디로 바뀌고 있어요. 최근에는 변태물을 거의 보지 않게 되었지요. 마법소녀물은 〈프리티 사미プリティサミー〉밖에 모릅니다.

서양의 마법소녀물은 책으로밖에 알지 못하지요."

"〈도키메키 메모리얼〉게임은 아니메 그림이 예뻐서 좋았어요. 단, 후지사키 시오리藤崎詩織(게임의 메인 히로인—옮긴이)의 뮤직비디오나 팬클럽이 있다고 들으면 이상한 느낌이 들어요. 이런 비디오가 현실과 공상의 구별을 애매하게 만드는 것은 아닐까요?"

다분히 일본 편향적인 그의 메일은 "병역이 끝나면 일본에 갈 겁니다"라는 말로 끝나고 있다. 위의 내용을 종합해서 보면 나의 예측도 그렇게 빗나가지 않았다고 본다. 확실하게 말할 수 있는 것은 전투미소녀라는 장르가 일본에서 특이하게 발달한 영역이라는 점이다. 역시 유럽과 미국에서는 일본처럼 장르로서 돌출되었다고 보이지는 않는다. 이제는 이 점에 대해서 거의 단정적으로 생각해도 좋을 것이다. 적어도 해외에서 이러한 타입의 히로인이 일본과 같이 분명하게 시장 전략으로 이용되고 나아가 의도했던 대로 히트한다는 루트는 존재하지 않는다.

그러나 최근의 경향으로서 전투미소녀에 매우 근접한 히로인이 실사 드라마의 영역에서 인기를 얻기 시작했다는 사실은 예상 밖이었다. 나는 이 경향에 거의 틀림없이 일본제 아니메의 영향이 컸다고 생각한다.

아니메와 페미니즘

하버드 대학의 벤자민 류 씨는 아니메에 관한 일본어 논문을 읽을 정도로 '농도 짙은' 아니메 팬인데, 그는 주로 페미니즘의 관점에서 이 현상을 분석하고 있다. 류 씨는 스테레오타입화된 여성, 즉 '여성다운 여성'으로서 〈들장미 소녀 캔디キャンディ・キャンディ〉, 〈오 나의 여신님ああっ女神さまっ〉, 〈전영소녀電影少女〉 등을 예로 들고 있다. 이에 대비되는 것은 〈베르사이유의 장미ベルサイユのバラ〉, 〈밍키 모모ミンキーモモ〉, 〈세일러 문〉 등, 여성이 남성적으로 행동하거나 변신하고, 혹은 괴물을 물리치는 작품들이다. 그는 후자의 작품들이 여성의 지위 향상을 상징하는 것이라 추측한다. 그리고 가장 페미니즘적인 작품으로 미야자키 하야오의 이름을 거론하고 있다.

물론 그의 이러한 비교에 의문이 없는 것은 아니고, 〈세일러 문〉 이전의 싸우는 소녀의 계보를 충분하게 참조하고 있지 않다는 것은 아쉽다고 할 수밖에 없다. 그러나 그의 견해는 아니메 작품에서의 젠더에 주목할 것을 촉구한다는 의미에서 귀중한 것이다. 그 외에도 그의 의견에서 중요한 것을 몇 개인가 꼽아 보도록 하자.

류 씨는 먼저 일본의 히어로가 일반적으로 어리다는 점을 지적한다. 아메리칸 코믹에서는 (그는 〈X-MEN〉을 예로 들고 있는데) 대체로 히어로가 성인 남성이다. 이에 비해 일본에서는 히어로, 히로인 모두 사춘기의 소년 소녀로 설정되는 경우가 많다. 이 점에 대해서는 그밖에도 같은 식의 지적이 많이 있었다.

류 씨는 또 전투미소녀와 성도착 간의 관계에 대해서 다음의 이유를 들어 완전히 부정하는 입장을 취하고 있었다. 즉,

(1) 일본인이 타민족에 비해 크게 다른 성적 기호를 가진다는 증거가 없다.

(2) 아니메의 폭력 묘사는 자주 문제시되지만, 그렇다고 해서 일본인이 특히 폭력적이라고 할 수는 없다.

(3) 유명 미디어에 사회의 정세가 반영된다는 것은 사실이지만, 아니메의 사고방식이 그대로 사회의 사고방식이라는 견해는 정확하지 않다.

(4) 아니메 제작자가 모두 성도착증자라고 하는 것은 무리가 있다.

(5) 일본의 아니메·만화는 미국의 TV·영화와 등가물이다. 즉 이것들은 사회적인 수용 양상이나 그 영향력에서 동등하다고 할 수 있다. 그리고 이렇게 본다면 소녀를 그리는 방법에 큰 차이는 없다(문제는 오히려 왜 일본 아니메에 그렇게 괴수가 많이 등장하는가이다).

따라서 전투미소녀를 남성의 욕망의 산물로 보는 것보다는 보다 합리적인 이유가 있다고 생각하려 한다.

(5A) 일본에서는 여성의 아이덴티티가 애매하게 한정되어 있다. 전투미소녀는 이러한 구속에서 탈피할 것을 제안한다. 소녀가 자기 자신이나 자신이 사랑하는 사람을 지킨다는 발상은 일본의 소녀들

에게 있어서 가치가 있다.

(5B) 페미니즘 운동은 섹슈얼리티와 연관될 수밖에 없다. 여성은 남성이 욕망하려 하는 소녀의 모습으로부터 탈피하여 그녀들 자신의 성적 자유를 선언해야 한다. 성적으로 성숙하며 자신의 외모와 섹슈얼리티를 통제할 수 있는 캐릭터는 다른 형태의 여성 자립이다.

이와 관련하여 일본에서 청소년의 역할과 어린 아니메 히어로에 대해 생각해 보도록 한다. 일본의 청소년은 미국의 청소년보다 무력하다. 미국에서는 아이가 어릴 때부터 자립하도록 교육을 받는다. 그러나 일본에서는 '연공서열'이나 '풋내기' 같은 생각이 아직 뿌리 깊다. 아니메에 젊은이가 많이 등장하는 것은 여성의 성 역할과 마찬가지로 '무력한 젊은이'라는 스테레오타입을 타파하려는 시도가 아니겠는가.

(5C) 아니메 캐릭터의 일부는 성욕의 대상으로 창조되었지만, 전투미소녀가 모두 그러한 남성의 오락거리로 존재하는 것은 아니다. 나우시카는 어떠한가? 이리야는? 나는 〈세일러 문〉이 유치해서 좋아하는 것이 아니다(비밀이지만, 그런 걸 많이 보면 바보가 된다고 생각한다…… 거짓말이지만). (〈스트리트 파이터〉의) 춘리는 Otaku의 아이돌이기 이전에 개성적이고 힘찬 캐릭터이다.

(5D) 전투미소녀는 여성 이미지를 타파하는 것임과 동시에 역시 '가냘픈 여성'이라는 생각이 반영된 것일지도 모른다. 판타지 또한 리얼리티 위에 만들어지는 것인 이상, 소녀들은 항상 약한 존재이고, 전투복을 장착하지 않고서는 싸울 수 없다.

전투미소녀의 해로운 점을 말하는 사람은 도리어 사회현상을 거꾸로 분석한다. 성적 장애를 가진 사람이 아니메 세계에 몰입하는 것은 간단하다. 현실에 만족할 수 없는 사람에게 이 세상 어디에도 없는 천국과 같은 허구는 안전하다. 그러나 그 반대는 진실이 아니다. 아니메는 도착증을 불러일으키지 않는다. 도착적인 환상을 갖는 자만이 그곳에서 도착을 본다.

나는 아니메 〈전영소녀〉가 좋다. 가능성의 사상에 매혹된다. 불가능의 가능성. 소녀가 TV 화면에서 뛰쳐나와 괴물과 싸운다. 이러한 마법이 진실이라고 믿고 싶다. 불가능한 현실을 만들어 내는 것이 아니라, 리얼한 가능성의 세계를 몽상하고 싶은 것이다.

류 씨의 분석은 매우 대단하며 이것도 이것대로 완전히 옳다고밖에 할 수 없다. 그중에서도 일본 사회에서 여성뿐만 아니라 젊은이에 대한 차별 대우의 구조를 사정권 안에 넣고 있다는 점, 또는 "일본의 아니메·만화는 미국의 TV·영화와 등가물이다"와 같은 지적에는 의표를 찔렸다고밖에 할 수 없다. 사회 상황이 아니메의 전형에 반영된다고 보는 부분에는 조금 소박하다는 인상을 받게 되지만 문맥상으로는 올바르다.

20세 정도의 아니메 팬이 이만큼 적확한 분석을 행하고 그것을 일본어로 논문화한다. 이 시점에서 이미 일본의 일반적 오타쿠와는 결정적으로 이질적이라고 할 수 있다. 우리의 경우 PC 통신의 채팅방 등을 보더라도 자신들만의 언어와 유머가 끝없이 지속되고 있을 뿐으로, 이와 같은 비평성과 같은 것을 전혀 기대할 수 없다. 성실한 이야기를 하더라도 그것이 자신의 '스타일'이라고 예고하고 이야기하는 형태일 뿐이다.

다만 나는 그의 주장을 그대로 받아들이려고 하지는 않는다. 특히 사회적인 억압의 구조가 역설적인 형태로 아니메 작품에 투영된다는 올바른 분석은, 그 올바름 때문에 아니메의 특이성을 놓치게 만든다. 또, 전투미소녀물과 페미니즘에 관해서는 이미 사이토 미나코斎藤美奈子(일본의 문예비평가―옮긴이) 씨의 〈홍일점론紅一點論〉의 논고에서 주요한 관점이 이미 제시된 감도 있다. 나는 어디까지나 아니메와 섹슈얼리티의 문제에 집중하기로 한다.

아니메와 도착증, 혹은 섹슈얼리티

다음으로 검토하고자 하는 것은 이 장르에 얼마만큼의 섹슈얼리티 내지는 성도착의 문제가 관련되어 있는가, 또 일본에서 이렇게 특이한 발전이 일어났다는 것은 무엇을 의미하는가라는 점이다.

앞서 언급한 스페인의 아니메 팬, 라몬 오르디알레스 씨는 유럽의 아니메 팬의 문제가 무엇보다도 일단 검열에 있다고 주장한다. 스페인에서는 미야자키 하야오 감독의 〈붉은 돼지紅の豚〉조

차도 성인물로 분류되어 있고, 또 그 외에도 일본 아니메 대부분이 상영금지되어 있어 비디오로밖에 볼 수 없다고 한다. 일부 변태물의 영향이 크기 때문일 수 있으나, 그렇다 해도 일본 아니메라는 이유만으로 금지된다는 것은 온당치 못하다. 물론 이러한 '오해'는 스페인뿐만 아니라 꽤 일반적인 듯하다. 일본의 아니메를 서구적 기준으로 보았을 때 장르 자체가 성적 터부로 가득 차 있는 것처럼 다루어지는 것은 왜인가.

앞의 매튜 바버 씨는 영국의 아니메 수용 상황에 대해서도 상세하게 알려 주었다.

"영국에서도 아니메에 대한 비난이 심합니다. 특히 〈우로츠키 동자〉나 〈La Blue Girl(真·淫獣学園 La★Blue Girl)〉과 같은 텐터클 포르노Tentacle Porno[4]는 몇 개의 에피소드가 발매금지 처분을 받았습니다. 아니메가 발매될 때 폭력이나 섹스신이 커트되는 경우도 많습니다. 이건 헐리우드 영화도 마찬가지이지만요."

"〈세일러 문〉은 미국의 사정에 맞추어 편집된 에피소드를 몇 화인가 봤는데, 성적인 내용에는 상당히 민감한 듯해요. 변신 중에 누드가 되는 신도 커트되었고, (적 사천왕 중 한 명인) 조이사이트는 성별이 바뀌어 여성이 되었습니다. 이건 쿤차이트와의 관계가 동성애라고 받아들여지지 않게 하기 위한 배려겠지요. 저는 딱히 허물이 없는 작

---

4   〈우로츠키 동자〉 등으로 대표되는, 거대한 촉수를 가진 괴물이 여성을 범하는 장면이 나오는 성인 취향의 아니메 작품의 일반적 호칭. 주로 미국의 아니메 팬이 사용하며, 꽤나 모멸적인 의미를 담고 있다.

품이라고 생각하지만요. 만화가 소녀 취향이라서 그런지 주인공은 여자아이이고 어린 여자아이들에 동일시하기 쉽겠지요. 많은 Otaku 가 그녀들을 성인 취향의 상황에 두고 싶어 하는 것은, 오리지널 작품의 순수함을 비웃는 듯한 슬래시 픽션의 방식 그대로입니다. 또는 〈스타 트렉〉의 야오이판 같은 것이지요. 그렇지만 팬 모두가 그렇다고는 절대 생각하지 않아요."

앞에서 나왔던 알렉스 맥라렌 씨는 "미야자키 츠토무는 사형이 마땅하다"고 하면서, "예로 든 이탈리아의 심리학자는 (성도착의 원인으로) 가톨릭 교회에 대해서는 건드리지 않았나요?"라고 빈정대는 듯이 되물었다. 그는 "보고 싶은 걸 볼 권리는 누구나 있습니다"라고 하면서 "성도착에 빠진 Otaku가 욕망하는 것은 남의 흉을 보기 좋아하는 정치가나 상업주의에 빠진 신문, 마조히즘적 심리에만 존재합니다"라고 하는 등, 상당히 비꼬는 말투로 대답했다.

"〈에반게리온〉은 지루합니다. 오리지널이라고는 소켓 플러그와 이어진 메카닉뿐이잖아요"라고 단언하는 댄 홀리스 씨는 "마법소녀물에 섹슈얼리티를 찾는 건 실수입니다"라고 했다. 그에 따르면 전투미소녀는 오타쿠 취향이 아니며, 〈세일러 문〉도, 〈빨간망토 챠챠〉도, 〈톤데부링とんでぶーりん〉도, 〈프리티 사미〉도 그런 건 모두 어린 여자아이를 대상으로 한 것이라고 말한다. 홀리스 씨는 나에게 "아니메에 섹슈얼리티 문제가 있다고 생각한다

면 먼저 당신 자신을 연구하십시오"라며 짐짓 정신분석적인 시사점을 남겼다.

미네소타 주 세인트 클라우드 스테이트 대학St. Cloud State University의 폴 헤이펠 씨는 〈에반게리온〉의 열광적인 팬이다. 그는 Otaku와 섹슈얼리티의 문제에 대해 다음과 같이 말하고 있다.

"Otaku라는 건 도착증하고는 관계가 없습니다. 미국에서 'Otaku'란 아니메에 빠진 사람을 가리키는 말이지요. '트렉키Trekkie(〈스타 트렉〉의 팬—옮긴이)' 같은 거예요. 물론 일부는 성인용 아니메만 보려고 하는 팬도 있지요. '아니메'가 그들을 그렇게 만든 것일까요? 저는 그렇게 생각하지 않습니다. 아니메가 없어도 그 사람들은 실사 포르노를 볼 거예요. 내가 아니메를 보는 건 깊은 스토리성과 잘 만들어진 캐릭터에 흥미가 있기 때문이지요."

"그렇다 해도 무장한 아이들의 매력이란 무엇일까요? 저는 21살인데, 방송된 〈세일러 문〉 에피소드는 모두 봤어요. 처음에는 시시한 미국 애니메이션에 비해 신선하다는 점과 호기심 때문에 보았지요. 그렇지만 점점 재미를 느끼면서 보게 되었어요. 그건 여자아이들이 싸우는 것을 좋아하기 때문이 아니라, 판타지로서 멋지게 만들어져 있었기 때문인 것 같아요. 그래도 저 자신은 도착증에는 빠지지 않았고, 지금도 그냥 여자 친구하고 사귀고 있지요. Otaku나 아니메 팬이 악담을 듣는 것은 부당한 것 같아요."

콜로라도 대학의 'Otaku Animation Association' 부회장인 벤 씨는 〈에반게리온〉과 미야자키 하야오를 높이 평가하면서도 그 자신은 아마도 일본 오타쿠들과 다를 것이라고 말하고 있다.

"싸우는 여성이 나오는 시리즈를 좋아합니다. 〈버블검 크라이시스バブルガム・クライシス〉 같은 작품 말이지요. 이 아니메의 여성들은 아름다우며 자립을 무서워하지 않습니다. 늘 킥킥 웃고 있는, 눈동자가 큰 '정말 예쁜 여자아이(일본어로 씀)'에는 관심이 없어요. 〈버블검 크라이시스〉의 프리스プリス라는, 바이크를 탄 록 보컬이 취향이에요."

"저는 현명하고 어그레시브한 여성이 좋습니다. 나와 마찬가지로 수학과 컴퓨터를 잘하는 여자 말이지요. 어른스럽고 순종적인 이상적 여성은 저한테는 어필이 안 됩니다. 어린 여자아이한테도 흥미 없습니다. 저는 동년배(22세) 여성이 좋아요."

벤 씨는 내가 말하는 의미에서의 팰릭 마더적인 여성이 이상형인 듯했다. 분명 그는 이른바 '오타쿠'와는 많은 점이 다르다. 그것은 단순히 취향의 문제만이 아니다. 그는 아니메에서도 '현실'에서도 거의 동일한 '이상적 여성'상을 가지고 있었다. 그의 취향은 그것이 너무나 일관된 것이라는 점에서 말 그대로 '오타쿠적이라고는 할 수 없다'.

여기까지 보아온 바와 같이, Otaku 혹은 아니메와 도착의 관련성에 대해서는 부정적인 견해가 대부분이었다. 또 '현실'의 Otaku의 이성 관계에서는 벤 씨처럼 여성과 자연스럽게 사귀는 사람도, 또 그렇지 않은 사람도 있었다. 한편 Otaku(또는 'Nerd')는 남성이 많았고, 심지어 이성 관계가 좋지 않다는 지적도 적지 않게 있었다. 이 상황은 일본과 별 다를 바 없을지도 모른다.

전투미소녀와 문화적 배경

하버드 대학의 마이클 조반코 씨는 〈바람계곡의 나우시카〉와 〈천공의 성 라퓨타天空の城ラピュタ〉를 매우 좋아하는 미야자키 아니메 팬이었다. 그는 전투미소녀가 만들어지는 것에 대해 꽤 공들여 분석하고 있다.

"우선 소녀 만화가 존재합니다. 그것은 여자아이를 위한 것이기 때문에 소녀가 주인공인 것은 당연한 일입니다. 〈세일러 문〉은 초등학생 여자아이를 대상으로 한 것으로, 그것을 즐기는 청년도 있지만 팬의 다수는 (적어도 미국에서는) 여자아이입니다. 다만 저는 개인적으로 〈세일러 문〉을 좋아하지 않으며, 좀 더 높은 연령대의 아니메(예를 들면 〈환상게임〉이나 〈마멀레이드 보이ママレード・ボーイ〉 같은)가 마음에 듭니다."

"Otaku의 취향이 만화나 비디오 게임 등에 큰 영향을 주는 것은, 무엇보다 그걸 만드는 사람들이 Otaku이기 때문입니다."

"만화나 아니메에서 섹슈얼리티의 개념은 뿌리를 내리고 있지요. 성적 욕망만을 위해 존재하는 '변태' 만화도 있으니까요. 이건 아니메나 만화뿐만이 아니라 비디오 게임 같은 데에도 있어요. 〈도키메키 메모리얼〉이 주류가 되었고 다테 교코(伊達杏子; 호리프로의 사이버 아이돌)가 데뷔했던 것은 Otaku의 이상을 반영하고 있지요. 왜 일본에서 그것이 가능했던 것일까요. 일본 남성은 성욕을 억압당하고 있지요. 게다가 여성에 비해 활기도 없어요. 이건 일본 문화의 특수성과 관련이 있지요. 제가 일본인과 만나서 얻은 인상입니다."

"아니메, 만화, PC 게임은 다른 문화권에 비해 일본에서 특히 번창하고 있습니다. 만화나 비디오 게임은 미국에도 있지만 대체로 아이들을 대상으로 하고 있지요. '카툰'은 어린아이들이나 디즈니 같이 가족용이에요. 소녀 히로인은 있을 수 있지만, 일반적으로 소년은 소녀 히로인에게 관심을 보이지 않고 폭력이나 액션을 선호합니다. 미국에서 소년이 소녀에게 관심을 가지기 시작하면 비디오 게임을 버리지요. 열네 살이 넘어서도 비디오 게임이나 만화에 흥미를 가지는 소년은 거의 없습니다."

"일본 사회는 다른 사회와 비교해서 Otaku적인 생활에 관용적이에요. 미국에서는 아니메 캐릭터가 아이돌이 된다는 건 상상조차 못할 일이지요. 그리고 어린 소녀들에게 고등학교 제복으로 세일러복을 입힌다는 건 많은 미국인에게 쇼킹한 사실이지요. 사춘기의 순수함을 중요하게 생각하는 사회에서 여고생을 그런 식으로 '객체화(일본어로 씀)'하는 것은 받아들여지기 힘든 일입니다. 이건 가치판단이 아니라 문화적인 차이지요. 물론 저는 미국의 사정밖에 모르고, 미국 이야기를 할 때도 스테레오타입에 빠져들어 있을지도 몰라요. 〈세일러 문〉같은 역할 모델이 여성의 평등화를 목표로 한다기보다는, 오히려 여성을 물건처럼 다룬다고 생각합니다. 미국에서도 〈세일러 문〉은 일 년 넘게 방영되었지만, 컬트도 Otaku도 그다지 없었고 원래 대상인 어린 나이대에게 지지를 받았지요."

"(디즈니 팬과 Otaku의 차이에 대해) 디즈니는 만인을 대상으로 하고 있지요. 그렇기 때문에 시간과 수고를 들이고, 성우도 유명한 영화배우를 호화롭게 기용하지요. 그렇다 해도 '아니메'의 매력에는 당할 수 없습니다. 아니메 이외의 Otaku 활동('otaku no koto'라는 표현을 사용)은 생활 그 자체를 크게 바꾸어 버립니다. 그 점에서는 어떤 디즈니 작품보다도 영향력이 큰 셈이지요. 이건 Otaku 활동과 단순한 유행이 차이를 보이는 지점입니다. '아니메'와 '다마고치'의 차이라고도 할 수 있겠지요. 〈세일러 문〉은 그 중간에 위치하고 있어서 일반에도 Otaku에게도 받아들여진 것입니다."

"다테 교코를 보면 일반적인 의미에서의 아이돌을 목표로 한 것 같지 않아요. 테크놀로지의 한계에 도전한다는 점에서 저는 매우 흥미가 있습니다. 친구들은 그녀의 CD를 샀지요. 아주 쿨했습니다. 그런데 그녀의 비디오를 보면 '이상한 기분(不思議ナ感ジ, 일본어로 씀)'이 들었습니다. 그녀는 리얼한 것처럼 보이려고 하지만 아직 그렇게 되

진 않았어요. 아니메 캐릭터는 실제인 것처럼 보이려고 하지 않지요. Otaku는 세일러 문을 사랑할 수 있지만, 그것이 사실이 아니라는 점을 알고 있지요. 세일러 문이 현실이라면 조금 '이상해서' 난처할 것입니다.

다테 교코가 받아들여지지 않은 것은 쉽게 이해할 수 있지요. 아마 세상은 아직 사이버 아이돌을 받아들일 준비가 되어 있지 않은 겁니다. 테크놀로지가 진보하면 이러한 아이돌도 (《마크로스 플러스マク ロスプラス》의 샤론 애플シャロン・アップル처럼) 좀 더 인기를 모을 수 있겠지요. 지금은 아직 호기심의 영역을 넘지 않습니다."

"미국에서는 세일러 문 같이 사랑스러운 히로인을 거의 볼 수 없습니다. 그런 종류의 캐릭터를 좋아하는 미국인도 많은 것 같지만, 다수의 미국인은 도리어 혼란스러워 할 것 같아요. 그녀들의 사랑스러움은 종종 어린아이의 그것과 마찬가지여서 페도필리아의 뉘앙스가 있기 때문이지요. 그래도 제가 예상하는 바로는 미국의 만화도 일본의 사랑스러운 여자아이 타입으로 점차 바뀌어 갈 거예요."

여기서 조반코는 미국에서의 타부 의식을 지적하면서 귀중한 자료를 제공해 주고 있다. 세일러복 자체가 해군 수병의 작업복을 여학생 제복으로 바꾼 것이라는 점에는 분명 주목할 가치가 있다. 최근 일본에서 이상할 만큼 주목받는 '여고생'에 대한 관심은 단순히 어린 여성에 대한 욕망이라는 것만으로는 설명할 수 없는 요소를 품고 있기 때문이다. 그곳에는 적어도 복장도착적인 취향이 섞여 있을 가능성이 있다. 또 극단적으로는 세일러복과 젊은 여성이라는 조합을 애호하는 행위에 대해서는 소아성애에 복장도착, 또 동성애적인 취향 등 다형도착의 경향으로 분석하는 것도 불가능하지만은 않다.

그는 또 '변신' 문제에 대해서도 다음과 같이 이야기하고 있다.

"(전투미소녀가 변신하는 것에 대해) 아마 그건 어리고 귀여운 소녀에서 성숙하고 터프한 여성으로의 변화겠지요. 이 이중인격성은 성인 남성 Otaku가 소녀에게 욕망하는 모든 것을 이루어 줍니다. 그것은 그녀들을 완벽하게 해 주지요."

'변신'이 가속된 성숙의 은유라 하는 것은 나 또한 완전히 같은 의견이다.

다음으로 소개할 제프 차이 씨는 버클리 대학 학생이다.

아니메 〈환상게임〉의 팬인 그 또한 대부분의 영화와 TV 방송에서 전투미소녀물은 소수라고 말한다. 그가 예외라 거론하는 것은 〈터미네이터Terminator〉와 〈니키타Nikita〉 등이다.

"(왜 그러한 작품이 적은 것인가에 대한) 이유는 잘 모르겠지만, 애니메이션 스타일의 차이가 아닐까 합니다. 예컨대 위대한 디즈니는 캐릭터를 현실적으로 그리려고 하지요. 또 관객도 현실적인 것을 보고 싶어 하고요. 그래서 '미소녀'를 그리기 어렵습니다. '커다란 눈에 조그마한 코와 입'이라는 아니메 스타일은 일본에서만 받아들여질 수 있는 것이지요."

"어떤 심리학 논문에서 전투미소녀가 등장하는 아니메를 '마법소녀물'이라고 부르면서, 이러한 강한 여성 캐릭터가 동시에 섬세한 여성성을 가지고 있음을 지적하고 있었습니다. 마음만 먹으면 남성을 공격할 수도 있음에도 불구하고, 남성이 사랑을 고백하면 그녀들은 황홀해져서 다정하고 정열적으로 되지요. 이 점이 Otaku에게 받아들여지는 것이 아니겠습니까."

앞서 디 리 씨는 전투미소녀 아니메에 성도착과 이익 추구가 의도되어 있다고 지적했다. 〈밍키 모모〉 같은 작품은 어린 여자아이들을 대상으로 만들어졌지만, 〈극흑의 날개 바르키사스極黒の翼バルキサス〉 등에서 나오는 무장한 소녀들은 명백히 도착적 욕망에서 만들어졌다고 했다. 그는 소녀들의 몸에 두르는 갑옷에 대해 "그런 장비는 불필요하고 심지어 쓸모도 없다"고 했으며, 또한 〈프리티 사미〉에 대해서도 "그렇게 노출이 심한 옷은 필요가 없다"고 했다. 리 씨의 지적은 나름대로 양심적인 견해라고 할 수 있을 것이다.

몽골로이드 콤플렉스?

그런데 마지막으로 인용하는 메일은 조금 이색적이다. 이는 한마디로 표현하자면 아니메로 인해 인생관이 뒤틀려 버린 어떤 백인 청년의 수기이다. 그는 익명을 조건으로 메일을 공개해도 좋다고 허락해 주었기 때문에 여기에서 거의 전문을 인용하도록 한다.

　　당신의 의견은 재미있었습니다. 어렸을 적, 저는 〈마크로스〉나 〈야마토〉, 〈독수리 오형제〉를 제일 좋아했지요. 그것이 외국산이라고는 생각해 본 적이 없었습니다. 저는 고등학교에 들어갔을 때 아니메를 재발견했지요. 완전히 빠졌습니다. 제 생활도 한순간에 바뀌어 친구들은 모두 아시아인뿐이었고 대학에서도 아시아 역사를 전공하게 되었습니다. 제 부모는 제 변화에 당황했습니다. 가끔 저 자신도 이상하게 생각할 때가 있어요. 아니메는 제 여성에 대한 취향에까지 확실히 영향을 미쳤습니다.

　　저는 이상할 만큼 아시아의 모든 것에 매료되어 있습니다. 그중에서도 아니메의 존재는 큽니다. 저는 특히 일본, 만주(?), 한국에 끌립니다. 저는 동아시아사를 전공하고 있지요. 친구들은 아시아인뿐이고, 그중에는 니이가타 출신의 일본인 여자아이도 있습니다.

　　그래도 지금까지 계속 그랬던 것은 아닙니다. 저는 교외의 백인 가정에서 자랐고, 어렸을 때는 아시아적인 것을 접할 기회가 거의 없었습니다. 고작 닌자가 되고 싶다든지, 할아버지가 일본에 있을 때의 이야기(할아버지는 해군에 복무했을 때 일본에 있었습니다)를 듣는다든지, 방금 말한 아니메라든지 쿵푸 영화(성장기의 소년한테는 있을 법한 일이지만, 우리들은 많은 마샬 아츠 작품이나 〈가라테 키드〉, 부르스 리 작품을 봤습니다) 정도였습니다. 제가 다니던 학교에서 아시아인 학생은 거의 없었고, 있다 하더라도 아시안 아메리칸이었지요.

9학년(중학교 3학년) 때 태권도를 배웠는데, 거기서 한국인 혼혈 소녀와 만났고 사귀기 시작했습니다. 그때 일은 이야기가 길어지기 때문에 간략하게 이야기하자면, 결국 헤어졌습니다.

헤어지고 나서 얼마 지나지 않아 어떤 친구가 저에게 아니메를 몇 편인가(〈AKIRA〉와 〈뱀파이어 헌터 DVampire Hunter D〉) 보여 주었습니다. 저는 매우 울적해져 있었기 때문에 집에 틀어박혀 아니메만 보게 되었지요. 아니메의 소녀들은 저에게 헤어진 여자 친구를 떠올리게 해 주었습니다. 주말에도 아니메 삼매경으로 보냈습니다. 정말 비참했지요.

지금 생각해 봐도 그녀는 아니메의 소녀들과 놀랄 만큼 똑같았습니다. 그녀는 예쁘기도 했거니와 엄청나게 강했어요(태권도 주 챔피언이었고, 치어리더이기도 했습니다). 용모도 아니메의 여자아이처럼 글래머였고 눈동자도 컸지요. 아시아인 혼혈이라는 사실도 그녀를 비현실적이라고 할 만큼 특별한 존재로 보이게 했을지도 모릅니다.

〈마물헌터 요코魔物ハンター妖子〉가 그녀를 대신해서 나에게 가장 아름다운 소녀가 되었습니다. 만약 아니메 소녀들이 실제로 존재

했어도 저는 그녀들을 사랑했을 겁니다. 그런데 일본인 교수가 나에게 농담 섞어 주의시켰던 것처럼 나는 아니메에 그만 몰두해야 할지도 모릅니다. 그렇지 않으면 현실의 여자들에게까지 아니메 같은 행동을 기대하게 되어버리게 될 테니까요. 저는 제 생각을 확실하게 분석해 본 적이 없기 때문에 그의 지적이 마음에 남았습니다.

그래도 내가 도착증자가 아니라는 것은 확실한 것 같아요. 원래 저는 아니메든 뭐든 포르노는 취향이 아니기 때문이지요. 저는 〈란마 1/2 らんま1/2〉 같은 다카하시 루미코高橋留美子의 작품이나 〈DNA 2〉 같은 작품이 좋아요. 이번 학기는 〈란마〉에서의 성 역할과 표현 방법에 대해 논문도 썼습니다.

저는 점점 아니메뿐만 아니라 아시아 문화의 다양한 측면에 매료되어 갔습니다. 관심 영역도 유럽 역사에서 아시아 역사로 이동했고요. 대학에 입학하자마자 저와 마찬가지로 아니메를 좋아하는 한국인 학생과 친구가 되었습니다. 얼마 지나지 않아 제 친구는 모두 한국인이나 중국인, 일본인만 남게 되었습니다. 저는 한국어를 제대로 할 수 없기 때문에 그들과 항상 함께 있는, 그저 한 명의 백인일 뿐이었습니다. 그것은 약간 기묘한 일이었어요. 다만 이 한국인 학생 그룹은 다른 아시아인 학생 사이에서 '속물Snob'이라는 평가를 받고 있었지요. 저는 이미 오랜 시간에 걸쳐 백인 친구들에게 흥미를 잃고 있었습니다. 아직 한국인 친구가 생기기 전부터 여러 가지 이유가 있었습니다. 사교 클럽(Fraternity; 대학 서클 활동의 일종)을 알고 계신가요? 그게 아니메 관련 클럽이었기 때문에 제 인생이 극적으로 변한 겁니다.

아니메와 헤어진 그녀의 기억이 상징적인 관계 속에서 서로를 강화시켜, 그것들 각각이 저를 한층 매료시킵니다. 저는 그때까지 아시아인 소녀를 좋아하게 되거나 데이트한 적이 없었습니다(한국인 친구는 그 한국인 혼혈 소녀를 고려하지 않았다고 하니까요). 전 아시아인 소녀(한국, 중국, 일본인)가 백인 소녀와 마찬가지로 매력적이라고 생각하고, 예쁜 여자아이의 비율은 오히려 높다고 생각해요. 백인이든 아시아인이든, 가장 예쁜 애는 동등하게 예쁘다고 생각합니다. 저는 아시아인 소녀의 스테레오타입인 '순종적임'을 좋아하는 게 아니라 단순하게 심미적인 의미에서 좋아하는 겁니다.

이런 것들 전부가 일반적인 미국인 소년에게 일어나는 보통의 일은 아닙니다. 그것은 책임지고 말할 수 있습니다. 당신은 정신과 의사니까 이런 일의 의미를 판단할 수 있을지도 모르지만, 저는 무리입니다.

문득 방을 둘러보니 주위가 모두 아시아인이고 나만 그렇지 않다는 것이라든지, 항상 말이 통하지 않는다는 것을 깨닫는다든지 할 때 저는 생각합니다. 무엇을 하고 있는 건가, 왜 이렇게 되었는가 궁금해지지요.

뭐든지 아니메 때문이라 하는 것은 분명 잘못일 거예요. 왜냐면 여기에는 좀 더 깊고 복잡한 사정이 있기 때문이지요.

엄마는 내가 어떤 사건 때문에 이렇게 되었다고 생각하는 듯해요. 내가 두 살 때, 가족이 모두가 시애틀로 여행을 갔던 적이 있었어요. 그때 일본인 여행자 가족이 있었는데, 나와 동갑 정도의 작은 여자아이가 있었지요. 저는 기억이 안 나지만 부모님 이야기로는 제가 그 조

그만 애한테 뛰어가서 태클을 걸었고 그 애가 일어나지 못하도록 했어요. 부모님은 난처해져서 영어를 못하는 여자아이의 가족한테 크게 사과했습니다. 이 에피소드에는 아마 무의식적인 것이 깊게 가라앉아 있겠지만 저는 잘 모르겠어요. 지금 쓸 수 있는 건 이뿐이지요. 참고가 된다면 좋겠지만, 이름은 밝히지 말아 주셨으면 합니다. 올해 12월부터 1월까지 일본에 갑니다. 니이가타의 친구를 만나러요.

전 정말로 일본이 좋습니다. 군국주의 같이 그다지 평판이 좋지 않은 면마저 좋아합니다. 대동아공영권은 아주 흥미로운 것 같아요. 저는 우키요에, 타니자키[5]의 소설, 치보 마토Cibo Matto 같은 일본 음악 팬이기도 하지요. 헤이케平家와 겐지源氏의 전쟁에 대해서도 흥미가 있습니다. 일본은 세계에서 가장 매력적인 역설과 모순의 사회인 것 같아요. 저는 그걸 칭찬해 마지않습니다.

이만큼 솔직한 개인적인 고백을 나는 굳이 '분석'하려고 생각하지는 않는다. 그는 물론 전형적이진 않지만 아마 아주 특이한 사례도 아닐 것이다. 나는 단지 일본 아니메의 침략으로 전 세계가 Otaku화한다는 단순한 오해를 피하기 위해서도, '아니메 팬'의 다양성을 강조하려 했던 것뿐이다.

그들의 메일을 읽고 일본의 오타쿠 공동체성을 다시 한 번 인

---

5   아마 메이지 시기의 소설가 타니자키 준이치로谷崎潤一郎를 가리키는 듯하다.—옮긴이

식하게 되었다. 그곳에서 보이는 기묘한 잡식성과 연극적 성격[6]은 결과적으로 다양성보다는 일종의 단조로움을 초래하는 것은 아닌가? 나는 그러한 단조로움이 만화, 아니메의 공간에서 반쯤은 필연적으로 붙어 다니는 '단조로움'과 병행하는 것이 아닌가라고 추정하고 있다. 그것은 아마 작가의 창조성과 수용자의 감수성이 과잉되게 동일화되는 표현 공간의 단조로움으로 검토할 수 있을 것이다. 여기서 내가 '공간'이라 부르는 것의 특성과 그곳의 특이성이 전투미소녀의 생성과 연결되는 일종의 필연성에 대해서는 마지막 장 '팰릭 걸즈Phallic girls가 생성되다'를 참조하기 바란다.

---

6   원문은 "演技性(연기성)".—옮긴이

헨리 다거의 기묘한 왕국

제4장
헨리 다거Henry Darger의 기묘한 왕국

아웃사이더

 내가 이 책의 테마를 착상할 때 화가 헨리 다거가 남긴 '작품'에서 커다란 힌트를 받았다고 서두에서 밝힌 바 있다. 다거의 미술사적 평가는 어찌 되었든, 후술하는 바와 같이 그 시장가치는 점점 상승하는 추세에 있다. 그러나 일본에서 이 화가의 지명도는 아직 높다고 할 수 없기에 이 장에서는 이 특이한 화가의 생애와 작품 소개에 초점을 맞추도록 한다.

 다거에 대해서는 최근 갑작스럽게 주목받고 있는 '아웃사이더 아트' 붐을 빼고서는 이야기할 수 없다. 따라서 우선 '아웃사이더 아티스트'에 대해 간단하게나마 다루어 보도록 한다. 한마디로 말하면 아웃사이더 아티스트란 '정규 미술교육을 받지 않았으며, 미술계에도 소속되어 있지 않은 아티스트'를 가리킨다. 아웃사이더들의 작품 장르를 유럽에서는 아르 브뤼(Art Brut; '원생미술原生美術'로 번역된다), 미국에서는 이를 직역하여 'Raw Art' 등으로 부르고 있다.

아웃사이더 아트는 미술계에 소속되어 있지 않은 아마추어의 작품도 포함하고 있지만, 일반적으로는 '정신병 환자의 작품'을 가리키는 경우가 많다. 1922년 독일의 정신과 의사 프린츠호른 Hans Prinzhorn이 각지의 정신병원을 돌면서 수집한 환자의 작품을 『정신병자의 조형Bildnerei der Geisteskranken』라는 책에서 소개한 이후로 아웃사이더 즉 정신병자의 그림과 조형물이 큰 관심을 받게 되었다. 또 프랑스 화가 장 뒤뷔페Jean Dubuffet는 아티스트의 관점에서 이러한 작품에 주목하여 미술계에 아웃사이더 아트를 소개함으로써 큰 공헌을 했다. 'Art Brut'이라는 호칭은 뒤뷔페가 만든 것이다.

다거를 소개한 사람이었던 존 M. 맥그리거John M. MacGregor는 아웃사이더 아트를 다음과 같이 정의한다. "광대하고 백과사전처럼 내용이 풍부하며, 세밀한 이세계(異世界/Another World—현실 사회에 적응할 수 없는 사람이 선택한 기묘하고 먼 세계)를 예술로서가 아니라 인생을 살아가는 장소로서 만들어 내는 것." 그렇다. 그들은 그들 자신의 광기가 만들어 낸 세계의 지도를 제작하고, 그 자신이 모시는 신의 이콘을 그린다. 그림 속에서 자신이 발견한 만병통 치약을 해설하고, 보고 들었던 화성의 풍경을 묘사하고, 자신을 박해하는 이가 원격으로 자신을 괴롭히기 위해 사용하는 장치의 구조를 상세하게 설명한다. 자신만의 왕국에서 화폐를 발행하고 자신이 만들어 낸 새로운 종교를 그림으로 풀어낸다. 그것은 이미 '그려진 허구'가 아니다. 그것은 작가에게 있어서 현실의 등가물이나 다름없는 것이다.

아웃사이더 아티스트들은 작품을 전시하거나 매매하는 데는 거의 관심이 없다. 그들의 작품은 타인을 즐겁게 하는 허구가 아니라 현실마저 바꾸어 버릴 수 있는 도구이자 수단인 것이다. 그렇게나 소중하고 개인적인 것을 대체 누가 타인에게 보이거나 양보할 수 있겠는가.

다거의 창조 행위는 분명 이러한 '아웃사이더'의 기록이다. 그렇다 하더라도 그를 어떻게 소개해야 할 것인가, 망설일 수밖에 없다. 과연 그를 화가나 작가와 같이 다루는 것이 정당할까. 자신의 작품을 생애의 비밀로 삼고 죽을 때에 이르러서는 작품의 완전한 파기를 원한 '작가'를 말이다. 혹은 정신과 의사의 입장에서 다거의 병리와 도착증만을 말해야 할 것인가. 그러나 뒤에 논하는 바와 같이 다거의 '병리와 도착증'을 '진단'한다는 것은 곧 우리 자신에게 그대로 반사되어 돌아오는 것에 지나지 않는다. 무엇보다 우리들은 아직 다거의 전모를 알지 못한다. 그 창조의 핵심은 다양한 곤란한 상황에서 당분간 감추어진 채로 남아 있을 것이다. 여기에서는 이 특이한 재능에 대해 이야기하기 위해 몇 개의 회로를 열어 두는 것을 목표로 한다.

[그림1] 다거의 셋방

다거는 실제로 24세부터 60년간에 걸쳐 누구에게도 알리지 않고 혼자서 하나의 작품을 창조했다. 그 작품은 1만5천 페이지 이상을 넘는 방대한 타이프 원고와 거기에 곁들여진 대량의 삽화였다. 아마 자신의 힘으로 만들어진 단 하나의 허구적 작품으로서는 그전까지 없었던 규모이며 보존 상태가 나쁘기도 하여 아직까지 그 이야기의 전모는 알려져 있지 않다. 그 삽화에 그려진 세계는 보는 사람을 매혹시키는 기묘한 매력이 담겨 있다. 그러나 무엇보다 중요한 것은 다거가 작품을 완전히 자신만을 위해 만들었고 결코 누구에게도 보여주려 하지 않았다는 점이다.

그의 이야기에는 일곱 명의 '비비안 걸즈Vivian Girls'라 불리는 히로인이 등장한다. 그녀들은 사악한 어른의 지배로부터 노예

아동을 해방하기 위해 총을 들고 과감하게 싸운다. 그 싸움은 종종 피비린내 나고 잔혹하기 이를 데 없다. 다거의 그림은 소녀들의 순진무구한 에로스와 피투성이의 잔혹성과 대비됨으로써 결정적인 인상을 준다. 특히 기묘하게도 소녀들은 모두 소년과 같은 페니스를 가지고 있다. 이 묘사를 어떻게 받아들여야 할 것인가가 다거라는 작가와의 만남의 질質을 규정한다 해도 좋을 것이다. 그것을 도착증의 산물로 보고 피할 것인가, 혹은 자신의 욕망의 거울로서 망설이면서도 응시해 나갈 것인가. 물론 무엇이 옳다든가 하는 이야기는 아니다. 다만 나는 후자의 태도를 취할 수밖에 없었던 한 사람으로서, 그의 비밀스러운 작은 방 속을 엿볼 수밖에 없었다.

미술교육과는 무관했던 다거의 그림은 기교적으로는 서툴러 보인다. 그러나 여기에는 그러한 서투름이 승리를 거두고 있다. 풍경이나 실내에 소녀의 군상을 배치할 때의 정교한 구성력, 담백하고 부드러운 터치의 신선한 색채 감각, 배경에 그려진 구름이나 번개 등 멋진 자연 묘사에는 분명한 표정이 있어, 인격신에 대한 소박하고 경건한 신앙심이 잘 반영되어 있다. 사실 그는 매우 열성적인 가톨릭 신자였다.

그의 그림에 나타난 가장 두드러진 특징은 순수함 그 자체가 순수하기 때문에 내포할 수밖에 없었던 괴이한 모습이다. 그렇다. 적어도 그의 창조 행위가 '아이와 같은 순진함'과 깊은 관계를 맺고 있음은 분명하다. 그러나 그것은 또한 뭐라 할 수 없는 순진함이라는 것일까. 천진무구한 잔혹함, 순수한 욕정. 그렇게 불온한 긴장감이 그림 전체에 가득 넘쳐흐르고 있다. 우리는 그때, 자신의 욕망의 그림자 하나와 마주하게 된다. 그것은 또한 우리를 크게 당황하게 만든다.

[그림2] 셋방 앞 계단에 앉은 만년의 다거(1970년대)

다거는 현재 '미국에서 유일한, 가장 중요한 아웃사이더 아티스트'(존 M. 맥그리거)라 평가받기에 이르렀다. 그의 삽화는 미술 시장에서 수만 달러의 가격으로 거래되고 있다고 한다. 미술사가이며 정신분석도 배운 맥그리거는 다거의 작품을 최초로 병력학 Pathography적 관점에서 비추어 보고자 했다. 그는 1986년 정말 우연히 다거의 작품을 알게 되었고, 이후 10년 이상에 걸쳐 연구를 계속하여 다거에 관한 논문을 수 편 발표했다. 여기에서는 맥그리거의 저작 몇 편에 기초하여 이 특이한 화가를 소개해 보고자 한다.

생활사

헨리 조셉 다거는 1892년 4월 12일, 미국의 일리노이 주 시카고에서 태어났다. 그는 일생 동안 시카고 밖을 나가 본 적이 없다고 한다. 4세 무렵, 다거에게 여동생이 태어났는데 모친은 그 직후 패혈증으로 사망했다. 여동생은 즉시 양자로 입양되었고, 다거는 그 후 신체적 장애를 가진 부친이 양육했다. 그러나 1900년, 이번에는 부친이 사망했다. 8세의 다거는 가톨릭 소년 시설에 맡겨졌으며, 12세 때 일리노이 주 링컨의 정신지체아 시설에 수용되었다. 그의 별명은 '크레이지Crazy'였다고 하나, 물론 다거에게 이러한 지적 장애의 징후는 보이지 않았다. 이 시설, 링컨 어사일럼the Asylum for Feeble Minded Children in Lincoln에서 그에게 내린 '진단'은 '자위⑴'였다고 한다. 20세기 초반의 미국에서는 이러한 시설이 정신적으로 문제가 있다고 여겨지는 많은 아이들을 수용하고 있었다.

다거는 몇 번이나 시설에서 탈출하려 하였고, 1909년(16세)

드디어 성공한다. 그는 17세 때 세인트 조셉St. Joseph 병원에서 접시닦이 겸 청소부 일을 얻게 된다. 그 후 그는 겉보기에 매우 단조롭고 기복이 없는 삶을 보내게 된다. 그는 생애를 독신으로 보내면서 잡역부 등으로 시카고의 병원을 전전하며 생계를 이어 나갔다.

[그림 3] 다거의 『비현실의 왕국(후략)』 노트

시카고 노스 사이드의 주택 3층에 있는 조그마한 셋방. 그것이 다거의 집이자 그의 세계 전부였다. 그가 매일 하는 일이란 병원 수위, 식기 세척, 청소라는 단조로운 중노동이었다. 다거는 매일 일을 다니면서 식사는 근처의 레스토랑에서 해결했고, 방에 돌아가서 비밀스러운 작업에 착수했다. 열성 가톨릭 신자였던 다거는 매일같이, 그리고 하루에 많을 때에는 다섯 번이나 교회의 미사에 출석했다고 한다.

친구도 거의 없고 '병적일 만큼 고독(맥그리거)'했으며 언제나 무언가를 무서워하고 있는 남자. 아는 사람과 만나도 날씨 정도 밖에 이야기할 수 없는 남자. 그런 다거라도 한때 윌리엄 슐뢰더 William Schloeder라는 친구가 있었다. 그러나 이 유일한 친구도 이 윽고 이사를 가 버려 다거의 고독은 한층 더 깊어졌다. 아마도 이 철저한 고독이야말로 그가 누구에게도 알리지 않은 채로 하나의 가상 세계를 만들어 내고 그 방대한 역사를 쓰게 했을 것이다.

발견

1972년 11월 어느 눈 오는 날, 80세의 다거는 노인 요양원에 수용되어 있었다. 그리고 40년간 살았던 방에 두 번 다시 돌아가 지 못했다. 집주인이 물건을 어떻게 해야 할지 물으니, 그는 "전부 당신께 드리겠습니다"라고만 대답했다.

그것이 다거에게 행운이었는지 불행이었는지 알 수 없지만, 어찌 되었든 집주인 네이선 러너Nathan Lerner는 다거의 작품을 발 견했다. 네이선은 상당히 유명한 사진가였으며 동시에 화가, 디자 이너, 시카고 바우하우스의 미술과 교수이기도 했다. 이 우연이 다거의 그림을 파괴로부터 구한 것이었다.

집주인 네이선이 방에 들어와 보니 그곳은 발 디딜 틈이 없을 만큼 잡다한 잡동사니로 가득했다. 자신의 수집물을 결코 버리지 않았던 다거는 불결한 방에서 쓰레기에 파묻히듯 살고 있었던 것이다. 바닥에 흩어져 있는 빈 펩토 비스몰Pepto-Bismol(설사약) 병, 주워 왔다고 생각되는 오래된 잡지와 신문 다발, 무엇에 사용했는지 알 수 없는 몇백 개의 털실 뭉치, 기타 기묘한 콜렉션. 네이선 러너는 그가 가르치고 있던 대학생 데이빗 버글런드David Berglund와 방 청소를 시작했다. 이 청소가 운명적이라고도 할 수 있을 발견을 가져오게 된다.

그들은 먼저 '나의 인생사The History of My Life'라는 이름이 붙은 여덟 권 1만 페이지에 달하는 자서전을 발견했다. 이는 1963년, 다거가 잡역부 일에서 은퇴한 후에 쓴 것이었다. 그리고 아무렇게나 방에 놓여 있던 오래되고 큰 트렁크를 열자, 그곳에는 더 중요한 발견이 있었다. 그것은 15권 1만5천 페이지에 달하는 두꺼운 타이프 원고였다("사상 최고로 긴 소설, 픽션", "브리태니커 백과사전에 필적한다"—맥그리거). 또 그 이야기에는 세 권이나 되는 방대한 양의 일러스트가 들어 있었다. 다거의 방에서는 이외에도 세심한 날씨 기록, 스크랩북, 일기와 편지, 그리고 가공의 전쟁에 대한 메모, 스케치, 계산표 등도 나왔다.

이 발견은 완전한 우연이었으나, 네이선은 즉시 그 가치를 이해하고 이 위대한 예술가의 흔적 모두를 보존하기로 결심했다. 이후 25년간 이 방은 다거의 생전 그대로 관리되고 있다.

노인 요양원에 있던 다거는 소극적이고 우울한, 그리고 어른스럽고 눈에 띄지 않는 노인이었다. 작품을 발견한 후 즉시 데이빗 버글런드는 요양원으로 다거를 만나러 갔다. 발견의 흥분을 식히지 못한 데이빗은 단단히 마음을 먹고 다거에게 자신들이 발견한 것에 대해 이야기했다. 그러나 그의 반응은 약간 기묘했다.

다거는 분명 큰 충격을 받았다. 그는 잠시 침묵한 후 간신히 무겁게 입을 열었다. "이미 늦었다. 이야기하고 싶지 않아." 그것은 마치 마음에 깊은 상처를 받은 사람의 말 같았다. 그리고 그는 분명한 말투로 덧붙였다. "(작품은) 모두 버려 줘."

그로부터 반 년 후 다거는 고독 속에 생을 마감했다.

이 에피소드에서 알 수 있는 바와 같이 다거는 자신의 작품을 공개하거나 평가받는 등의 세속적인 공명심과는 무관했다. 그러나 그의 작품은 현재 뉴욕이나 일본에서 빈번히 전시회가 열리고 있으며, 유럽과 미국에서 널리 알려져 있다. 그것을 다거가 원했는지 아닌지는 물론 알 수 없다. 맥그리거는 어떤 식으로든 경의를 품고 그의 작품을 대할지라도 우리는 그의 왕국을 모독하는 침입자일 수 있다고 지적한다. 다거를 소개하는 데 가장 큰 공헌을 한 그가 이러한 갈등을 나타내는 것은 모순일지도 모른다. 그러나 다거의 작품이 가진 저항할 수 없는 매력을 생각한다면 이러한 회의적인 자세는 최소한의 윤리성을 확보하는 데 피할 수 없는 것이다.

비현실의 왕국에서

헨리 다거가 문자 그대로 그 생애를 바쳤던 서사시에는 『비현실 왕국의 비비안 걸스 이야기, 또는 아동 노예의 반란으로 일어난 글랜디코-안젤리니안 전쟁 이야기*The Story of the Vivian Girls, in What Is Known as the Realms of the Unreal, of the Glandeco-Angelinian War Storm, Caused by the Child Slave Rebellion*』라는 제목이 달려 있다. 조잡한 종이에 빽빽하게 타이프된 수제 책이 일곱 권, 묶어 낸 수기 원고가 여덟 권이다. 이야기는 15권 15,145페이지에 달한다. 상당히 장대하다는 것은 물론, 원고의 보존 상태가 좋지 않아 꽉 묶여진 원고는 묶음을 풀면 원고가 망가져 버릴 가능성이 있기 때문에 맥그리거조차 모든 것을 볼 수는 없었다고 한다. 이 이야기가 출판될 가능성이 있다 하더라도 원고를 제대로 스캔해서 CD-ROM에 담을 수밖에 없을 것이라고 그는 말한다. 그리고 이 원고는 300장 이상의 삽화—아직 읽히지도 않은 작가에게 불후의 이름을 안겨 준—갖가지 그림이 담겨 있다. 많은 그림은 두루마리 형태로 되어 있어서 긴 것은 3미터 60센티에 달한다. 종이의 양면에 그림이 그려진 경우가 종종 있기 때문에, 다거의 작품은 액자가 아니라 커다란 두 장의 유리판 사이에 작품을 끼워서 전시할 수밖에 없다.

다거는 사춘기 시절부터 이 작품을 구상하고 있었다고 추측되는데, 제작은 19세부터 80세까지 61년간 계속되었다.

원래 다른 혹성이라는 구상도 있었던 이 이세계의 이야기는 성스러운 노예 소녀들의 군대와 글랜디코-안젤리니안 왕국의 지배권을 강탈한 흉악한 남성 주인의 전쟁사이다. 다거의 초기 구상에서 인용해 본다.

"이 대규모의 전쟁 묘사와 그 경위는 한 사람의 작가가 쓴 것으로는 아마도 가장 방대한 것일 것이다."

"이 이야기 속에서 전쟁은 약 4년 7개월 동안 계속되었다. 저자는 세부적인 내용을 쓰는 데 11년을 보냈고, 기독교도들의 편에 서서 이 길고 피투성이가 된 전쟁에 승리하기 위해 매일 전쟁을 치루었다."

히로인인 일곱 명의 "비비안 걸즈(혹은 '비비안 시스터즈', '비비안 프린세스')"는 다섯 살부터 일곱 살의 금발의 미소녀들이다. 자매는 경건한 크리스찬이며 명석한 전략가이자 사격의 명수이기도 하다. 다거는 그녀들을 다음과 같이 찬양한다.

"어떤 방법으로도 자매들의 아름다움을 표현할 수 없었다. 게다가 그녀들의 성격과 의지, 선함과 영혼은 더욱 아름다웠고 결점이 없었다. 받은 명령은 언제나 즐겁게 완수하였고, 악한 이들을 가까이하지 않았으며, 매일 미사와 영성체 의식에 나가서 작은 성인과 같은 나날을 보냈다."

그녀들은 같은 의상을 입고 신의 보호를 받으며 거대한 용을 따라 전투로 향하며, 때때로 고문이나 사형의 위기에 처하면서도 아슬아슬하게 탈출하여 항상 상처 하나 없이 살아 돌아온다. 그녀들은 항상 의기양양하고 밝으며 종교적으로도 굳은 믿음을 가지고 있다. 성모 마리아에게 비길 만한 이 자매들은 죽지 않는 초자연적 존재이다. 그리고 이 이야기에서 비비안 걸즈는 결코 나이를 먹지 않는다.

소녀들을 모시는 거대한 용, 블렌기글로메니언 서펜트Blengiglomenean Serpent(약칭 블렌긴즈Blengins)는 커다란 날개, 양의 뿔과 긴 뱀꼬리를 가진 마음씨 착한 괴수이다. '그녀들'은 각각 고유의 이름이 있으며, 그 형태도 가지가지이다. 블렌긴즈는 가끔 소녀로 모습을 바꾸어 말을 할 수 있기도 하다. 용들은 아이들을 깊이 사랑하며, 적의 박해로부터 아이들을 지키는 존재로 이야기에 자주 등장한다.

다거는 전쟁 서사시를 기록해 가는 역사가였음과 동시에 이야기의 등장인물이기도 했다. 다거는 남북전쟁의 묘사 양식에 강한 관심을 가지고 있었으며 그러한 방식으로 자신의 그림을 그렸다. 다만 이 전쟁에서 해방되어야 하는 노예란 '아동 노예'였다. 전쟁에는 많은 나라가 참전했고 전선은 각지에서 복잡하게 전개되었다. 바다에서는 배, 잠수함, 기뢰가 항구를 봉쇄했다. 다거 자신은 종군기자로서, 신문의 헤드라인 스타일로 글을 쓰고 전장에서 기사를 보냈다. 전쟁은 점점 격화되었고, 비전투원도 휩쓸릴 만큼 확대되어 갔다. 도시는 글랜델리니안인에게 제압되었고, 많은 사람이 굶주린 난민이 되어 기독교도의 땅으로 도망쳤다. 그리고 각지의 고아원은 전쟁과 천재지변의 희생양이 되어버린 엄청나게 많은 아이들로 가득 찼다.

어느 때, 비비안 걸즈가 오래된 책을 발견했다. 책 안에는 공상의 전쟁 기록이 세밀하게 기록되어 있었다. 그녀들은 자신들 또한 이 전쟁과 관련되어 있다는 것을 알게 된다. 그 책의 저자는 헨리 J. 다거였다. 그렇다. 이 이야기는 메타픽션이기도 하다.

소녀들의 숙부가 이 이야기를 읽고, 그 책을 사들여 출판하겠다고 말한다.

[그림 4] 비비안 걸즈(부분)

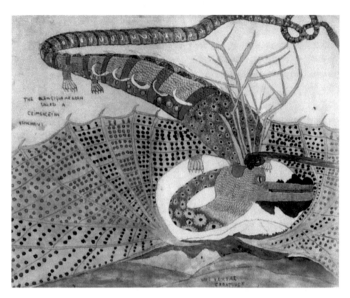

[그림 5] 블렌긴즈(부분)

이 책을 팔면 나는 큰 부자가 될 거야. 예를 들면 이 책 한 권만으로도 30만 달러는 되기 때문이지. 그것도 여기에는 이런 게 열 아홉 권이나 있어. 혹시 팔아 준다면 그림도 사고 싶어.

그러나 소녀는 반대한다.

숙부님, 그건 안 돼요. 책 뒤에 분명히 쓰여 있잖아요. "금광에 있는 모든 황금으로도, 세상의 모든 은으로도, 세상의 모든 돈을 쓰더라도, 아니, 세상의 모든 것으로도 나에게서 이 그림을 살 수 없다.", "이 그림을 훔치거나 파괴하는 이에게는 복수, 광포한 복수만

이 있을 것이니"라고요.

이 이야기에서 다거가 자신의 작품에 출판 가치가 있다고 생
각했다는 점이 엿보인다. 그러나 그는 출판을 시도하려 하지 않
았다. 왜였을까. 다거는 작품을 완전히 독점해야 할 필요가 있었
기 때문이다. 그처럼 비밀스럽게 독점함으로써 허구 세계의 리얼
리티를 높이고 또한 안전하게 유지시킬 수 있었던 것이 아닐까.

[그림 6] 소녀와 어른의 전쟁(모자를 쓴 것이 비비안 걸즈, 부분)

이외에도 작품 속에는 그의 그림이 도둑맞거나 파괴될지도
모른다는 두려움이 반복적으로 쓰여 있다. 그리고 실제로 그의
사후에 그것은 현실이 되었다. 다거의 작품은 현재 '우량 주식'처

럼 다루어지고 있으며 작품 가격도 점점 높아지고 있다. 네이선이 무료로 스위스 로잔의 아르 브뤼 미술관에 기증했음에도 불구하고 다거의 작품이 어떻게 시장에 나와 있는지는 알 수 없다. 그러나 맥그리거는 그의 작품 판매가 도덕적으로 옳지 않다고 생각하고 있다.

다거의 기법

주로 회화 작품으로 주목을 받은 다거이지만 그 이야기 또한 아웃사이더 문학의 특이한 매력을 보여주고 있다. 특히 '이상한 문법, 리드미컬한 언어의 반복, 신조어 사용, 기괴한 구두점 찍기' 등에서 그의 문체는 한층 독특하다. 맥그리거는 그것을 '언어의 재창조'라 부른다.

아이들은 잔인하게 학살당했다. 감옥의 안뜰 어딘가에서 그들의 피가 거리를 뒤덮을 때까지. 이곳저곳에서 분노하여 폭동이 일어났다. 가련한 아이들은 분노하고 있는 회색 코트의 바다에 섞여버리고…… 이들 불쌍한 아이들 대부분은 맥없이 쓰러지고 토막이 났으며, 죽음에 이르는 비명과 함께 한 사람 한 사람 허물어지듯 쓰러져 갔다. 그리고 얼마 지나지 않아 시체가 산을 이루었다. 그리고 거리는 빨갛게 물들기 시작했다. 상상해 보라, 이 글랜델리니안인의 우렁찬 외침, 땀과 피에 물든 얼굴, 보다 많은 여자들의 보다 격심한 비명, 그리고 어린아이들은 외친다. "자비를, 자비를 베풀어 주세요", 그러나 자비는 없었다.

[그림 7] 학살당한 소녀(부분)

파괴와 살육은 막대한 규모의 서술로 묘사되고, 영화처럼 컷 분할된 광경이 이어서 전개된다. 후술하는 바와 같이 그의 묘사에서는 명백히 내적인 이미지가 선행되고 있다. 마치 다가는 자신의 내면에서 살아 움직이는 풍경을 그저 기록하고 있는 것처럼 보인다. 그 때문인지 이 방대한 기록에도 불구하고 전혀 장황함이나 단조로움과는 무관해 보이는 정경이 생기 있게 전개되고 있다.

다거는 또 이 복잡하기 이를 데 없는 거대한 이야기를 그려 나갈 때 많은 보조 자료를 사용하여, 장군의 생사, 전투의 승패, 사상자 수 등의 표를 작성했다. 관련 지역의 지도, 국기, 군기 등도 새롭게 만들어졌다.

다거는 이야기가 거의 완성된 후에 삽화를 제작한 듯하다. 그림을 못 그린다고 굳게 믿고 있던 그도 그리고 싶은 요구를 억누르기 어려워지면서 마침내 독자적인 방법으로 그림을 그리기 시작했던 것이다. 각 장에 필요한 삽화의 표가 만들어지고, 그림이 완성될 때마다 표에 표시를 했다.

[그림 8] 다거는 소녀 일러스트를 트레이싱하면서 페니스를 추가했다.

그림의 주인공은 말할 것도 없이 다 합쳐 수천 명에 달하는 소녀들이다. 다거는 명백하게 어린 소녀들에게 매료되어 있었다.

그는 다양한 잡지와 신문을 길거리에서 주워 모았으며 코믹북, 컬러링북, 아동복 카탈로그나 잡지 등에서 오린 수천 장의 소녀 이미지를 수집했다. 그의 삽화의 기초가 되었던 것은 이렇게 모여 "양녀가 된"(맥그리거의 표현) 소녀들의 스크랩이었다.

다거는 콜라주 기법을 사용하여 복잡한 전투 장면을 구성하기 시작했다. 그의 콜라주는 매우 상세하고 복잡했으며 너무나 세밀하여 사진으로는 거의 판별할 수 없는 것도 있다. 이 작업에는 잡지에서 오린 사진의 인물이나 말 등의 사이즈가 맞지 않아 큰 어려움이 있었을 법하다. 그러나 1944년, 다거는 새로운 콜라주 기법을 발견한다. 그는 인물과 말, 건물 등의 사진을 근처 드럭스토어의 사진 촬영 카운터에 가져가 네거티브를 만든 후, 이 네거티브로 11×14인치의 확대 프린트를 주문했다. 이와 같은 인화지를 만들 수 있게 된 후 사이즈를 맞추는 것이 간단해졌고, 이를 트레이싱함으로써 큰 그림이지만 비교적 단순하게 드로잉할 수 있게 되었다. 트레이싱된 소녀들의 이미지는 신중하게 화면 안에 배치되었다. 그의 그림에는 종종 같은 그림에서 트레이싱된 것이라 생각되는 소녀의 이미지가 반복되는데, 그러한 반복은 다거 특유의 리드미컬한 효과를 불러일으킨다.

그러나 다거는 마음만 먹으면 매우 아름다운 풍경도 그릴 수 있었다. 폭풍을 예고하는 검은 구름, 폭탄이 작렬하는 황량한 전장, 거대한 꽃이 어지럽게 피어 있는 정원 등. 특히 그의 수채화가 보여주는 서정적인 색채는 다거의 그림에서 가장 큰 매력 중 하나이다. 잔학하기 이를 데 없는 전투 장면조차도 그 아련한 톤으로 그려졌을 때는 어딘가 신화적인 숭고함을 느끼게 한다. 이러한 효과는 기법적인 것이 아니라 '그림을 통해 현실을 견딜 수 있는' 소박한 신념만이 가능케 한 것일 것이다.

[그림 9] 폭풍이 불고 있다(부분)

병리인가 도착증인가: '히키코모리'의 관점에서

맥그리거에 따르면, 정신과 의사에게 다거의 진단에 대해 물어보았을 때 모두 다거가 그 자신의 '특수성'을 앓고 있었다고 주장했고, 구체적인 진단은 제각기 의견이 갈렸다고 한다. 후보로 거론된 병명은 자폐증, 아스퍼거 증후군(Asperger syndrome; 고기능

자폐증), 다중인격장애(정확하게는 '해리성 정체감 장애Dissociative Identity Disorder'), 투렛 증후군(Tourette syndrome; 틱과 욕설을 동반하는 증후군), 하이퍼 그라피아(Hypergraphia; 대량의 문장을 쓰는 증세)가 나타나는 여타의 신경장애 등이었다고 한다. 그러나 내 임상적 지식으로 보자면 우선 자폐증에는 해당되지 않는다고 생각된다. 또 여기에는 '다중인격'이 후보로 거론되고 있다는 점에 대해 특히 주의해야 한다. 그 근거 중 하나로 다음의 일화가 있다. 집주인 네이선 러너에 따르면 다거는 그의 방을 방문한 상상 속의 손님과 긴 시간 이야기를 나누었고, 손님의 흉내를 내는 능력까지 발휘하여 두 사람의 이야기를 연기한 적이 있다고 한다. 그것은 높은 여성의 목소리이거나 거칠고 난폭한 남성의 목소리이기도 했고, 또는 혼자서 무언가 노래했던 적도 있다고 한다. 이것이 어떤 환각 체험을 의미하는 것이 아니냐고 한다면 다중인격을 의심하는 것은 정당할지도 모른다. 그러나 나 자신은 그 '다중인격'이란 것이 다거의 대인 관계에 전혀 영향을 미치지 못했다는 점에서 이 진단에 이의를 표하고 싶다. 대인 관계가 완전히 불가능한 다중인격이 있을 수 있겠는가. 하물며 낮의 얼굴과 밤의 얼굴을 의도적으로 나누어 사용하는 것은 더욱 다중인격과 거리가 멀 것이다.

따라서 현시점에서 다거에 대해 말할 수 있는 것은 그가 정신병을 앓고 있었을 가능성이 낮다는 소극적인 지적뿐이다. 다거가 다중인격이었다 하더라도 그는 이에 적응했고 도리어 이용했다고 할 수밖에 없어, 그 이상의 논의는 거의 무의미하다. 자폐증에 대해서도 다루어 보자면, 다거는 몇 가지 이유에서 '사회에 대한 공포' 혹은 '대인 공포'의 징후를 보이고 있는데, 이것들은 자폐증 아동에게서는 찾을 수 없는 증상이다. 자폐증 아동은 사람을 피해 자기만의 세계에 틀어박히는 것이 아니다. 그들은 그저 사람에 대한 관심이 극히 적은 것일 뿐이다.

진단에 대한 논의는 제쳐 두고 일단 다거의 섹슈얼리티를 거론해 보자면, 일단 그곳에는 매우 다채로운 요소가 있다고 생각된다. 물론 그의 이야기에서는 명백한 성적 묘사가 그려지지 않으며 고작 소녀와 소녀의 로맨스와 가벼운 키스 정도밖에 일어나지 않는다. 맥그리거에 따르면, 다거의 묘사에서 가장 성적인 측면은 폭력 묘사에서 가장 잘 발휘되고 있다고 한다. 예를 들면 다음과 같은 장면이 있다.

격앙된 글랜델리니안의 폭도는 바이올렛과 자매들이 갇혀 있는 감옥을 향해 들이닥쳤다. 폭도를 이끄는 목표는 여섯 명의 아름다운 여자아이들의 머리와 찢긴 몸통으로, 그녀들은 배에서 내장이 튀어나왔으며 창끝에 찔려 피를 흘리고 있었다.

폭도는 소녀들 앞에 아이들의 머리를 던지고 연필로 그리도록 명령했다. 소녀들은 무섭다 못해 이대로 죽는 것이 아닌가라고 생각했지만, 명령받은 대로 하는 게 최선이라고 생각하여 두 손이 자유롭게 되고 연필과 종이가 주어지자 역겨운 몸통과 머리를 그리기 시작했다. 그림은 잘 그렸기 때문에 멋지게 완성시켰다.

그렇다. 특히 소녀들에게 향한 폭력은 매우 사디스틱한 충동의 발로와 같이 여겨진다. 그곳에는 이미 페도필리아와 사디즘이 각인되어 있다. 그러나 성적인 것부터 설명하자면 역시 '소녀들의 페니스'일 것이다. 다거는 생애를 동정인 채로 보냈을지도 모른다. 그러나 몇몇 논객이 지적했던 대로 그가 정말로 남녀의 신체적 차이를 몰랐을까? 나는 이 점에 대해서는 매우 회의적이다. 성별의 차이에 대해 무지하다는 근본적인 결여 위에서는 어떠한 욕망도 가능치 않다. 이 점에서 다거는 정신분석적으로도 매우 흥미로운 사례이다. 그는 분명 성별의 차이를 인식하고 있었다. 그러나 동시에 성차의 근거를 확실하게는 알지 못했다. 그것은 '부인Negation'의 병리일까?

성숙에 대한 다거의 거부는 거세의 부인, 즉 거세를 부인하는 몸짓으로도 보인다. 진정한 의미에서 그는 계속 아이인 채였다. 자서전의 한 구절에서 그는 누군가를 향해 중얼거리고 있다.

"믿을 수 있나요? 다른 아이들과는 달리 어른이 되는 날이 오는 것이 싫어서 참을 수 없었어요. 어른 같은 건 되고 싶지 않아요. 계속 아이인 채로 있고 싶었어요. 지금은 그저 걷기 힘든 노인일 뿐이에요. 이게 무슨 일인지." 다거는 사춘기의 감정을 그대로 가진 채 생애를 보냈다. 중요한 타인과의 만남을 완전히 빼앗긴 그의 생애에서 '성장'이나 '성숙'은 아마 바랄 수조차 없었을 것이다.

[그림 10] 페니스를 가진 소녀들(부분)

[그림 11] 위 그림의 소녀들을 반전시켜 콜라주한 것

잘 알려진 바와 같이 '거세 부인'은 다양한 성적 도착의 원천이다. 그렇다면 다거는 도착증자였는가? 역시 그의 이야기는 더

이상 바랄 수 없을 만큼 도착증의 증거로 가득 차 있다. 그러나 그의 실제 생활은? 마찬가지로 페도필리아 이야기로 손을 더럽히면서 '실천'에서도 정력적이었던 루이스 캐롤과 비교해 보면 다거의 도착적 모습은 매우 조심스럽다. 그가 사랑한 것은 수집된 스크랩 소녀들과 자신이 만들어 낸 이야기의 소녀들뿐인 것처럼 보인다. 유일한 예외는 다거가 실제로 입양을 하고자 했던 것이다. 양아버지로서 자격을 승인받지 못해 이 바람은 이루어지지 않았지만, 이 사실은 다거에게 신에 대한 분노를 불러 일으켰다. 이 에피소드에서 말 그대로 도착증의 흔적을 읽어내야 온당한 것일까? 그것은 불가능하지는 않지만, 그다지 의미가 있을 것이라 생각되지는 않는다.

　　나는 다거의 적응부전과 창조성이 그의 사춘기적 심성에서 비롯된 것이라 생각하고자 한다. 따라서 문제는 왜 다거의 사춘기적 심성이 그대로 보존되어 있었는가라는 점이다. 그의 수집벽에는 창조 행위와 같은 강박 경향이 현저하게 발견된다. 혹은 그의 신앙에 경건한 크리스천이라는 것만으로는 설명되지 않는 마술적 요소가 녹아 있는 것은 아닐까. 이러한 경향은 지연된 사춘기라는 관점에서 설명 가능하다 생각된다. 그리고 이러한 지연을 가능케 한 것이야말로 다거의 철저한 고독이 아니었다면 무엇이겠는가.

　　다거는 분명히 대인 관계를 원했지만 결국 그렇게 될 수 없었다. 그의 생활에서 병리적 성격을 읽을 수 있다면 그것은 앞서 다룬 '대인 공포' 혹은 '사회에 대한 공포'의 경향이 아니었을까. 유년기부터 소년기에 걸친 가혹한 대인 환경이 그에게 그러한 증상을 가져왔다는 것은 이상한 일이 아니다. 그리고 이와 같이 사회에 대한 공포에 기인하는 '히키코모리' 상태, 이것이 그의 사춘기를 온존케 하면서 결정적인 역할을 했던 것이 아닐까. 앞서 말했던 것처럼 '히키코모리'는 '자폐증'이 아니다. 오히려 대인 관계를 소망하기 때문에 거절당하는 것이 무서워 고립되는 것이 '히키코모리' 상태이다. 한편 '자폐증'은 대인 관계에 무관심한 경우가 많고, 그렇기 때문에 그들의 고독은 겉모습일 뿐이다. 또 여기에 덧붙이자면 자폐증은 이미 뇌의 실질적인 장애에 원인이 있어 발병하는 것으로 알려져 있다. 물론 다거에게도 어떠한 지적 장애가 존재했을 가능성을 부정할 수는 없지만, 있을 수 있다고 해도 경도 장애에 지나지 않는다. 열악한 생활 환경 하에서는 이러한 장애도 생길 수 있다. 따라서 나는 다거의 '장애'가 대략 심인성, 즉 성장 이력과 외상 체험에서 해석 가능한 형태로 일어났다고 추정한다. 이는 임상의로서의 판단도 들어 있지만 좀 더 말해 보자면 다거에게 일어난 것이 '환경' 여하에 따라 우리에게도 일어날 수 있다는 가능성을 꼭 확보해 두기 위해서이다. 요컨대 나는 다거 또한 신경증자였다고 이야기하고 싶다.

이야기를 '히키코모리'로 돌려 보자. 내 경험에서 보충하자면 이러한 히키코모리 상태에는 일종의 기벽이 있어서, 어느 정도 이상 계속될 경우에는 이미 스스로의 힘으로는 빠져나올 수 없게 된다. 또 히키코모리 상태는 다양한 병리의 온상이 되기 쉬워서 해리, 분열 혹은 투사 등의 방어기제가 폭주하여 갖가지 '증상'을 발생시킨다. 사실, 다거의 예에서 찾아볼 수 있는 여러 가지 '증상'은 이러한 메커니즘을 상정함으로써 해석 가능하다. 그렇다. 그의 '이세계'마저도 하나의 증상으로서 검토할 여지는 충분히 있다.

다거의 '왕국'의 기원은 그의 사춘기에 있었던 성적 공상이었을 가능성이 높다고 한다. 그의 공상은 대부분이 자율성을 가지고 발전하는 것처럼 보인다. 즉 다거는 노력을 통해 '왕국'을 구상한 것이 아니다. 아마도 그는 이미 그곳에 있는 세계를 충실한 기록자로서 묘사하고 기술하려고만 했을 뿐이지 않았을까. 이러한 작업이 60년 이상에 걸쳐 계속되었던 사실도 다거의 '히키코모리' 상태 때문에 가능했다고 생각된다. 그것이 비밀로 남아 있을 수 있었기 때문에 이만큼 지속력이 발휘되었던 것이 아닐까라고 맥그리거도 지적하고 있는데, 비밀 유지만큼은 '히키코모리' 상태로 인해 시작되고 완수될 수 있었을 것이다.

또 그의 창작은 종종 그 자신의 의도를 배반하여 진행되기도 했다. 예를 들자면 다거는 1912년, 그가 '애니 아론버그Annie Aronberg'라 부르던 아이의 사진을 분실한다. 유괴 사건의 희생자였던 이 아이의 사진이 사별한 여동생의 이미지와 겹쳐 있었을지도 모른다. 어쨌든 그는 사진을 되찾기 위해 필사적으로 모든 노력을 기울였다. 즉 제단을 쌓고 미사를 올렸으며 행동을 삼갔던 것이다—그러나 소원은 이루어지지 않았다. 다거는 격노했고 기도를 듣지 않은 신을 위협했다. 그와 함께 이야기의 흐름도 크게 바뀌기 시작한다. 전투는 한층 격해졌고, 비비안 걸즈는 고문을 당했다. 원래 아이들을 지키는 보호자였던 다거는 이윽고 가톨릭교회를 떠났으며, 이야기 속에서는 글랜델리니안군에 입대했다. 이것은 허구와 사실을 혼동한 것일까? 어찌 되었든 왕국은 잔혹함으로 넘쳐났다. 다거가 다음과 같이 썼을 때, 어디에 현실과 허구의 경계선을 그어야 할 것인가?

나는 기독교의 대의의 적이며, 진정 원하는 것은 기독교의 군세를 분쇄하는 것이다. 글랜델리니안인이 전쟁에서 이길 수 있도록 하자. 부당한 시련이 너무도 많았던 것에 대한 응분의 대가이다. 어떤 일이 있어도 그들을 용서할 수 없다. 내 영혼을 잃더라도, 혹은 많은 사람들을 잃더라도. 더 이상 시련이 계속된다면 복수해 주겠다! 신은 나에게 너무나 냉혹하다! 누군가를 위해서라고 하더라도 더 이상 참을 수 없다! 지옥에 보낼 테면 보내 봐라. 나는 자기 자신의 것이다.

그리고 몇만 명의 아동 노예는 책형을 당하거나 목이 매달렸고, 화형을 당했으며, 목을 졸리고, 배를 난자당하고, 조각났으며, 내장 조각과 피가 길을 피바다로 만들었다. 이 묘사는 수백 페이지에 걸쳐 있다고 한다.

이렇게 전쟁이 격화되는 와중에 어쩐 일인지 대자연이 살육에 동참하기 시작한다. 즉, 폭풍우, 지진, 의문의 폭발, 대홍수, 산불 등 천재지변이 이르는 곳마다 파괴적인 영향을 끼치는 것이다. 땅은 홍수로 뒤덮였으며 언덕과 숲은 일제히 불로 뒤덮였다.

"잔해는 맹렬하게 불타고 있었다. 그것이 유일한 빛이었다. 불타고 있지 않을 때 모든 것은 완전한 어둠 속이었다. 하늘에 반짝이는 붉은빛이 보이는 것을 빼고는." 다거는 이상한 정열을 담아 숲이 불타 없어지는 모습을 묘사한다. 그곳에는 성적인 뉘앙스마저 느껴진다고 맥그리거는 지적한다. "점점 커지는 불바다는 난폭한 태풍과 같이 굉음을 내며 달려 들었다. 그것은 이제 진짜 불바다의 구름이 되어 몇백 몇천 피트로 커졌고, 대량의 열로 인해 생긴 것 같은 비정상적으로 강한 바람에 떠밀려 가고 있다. 그것은 엄청난 규모의, 가장 무서운 불의 허리케인이었다. 도저히 말로 표현할 수 없을 만큼의 공포!"

지금까지의 인용문에서 추정할 수 있는 바와 같이 다거의 문장은 매우 시각적이다. 자신의 환상 속에서 본 광경을 그대로 기록했다고 생각되는 부분도 적지 않다. 나는 여기에서 그가 아이데티커Eidetiker, 즉 직관상 소질자(실제 사물처럼 생생하게 재현된 과거의 시각적 인상을 볼 수 있는 특수한 소질을 가진 사람—옮긴이)였을 가능성을 시사해 두고자 한다. 직관상 소질자는 명확한 시각 이미지와 그것을 조작할 수 있는 힘을 가지고 있다고 한다. 상당히 많은 아이들이 이 능력을 가지고 있는데 성장과 함께 이 능력은 약해진다고 한다. 여기서 다거의 '히키코모리'가 의미를 갖는다. 그의 사춘기는 히키코모리로 인해 지연되었는데, 이러한 직관상 소질이 온전하게 남아 있음에 그것이 기여했을 가능성은 없을까.

또한 이 소질은 사진을 확대 프린트한 시각 이미지를 조작함으로써 보완되었을 가능성이 있다. 이 일련의 과정을 가능케 했던 것이 그의 작품 세계라는 하나의 자율적인 리얼리티 공간, 바꾸어 말하자면 자율적인 욕망의 경제적 공간이 아니었을까. 이 과정은 신경증자가 특이한 상황에서 환상을 창조의 동인으로 삼는 행위로 일반화할 수 있을 것이다. 이때 직관상은 바로 표상의 외부에 있어 나르시시즘적인 회로를 통해 환상을 재귀적으로 활성화하는 기능을 수행한다. 다거를 정신병으로 보지 않고 어디까지나 우리와 마찬가지인 신경증자로 보는 입장에서 그의 사춘기적 심성과 미디어 환경의 생산적인 커플링을 파악해야만 한다. 여기에서 다거와 현대 일본의 '오타쿠'를 묶는 문제의식이 처음으로 뿌리를 내린다.

그렇다면 다시 물어보도록 하자. 왜 소녀들은 싸우는 것인가. 전투를 벌이는 미소녀의 무리라는 이콘의 보편성은 어디서 비롯되는 것인가. 앞서 언급한 커플링이야말로 그녀들을 필연적으로 생성시킨다는 것을 나는 이제 확신한다. 그 근거를 검증하기 전에 나는 우선 몇 차례 '임상적 우회로'를 시험해 보려고 한다. 그렇다. 전투미소녀의 계보를 따라가는 우회로를.

[참고문헌]

『예술신조芸術新潮』, 1993년 11월호.「특집: 고통받는 천재들特集=痛める天才たち」, 新潮社, 1993.

사이토 타마키,「헨리 다거의 팰릭 걸즈ヘンリ・ダーガーのファリック・ガールズ」,『라 루나라・루나』1호, 地球の子ども舎, 1995.

사이토 타마키,『사회적 히키코모리 — 끝나지 않는 사춘기社会的ひきこもり―終わらない思春期』, PHP新書, 1998.

Maurice Tuchman 외 편,『Parallel Visions—20세기의 아웃사이더 아트パラレル・ヴィジョン―二十世紀のアウトサイダー・アート』, 淡交社, 1993.

MacGregor, John M., *Henry J. Darger: Dans les Royaumes de l'Irreel. Collection de l'art brut*, Lausanne, Fondazione Galleria Gottardo, Lugano, 1995.

MacGregor, John M., l'art par adoption, in *Raw Vision* 13, 1995/1996.

전투미소녀의 계보

제5장
전투미소녀의 계보

전투미소녀의 현재

디즈니의 1999년 작품 〈뮬란〉(그림 1)은 중국의 전설 속 소녀 화목란花木蘭/Fa Mulan의 이야기를 베이스로 하고 있다. 이 작품은 디즈니의 역사에서 적어도 두 가지 면에서 획기적인 작품일 것이다. 첫 번째는 디즈니 애니메이션이 처음으로 동양을 무대로 하고 있다는 점이다. 그리고 또 하나는 디즈니의 이야기가 '싸우는 여자'를 히로인으로 삼았다는 것이다. 이는 거의 디즈니 애니메이션이 '재패니메이션'화—'아니메'가 아닌—한 것이 아닐까. 디즈니가 계속해서 부인해 왔던 일본 애니메이션의 영향—우리는 물론 〈라이온 킹〉을 잊어서는 안 된다—은 뜻밖에도 이러한 형태로 드러났다. 우리는 새삼스레 '부인이란 부정함으로써 인정하는 것'이라는 사실을 확인한 것이다.

[그림 1] 〈뮬란〉

　이 장에서는 전투미소녀의 계보와 그 역사에 대해 가능한 한 실증적으로 확인하고자 한다. 그런데 이 계보에는 애니메이션을 중심으로 실사 작품, 코믹 작품, 그리고 최근에는 게임 등 다양한 영역에 걸쳐 있는 수많은 작품이 존재한다. 아마 소품을 포함하면 수백에 걸친 작품 리스트가 이어질 것이기 때문에 분량 면에서도 모든 작품을 망라하는 것은 도저히 불가능하다. 다만 전투미소녀의 계보에는 몇 개의 주요한 흐름이 있는데, 여기에서는 개략적인 아웃라인만을 기술하는 것을 목표로 한다.

먼저 현황을 간단하게 살펴보도록 하자. 조금 오래된 자료이긴 하지만, 지금 내 손에 『아니메쥬ｱﾆﾒｰｼｭ』 1997년 6월호가 들려 있다. 이 유서 깊은 애니메이션지에는 그들이 매년 주관하는 독자 인기투표 '아니메 그랑프리' 제19회의 결과가 게재되어 있다. 최근의 전투미소녀의 인기와 관련하여 흥미 있는 자료가 될 수 있기 때문에 부분적으로 소개해 본다.

먼저 작품 부문 1위에서 10위까지의 결과는 다음과 같다.

1위 〈신세기 에반게리온〉

2위 〈슬레이어즈 넥스트ｽﾚｲﾔｰｽﾞNEXT〉

3위 〈기동전함 나데시코機動戰艦ナデシコ〉

4위 〈신기동전기 건담 W新機動戰記ガンダムW〉

5위 〈미소녀전사 세일러 문 세일러 스타즈美少女戰士セーラームーン セーラースター ズ〉

6위 〈천공의 에스카플로네天空のエスカフローネ〉

7위 〈기동신세기 건담 X機動新世紀ガンダム X〉

8위 〈세이버 마리오네트 JセイバーマリオネットJ〉

9위 〈바람의 검심るうに剣心〉

10위 〈폭주형제 렛츠&고!!暴走兄弟レッツ&ゴー!!〉

제목만으로는 알기 힘들지만, 이 10개의 작품 중 실제로 1위부터 9위까지의 아홉 작품에 전투미소녀가 등장한다(전대 중의 여성 병사를 포함한다). 또 11위 이하 20위까지를 포함하면, 20개 작품 중 16개 작품에서 전투미소녀가 활약하고 있다. 즉, 1996년에 발표된 대표적인 일본 아니메 작품의 약 80퍼센트가 중요 캐릭터로 전투미소녀를 등장시키고 있는 것이다.

'아니메'라는 표현 매체 그 자체를 만화, 영화, TV 등과 마찬가지로 중립적인 미디어라 생각한다면 이 결과는 상당히 치우쳐졌다고 할 수밖에 없다. 디즈니 애니메이션에서는 '(성격이 전투적인 것이 아니라 문자 그대로의 의미에서) 전투하는 히로인'을 등장시키는 작품이 〈뮬란〉의 등장 이전에는 하나도 없었다는 사실이나 같은 해에 히트한 영화 작품 리스트를 떠올려 봐도 좋을 것이다. 판타지에 한정한다 해도 이런 종류의 히로인이 얼마만큼 특수한 존재인가를 간단하게 이해할 수 있다. 더욱이 이해할 수 없는 것은 이러한 특이성에 대한 비평이나 분석이 거의 없었다는 사실이다.

물론 싸우는 히로인 그 자체는 유럽과 미국에서도 그렇게까지 드물지는 않다. 판타지 SF의 세계에서는 아마조네스적 히로인이 종종 그려지기 때문이다. 헐리우드 영화에서도 후술하는 바와 같이 터프한 파이팅 우먼이 자주 등장한다. 다만 그러한 작품은 일본과 비교했을 경우 아직까지도 소수에 지나지 않는다. 또한 그 소수의 히로인마저도 엄밀하게는 일본형 전투미소녀와 상당히 이질적인 캐릭터이다. 이 점에 대해서는 나중에 서술하기로 한다.

문제는 아니메에 한정되지 않는다. 현재에 이르러서는 TV 게임이나 코믹 등의 영역에서도 전투미소녀라는 캐릭터 설정이 거의 단골처럼 나타난다. 아니, 지금부터 보게 되겠지만 전투미소녀라는 존재는 TV 아니메의 역사에 종횡으로 엮여, 이미 독자적인 보편성을 획득했다. 일본 국내에서 이 정도로 보급된 것과 유럽과 미국에서의 희소성. 이는 미디어와 욕망의 상호작용을 생각해 볼 때 흥미 있는 대비를 만들어 내지는 않을까. 이러한 보편성은 1990년대에 들어 한층 가속화되는 것처럼 보인다. 여기서 내가 의도하는 것은 전투미소녀의 역사적 변천을 되짚어 가면서 거기에 미디어를 매개로 한 욕망의 변질을 읽어 내려는 것이다.

다만 주의해야 할 점은 전투미소녀를 향한 욕망의 원인에 대해(그러한 것이 특정 가능한 것으로서) 단일한 원인 내지 단선적인 인과관계로는 설명이 불가능하다는 점이다. 내 임상 경험에서 이야기해 보자면 이렇게 길게 지속되는 현상의 원인은 단일한 것일 수 없다. 마음의 상처가 장기간 지속될 수 있다 하더라도, 그것이 지속되기 위해서는 반복적으로 강화될 필요가 있다. 거꾸로 말하면 사고 등으로 일어난 외상 체험이 지속적인 장애를 가지고 오는 것은 그것이 빈번히 플래쉬백되기 때문으로, 그렇지 않을 경우 이러한 장애의 치료는 그다지 어려운 것이 아니다. 욕망의 원인에 대해서도 마찬가지이다. 여기서는 몇 가지의 요인과 그것을 반복적으로 강화하는 어떤 환경적인 배치를 예상해 둘 필요가 있다.

책의 서두에 언급했던 오카다 도시오 씨는 나 또한 코멘테이터로 참가했던 아사히 TV의 정보 방송 'AXEL'(1996년 6월 21일 방영)에서 전투미소녀 붐(?)에 대해 다음과 같이 말하고 있다.

"홀로 싸우는 여자아이의 매력이 아니라, 영화도 되고 아니메도 되고 게임도 된다는 미디어믹스 전략을 처음부터 짜는 것이 중요합니다."

"오타쿠 문화의 기본은 섹스와 바이올런스"

"남자아이에게는 더 이상 꿈을 기대할 수 없습니다. 약자가 싸우는 카타르시스가 필요합니다."

오카다 씨의 이 발언은 현장에 있었던 사람의 자신감과 설득력으로 뒷받침되고 있다. 특히 주목해야 할 점은 미디어믹스를 다룬 부분이다. 이러한 발상은 한 번쯤 아니메를 제작했던 경험이 없다면 나오기 힘들 것이다. 그러나 이것만으로는 역시 '소녀이어야만 할 필연성'을 이해하기 어렵다. '약자가 싸우는 카타르시스'라는 해석도 마찬가지이며, 이러한 문맥으로 본다면 전투미소녀의 존재는 전혀 특이하지 않다. 노인이나 소년이라도 상관없을 것이다. 분명 〈노인 Z老人Z〉라는 아니메 작품의 실제 사례도 있지만, 이는 예외적이라 해야 할 것이다. 또 오카다 씨가 '오타쿠의 섹슈얼리티'에 대해 다룬 부분 또한 중요하지만, 그것을 '섹스와 바이올런스'라는 약간 틀에 박힌 표현으로 처리해 버리는 것에는 큰 문제가 있다. 명쾌한 이미지가 가진 일정한 설득력을 인정하면서도, 이제는 이러한 종류의 경험주의를 넘을 수 있는 '분석'의 관점이 요청되어야만 한다.

제작자로서의 오카다 씨는 오히려 확신범처럼 전투미소녀의 이론을 사용하고 있다. 이 책의 첫머리에서 말한 바와 같이 명작 OVA 〈톱을 노려라〉는 '여자아이와 거대 로봇'의 조합으로 인기를 끌 수 있다는 확신에서 기획을 시작했다고 한다. 그러나 그 제작 과정은 분명히 당초의 의도에서 이탈해 갔다. 그 결과 상업적 성공뿐만 아니라 패러디로서도 이야기로서도 1급인 아니메 작품이 태어났다. 이 사실은 전투미소녀에 대해 고찰할 때 매우 중요한 문제를 제기한다. 분명 '반라의 여자아이를 거대 로봇에 태워 싸우게 하는 것은 인기를 끈다'는 초기 설정은 의식적으로 만들어졌을지도 모른다. 그러나 여기서 주목해야 할 것은 작품의 성공이 제작자의 의도를 넘어, 혹은 배반하는 형태로 일어날 수 있다는 역설이다. 이는 전투미소녀라는 표상물의 특이한 리얼리티를 빼고서는 생각할 수 없다. 이 작품은 전투미소녀의 계보를 따라감에 있어 매우 중요한 위치에 있기 때문에 뒤에 보다 세부적으로 다루어 보도록 한다.

미야자키 하야오의 〈백사전白蛇傳〉 체험

　　아니메 작가 미야자키 하야오는 애니메이터로서의 출발점
이 된 작품으로 고교 3년 시절에 본 토에이 애니메이션 작품 〈백
사전〉(1958년)을 들고 있다. 본작의 히로인에 대한 연애 감정과 비
슷한 마음이 그가 최초로 느낀, 그리고 결정적인 아니메 체험이
되었다. 이 작품은 백사의 혼 '바이낭白娘'과 인간 젊은이의 비극
적인 사랑을 그린, 일본 최초의 본격적 칼라 장편 애니메이션 영
화이다. 무엇보다 미야자키는 후에 이 〈백사전〉이라는 작품 그 자
체는 돌이켜 볼 가치가 없는 졸작이며, 이러한 연애 감정도 '연인
의 대용품'에 지나지 않는 마음에 들지 않는 작품이었다고 술회

[그림 2] 〈백사전白蛇傳〉(극장 애니메이션)

하고 있다.[1] 이 에피소드는 다양한 점에서 흥미롭다.

애니메이션의 미소녀를 사랑하는 것. 그것은 아니메 작품에서 섹슈얼리티를 발견하는 것과 마찬가지이다. 일본 애니메이션 창성기의 작품에서부터 이미 '아니메의 섹슈얼리티 표현'이 있었다는 사실. 또 작중에서 히로인이 사랑을 방해하려 하는 승려에게 법력으로 싸움을 거는 장면이 있는데, 이로써 파이낭을 최초의 전투미소녀로 보는 것도 가능하다. 이 '싸우는 미소녀의 섹슈얼리티'가 의도된 것인지 아닌지는 차치하더라도, 결과적으로 사춘기의 미야자키에게 그러한 작용을 일으켰다는 것. 이 사실이 가지는 의미는 무겁다. 그것도 이중의 의미에서 말이다.

유럽과 미국의 메이저 애니메이션 작품에서 섹슈얼리티의 표현이 의도되는 사례는 거의 없다. 애니메이션이 섹슈얼리티의 표현 수단이 될 수 있다는 것 자체가 상상하기 어려운 일인 셈이다. 오히려 일본 아니메가 성을 다룬다는 사실 자체가 스캔들이며, 그에 대한 과잉 반응이 이미 몇몇 나라에서 일어나고 있다. 예를 들어 스페인에서는 현재 미야자키 하야오의 아니메마저도 '성인용' 판정을 받고 있다.[2] 이를 건전한 직감으로 볼 것인지, 쇠약해져 가는 국가 신체의 기묘한 면역 작용이라 볼지는 일단 보류

---

1   미야자키 하야오, 「애니메이션을 만든다는 것アニメーションを作るということ」, 『출발점出発点』, 徳間書店, 1996.

2   2018년 1월에 아마존 스페인을 통해 확인해 본 결과 〈붉은 돼지Porco Rosso〉는 전 연령 관람가로 바뀌어 있었다.—옮긴이

해 두도록 하자.

어찌 되었든 아니메 작품에서의 섹슈얼리티 표현이라는 일본의 특수성이 애니메이션 역사의 가장 초기부터(적어도 잠재적으로는) 이미 준비되어 있었다는 사실은 기억해 두었으면 한다. 그리고 이 체험이 일본 아니메 역사상 가장 중요한 작가 중 한 사람에게 외상 체험에 가까운 형태로 영향을 끼쳤다는 것. 이 사실은 더욱 중요하다. 왜냐하면 '애니메이션의 미소녀'는 분명 '외상의 반복'으로 계속해서 배양되어 온 것처럼 보이기 때문이다.

왜 〈백사전〉이 미야자키에게 있어 '외상'인 것일까. 그것은 미야자키가 이 작품을 말할 때 양가적인 태도를 보인다는 점에서 명백하다. 그는 이 작품을 아니메 작품으로서는 졸작이라고 폄하하면서도 자신의 원체험으로서 반복해서 언급하고 있다. "이 작품은 좋아하지만 별로다"라는 미야자키의 말에는 공교롭게도 체험의 외상성이 각인되어 있는 것은 아닐까. 요컨대 미야자키는 〈백사전〉을 부인하면서도 결코 부정할 수는 없는 것이다.

미야자키는 이 체험에서 직접적으로 상처를 받은 것도 아니며 잊으려고 노력한 것도 아니다. 즉 그곳에는 '억압'이 없다. 이를 외상 체험이라고 보는 것은 무리가 아닌가라는 반론도 있을 수 있으나, 이는 정당하지 않다. 소년 미야자키는 이 작품이 애니메이션, 즉 만화영화임에도 불구하고 히로인을 사랑해 버리고 말았다. 그것은 감미로운 꿈과 같은 체험이었을지도 모르지만, '허구로 인해 강요된 원치 않은 향락'이라는 사실은 무겁게 남는다.

이때 연애의 대상이 되는 히로인은 욕망의 대상임과 동시에 허구라는 점에서 이미 대상 상실의 계기가 포함되어 있는 존재이다. 그리고 이 체험의 외상성은 후에 미야자키의 경력에서 작지만 분명한 '분열'로 나타나게 된다.

미야자키는 이른바 '아니메 팬'(그는 '오타쿠'라는 말을 신중하게 기피한다)에게 차가운 태도를 보인다. 작품을 만들 때에도 아니메 팬의 평가는 전혀 신경 쓰지 않는다["어떤 졸작을 만들어도 아니메 팬은 어느 정도 생긴다", "아니메 팬이 (작품을) 받아들인다는 것은 알고 있으니, 그 외의 사람을 대상으로 만든다" 등의 발언]. 앞서 다루었던 대로, 미야자키는 애니메이션의 히로인을 사랑하는 것은 대용물적인 만족이며 성숙해져 가는 과정에 지나지 않는다고 확언한다. 애니메이션의 히로인에 애착을 보이는 청소년들은 '로리콘'이라는 한 단어로 평가절하된다. 작품론을 말하는 그의 자세는 어디까지나 건전하다. 그러나 그럼에도 불구하고 미야자키가 창조하는 히로인(클라리스 クラリス, 나우시카 등)이 애니메이션에서의 섹슈얼리티 표현에 가장 중요한 위치를 점하고 있음은 분명하다. 왜 미야자키는 소녀를 중요시하는 것인가. 미야자키 자신도 그에 대해 말하려 하고는 있으나, 결국은 "그편이 리얼리티가 있다", "그렇게 해야 애착을 가지고 그릴 수 있다"와 같이 애매하게 표현한다. 이는 예를 들어 미야자키가 일본 아니메의 표현의 특수성을 분석할 때 보여주는 **당사자에게 있을 수 없는** 명석한 분석력과 대비되어 꽤 기묘해 보인다. 나는 이 기묘함을 '외상과 반복'으로 해석할 수 있다고 생

각한다. 미야자키의 '애니메이션 미소녀'에 대한 애착은 분명히 그의 외상 체험, 즉 〈백사전〉 체험에 기인한다.

또한 이와 같은 '외상과 반복'은 적어도 아니메의 역사 속에 잠재적으로 얽혀 있다. 그 점은 일본의 애니메이션 표현 내에서 그려져 온 미소녀의 계보에서 가장 명확하게 나타난다. 아니메 작품에 의한 외상 체험을 경험해 온 세대가 그것의 반복으로서 작품을 만든다. 그것이 다음 세대에 다시 한 번 외상으로서 이어지고 반복된다. 이러한 반복의 구도를 의식하면서 일본의 아니메 역사를 살펴보도록 한다.

전투미소녀의 간략한 역사

1960년대

몇 개의 자료를 참조하여 1960년대부터 1990년대에 걸친 '전투미소녀'의 역사를 연표로 만들어 보았다(350-360페이지 참조). 또 이와 관련된 동향으로 '코믹, 오타쿠 문화', '기타 서브컬처', '미디어 발달사'를 중점적으로 다루었다. 이제부터 이 연표에 따라 전투미소녀의 계보를 살펴 보도록 하자.

1960년대는 전투미소녀의 표현에서는 '선사시대'에 해당한다. 몇몇의 중요한 징조가 보이지만, 이 책에서 언급하는 의미에서의 중심적 표현은 아직 보이지 않는다. 여기서는 그 선구적 형태라 할 수 있는 작품들에 대해 다루어 보도록 한다.

[그림 3] 〈사이보그 009〉(만화)

먼저 1964년에 창간된 〈소년 선데이少年サンデー〉에서 연재가 개시된 이시노모리 쇼타로石ノ森章太郎의 〈사이보그 009サイボーグ 009〉(1968년에 아니메화)가 있다. 이 작품은 SF 전대물戰隊物의 가장 초기작이며, 이시노모리의 대표작 중 하나이기도 하다. 9명의 사이보그 전사들 중에는 한 명의 '여성(프랑소와즈 아르누르フランソワ

ーズ・アルヌール)'도 포함되어 있는데, 그 후 아니메든 특촬이든 전대물에 여성 병사가 반드시 참가한다는 설정이 일반화되었다. 이러한 종류의 작품 계열을 '홍일점계'라고 부르기로 하자. 이시노모리는 전투미소녀라는 설정을 어느 정도 자각하면서 이용하고 있는데, 그러한 점은 1967년에 발표된 작품 〈009의 1 009ノ1〉(후에 실사 드라마화)에서 더욱 잘 나타난다. 무엇보다 두 작품 모두 '소녀'보다 성숙한 '여성'을 그린다는 의미에서 선구자로 보아야 할 것이다. 그러나 이시노모리는 섹슈얼리티와 바이올런스의 특이한 결합을 '발견'했다는 점에서 중요한 작가 중 한 사람임에는 틀림없다.

이시노모리는 또 1966년부터 방영된 아니메 작품 〈레인보우전대 로빈レインボー戦隊ロビン〉(그림)에도 작가 중 한 명으로 참여하고 있는데, 이 작품에서도 여성형 로봇 리리リリ가 등장한다. 여성(여자아이)형 로봇이라는 점에서는 〈철완 아톰鉄腕アトム〉의 우란ウラン이라는 선례가 있지만, 이 작품은 최초의 홍일점계 아니메이며 아니메로 그려진 여성 병사라는 캐릭터도 리리를 시초로 한다. 〈스타 트렉〉을 시초로 하는 해외 SF 드라마의 여성 대원은 종종 통신 담당 등 비전투원이라는 통상적인 역할을 부여받기 쉽다. 이에 비해 일본의 아니메, SF 전대물의 가장 초기에 만들어진 작품에 이미 여성 병사가 등장하는 것은 징후적이다. 리리는 전투에도 참가하지만 주된 역할은 병사들의 간호이다. 치료사로서

의 전투미소녀라는, 최근에도 많이 그려지는 캐릭터의 설정 또한
이 시점에 완성되어 있었다.

[그림 15] 〈레인보우 전대 로빈〉(TV 아니메)

이시노모리는 그 후에도 '전투미소녀물'에 이바지했으며,
1990년대에 이르러서도 토에이 특촬 판타지 시리즈의 〈미소녀가
면 포와트린美少女仮面ポワトリン〉 등과 같은 인기 작품에 원작을 제
공한다. 한 사람의 작가가 '전투미소녀'라는 장르의 창시부터 현
재에 이르기까지 큰 영향력을 끼쳤다는 사실은 이 장르에서 창조
성의 특이한 발현 사례로 기억해 두고자 한다.

1966년에는 요코야마 미츠테루横山光輝 원작의 아니메 〈마법
사 샐리魔法使いサリー〉(그림)가 TV 방영을 시작했다. '마법소녀 계

열'도 현재에 이르기까지 면면히 내려오고 있는 특이한 장르 중 하나이다. 여기서는 이 장르가 전투미소녀의 계보로 연결되는 흐름에 대해 다시 한 번 강조해 보도록 한다. 최근의 메가 히트 작품 〈미소녀전사 세일러 문〉은 전투미소녀임과 동시에 마법소녀이기도 하다는 점에서 크로스 오버의 절정이라고도 해야 할 작품이었다. 이러한 의미에서 〈마법소녀 샐리〉는 전투미소녀의 또 하나의 시작점이라고 할 수 있을 것이다. 참고로 이 작품은 미국에서 방영된 인기 TV 시리즈 〈아내는 요술쟁이Bewitched〉에서 힌트를 얻어 만들어졌다. 이 번안 작업에서부터 이미 '주부→소녀'라는 유약화 현상이 일어나고 있다. 물론 아이들을 대상으로 한 아니메 작품의 주인공을 소녀로 설정하는 것은 당연할 것이다. 그러나 여기에서 흥미로운 점은, 아이들 대상의 방송 모델을 성인 취향의 드라마에서 보려 한다는 것이 아닐까.

[그림 5] 〈요술공주 샐리〉(TV 아니메)

1967년에는 TV 아니메 〈리본의 기사〉(그림)가 방영을 시작했다. 데즈카 오사무手塚治虫의 원작을 따르는 이 작품의 스토리는 양성구유兩性具有의 마음을 가지고 태어나 왕위 계승을 위해 왕자로 길러진 소녀 사파이어サファイヤ의 갈등을 중심으로 하고 있다. 남장을 한 미인이 아니라 미소녀가 싸우는 이 작품은 전투미소녀의 계보에서 방계에 위치할 것이다. 이 작품에는 다카라즈카 가극宝塚歌劇의 팬이었던 데즈카의 기호가 살아 있다. 따라서 이 작품 이후 연계되는 남장 미소녀가 싸우는 작품의 계열을 '다카라즈카 계열'이라 이름 붙일 수 있을 것이다.

[그림 6] 〈리본의 기사〉(TV 아니메)

175

아니메의 여명기라고 할 수 있을 시대에 거장의 세 번째 아니메 작품으로 꼽힌 이 작품이 전투미소녀물이었다는 사실 또한 매우 중요한 의미를 지닌다. 나중 기술하는 바와 같이 데츠카 오사무뿐만 아니라 오오토모 가츠히로大友克洋, 미야자키 하야오라는 코믹, 아니메의 거장들은 각각 전투미소녀물 대표작을 가지고 있다. 여기에서도 마찬가지로 전투미소녀라는 표현 장르 그 자체의 효과를 찾아볼 수 있다.

같은 해에 방영을 시작한 아니메로 후지코 F 후지오藤子・F・不二雄 원작의 〈파맨パーマン〉(그림)이 있는데, 이 작품은 주인공 파맨의 동료로 '파코パー子'가 등장한다. 이 작품이 중요한 것은 아마도 그녀가 '변신소녀 계열'로서 최초이기 때문이다. 또한 일상에서의 파코가 호시노 스미레星野スミレ라는 아이돌 가수였다는 점에서 이후의 '아이돌 계열' 아니메의 전통을 선취하고 있음 또한 놓칠 수 없다.

[그림 7] 〈파맨〉(TV 아니메)

그리고 이해에는 몽키 펀치モンキー・パンチ 작의 만화 〈루팡 3세ルパン三世〉 연재도 시작되었다. 이 작품은 미네 후지코峰不二子라는 매력적인 전투 히로인을 낳았고, 수차례 애니메이션화되었으며, 2000년 현재에도 (작화는 다른 사람이지만) 연재가 계속되고 있다. 작가를 바꾸고 매체를 횡단하며 한계를 넘어 이야기의 배리언트 Variant를 직조해 내는 교묘한 캐릭터 설정은 마치 〈서유기〉를 떠올리게 한다. 다만 미네 후지코는 오히려 본드 걸과 같이 파이팅 우먼의 계보로 이어지는 성숙한 여성으로 그려지고 있기에, 전투 미소녀의 계보에서는 어디까지나 참고 작품에 지나지 않는다.

[그림 8] 〈울트라 세븐〉(실사 TV 드라마)

홍일점계의 실사 특촬 드라마 〈울트라 세븐ウルトラセブン〉을 여기에서 다루는 것은 울트라 경비대의 대원 '유리 안느友里アンヌ'(그림)의 존재 때문이다. 물론 이 시리즈에는 일관되게 여성 대원이 등장하지만 여기서 특별히 다루고자 하는 것은 여배우 히시미 유리코ひし美ゆり子가 연기한 안느의 여성으로서의 존재감이다. 안느는 〈세븐〉을 동경하는 소년들의 위대한 아이돌로서 아직까지도 계속해서 언급되는 존재이다. 그녀가 그저 한 사람의 중견 여배우로 잊히는 것을 피할 수 있고, 그녀의 자서전이 아직도 널리 읽힐 정도로 인기를 유지할 수 있었던 것은 바로 그녀의 허구성 때문이 아닐까. 그렇다. 안느 또한 허구적 공간에 출현한 한 사람의 매력적인 전투미소녀였던 것이다.

그해 미국에서는 제인 폰다Jane Fonda 주연의 이색 SF작 〈바바렐라Barbarella〉(그림)가 공개되었다. 악의 화신 '듀란 듀란'을 쓰러뜨리기 위해 우주를 무대로 삼아 활약하는 히로인 '바바렐라'의 싸움이 에로틱하게 그려진다. 파이팅 우먼의 계보이긴 하지만, 전투적인 코스튬으로 몸을 감싼 바바렐라의 아름다우면서 강인한 모습은 섹슈얼리티 묘사에서 하나의 이콘이 되었다. 이는 히로인인 라켈 웰치Raquel Welch의 글래머러스한 몸매로만 기억되고 있는 1966년 작 〈공룡 100만년One Million Years B.C.〉과 함께 아직까지도 계속해서 언급되는 명작이다.

[그림 9] 〈바바렐라〉(영화)

　1968년에 연재가 시작된 모치즈키 아키라望月あきら 원작의
만화 〈사인은 V!サインはV!〉, 그리고 다음 해에 방영되기 시작한 우
라노 치카코浦野千賀子의 〈어택 No.1アタックNo.1〉(그림) 이 두 작품은
배구 소녀들의 스포츠 근성물임과 동시에 전투미소녀의 원류 중
하나에 해당할 것이다. 이 계열은 '스포츠 근성 계열スポ根系'이라
명명할 수 있다. 이 장의 처음에 다룬 작품 〈톱을 노려라!〉가 '스
포츠 근성 계열'의 패러디라는 점에 덧붙여 소녀가 '소녀다움'을
희생하지 않고 싸운다는 표현의 가능성을 크게 열어젖힌 공적이

있다. 뒤에서 자세하게 논하겠지만 유럽과 미국의 싸우는 히로인은 인격적 일관성을 유지하고 있어야 하기 때문에 표면상으로는 여성스러움을 희생할 수밖에 없었다. 반면 일본의 경우 싸움이 한창일 때 소녀들이 보여주는 '씩씩함', '연약함', '가련함'이 애호되고 있는데, 이러한 수용의 문맥은 유럽과 미국에서는 거의 찾아보기 힘든 것이다.

같은 해 공개된 극장 아니메 〈태양의 왕자 호루스의 대모험太陽の王子 ホルスの大冒險〉은 다카하타 이사오高畑勳와 미야자키 하야오라는 두 명의 거장이 제작에 관여한 기념비적인 작품이다. 전투미소녀는 아니지만 히로인 '힐다ヒルダ'(그림)가 인기를 모았다. 이 작품이 현재도 팬 모임이 열릴 정도의 명작이 될 수 있었던 것은 그녀의 존재에서 비롯된 바가 크다.

[그림 10] 〈태양의 왕자 호루스의 대모험〉(극장 아니메)

1960년대에 이시노모리와 함께 가장 중시되어야 할 작가는 1968년에 『소년 점프』에서 연재가 개시된 〈파렴치 학원ハレンチ学園〉의 작가, 나가이 고永井豪이다. 나가이 또한 섹슈얼리티의 대상으로 '전투미소녀'를 발명했고, 동시에 거대 로봇물의 시조 중 한 사람(〈마징가Zマジンガ-Z〉)으로 일컬어진다. 최초의 대표작 〈파렴치 학원〉에서부터 이미 싸우는 미소녀 '야규 쥬베이柳生＋兵衛'가 등장한다. 반라로 기관총을 난사하는 미소녀의 이콘은 그 후 문맥을 바꾸어 몇 번이고 반복되어 나타난다.

　　나가이 고가 창조한 변신미소녀 계열의 전투미소녀 〈큐티 하니キューティーハニー〉(그림)는 1973년에 TV 아니메가 방영되었으며, 최근에도 새로운 시리즈의 연재와 동시에 아니메 작품이 제작되고 있다. 공중원소 고정장치空中元素固定装置를 개발한 키사라기如月 박사를 아버지로 둔 소녀 '하니'가 아버지를 죽인 범죄 조직 팬서 크로우와 싸운다. 변신 과정에서 전라가 되는 연출이 화제가 되었으며, 명확하게 소녀의 섹슈얼리티를 의식시킨 작품이 되었다. 또 걸작 〈데빌맨デビルマン〉은 1990년대 최대의 문제작 중 하나인 〈신세기 에반게리온〉에 '사상적 영향'을 끼쳤다고 논해진다. 이 점만 보더라도 나가이의 작품이 가지는 영향력의 사정권을 짐작할 수 있을 것이다. 나가이는 우연히 그리고 독자적으로 '오타쿠적 섹슈얼리티'를 발견(발명?)했던 것이다. 이는 동시기에 활약했던 또 한 사람의 섹슈얼리티 표현의 거장, 조지 아키야마ジョージ秋山와 비교했을 때 더욱 분명해질 것이다.

[그림 11] 〈큐티 하니〉(TV 아니메)

　　여기서 이 문제에 대해 깊게 파고 들 여유는 없지만, 가장 눈
에 띄는 두 작가의 차이점에 대해 다루어 보도록 한다. 나가이의
작품에는 허구적 힘에 의해 '현실'이 변할 수 있다는 계기가 확실
하게 존재한다. 예를 들면 중심적인 등장인물의 죽음이 빈번하게
그려짐으로써 그러한 징후가 나타난다. 한편 조지 아키야마는 절
망과 단념을 통해 역설적으로 '현실'을 긍정한다. 그의 작품은 의
도되지 않은 생명의 찬가였다. 그에게 있어 허구는 '현실'에 봉사
하기 위한 것에 지나지 않는다. 〈제니게바銭ゲバ〉가 고발의 책이
며 〈부랑운浮浪雲〉이 스토리 없는 잠언집이라는 사실이 이 추측을
뒷받침할 것이다. 나가이 고와 조지 아키야마를 나누는 선분을
연장하면 아마도 '오타쿠'와 '비오타쿠'를 나누는 선과 겹칠 것이
다. 특히 섹슈얼리티의 표현에 있어서도 나가이 고가 소녀를 중

시하고 조지 아키야마가 성숙을 중시한다는 점이 중요한 포인트
이다.

나가이 고의 1970년대 작품에 대해서는 후술하도록 한다.

1970년대

1970년대는 '오타쿠 문화'의 외곽선이 거의 완성되던 시기였
다. 또 전투미소녀의 계보에서도 몇 개의 새로운 흐름이 나타났
다. 특히 1970년대 전반 토에이 야쿠자 영화와 동시 상영되었던
'스케반女番長' 시리즈는 그 특이한 장르성으로 주목받을 만하다.
일반적인 인기 작품이 아니기 때문에 상세히 적진 않으나, 새로
운 성 묘사의 장르를 개척했다는 공적과 이후 〈스케반 형사スケバ
ン刑事〉 등으로 이어지는 선구적 작품군으로서 여기에 언급해 두
도록 한다.

1971년에 방영된 실사 TV 드라마 〈좋아! 좋아! 마녀선생好き!
すき!! 魔女先生〉(그림)은 지구인을 지키는 평화감시원 카구야 히메か
ぐや姫 선생이 안드로 가면으로 변신해서 적과 싸운다는 이야기이
다. 비애니메이션 작품임에도 불구하고 여기서 언급하는 이유는
히로인으로서 '전투미소녀'가 처음으로 등장한 작품이기 때문이
다. 소녀의 변신은 이미 아니메 〈파맨〉, 〈비밀의 아코짱ひみつのア
ッコちゃん〉(1969) 등에서 그려진 적이 있지만, 이 작품은 변신소녀

계열 최초의 실사 작품이다. 원작은 이시노모리 쇼타로의 〈천 개의 눈 선생千の目 先生〉인데, 이 작가가 가진 광범위한 영향력의 단편을 여기서도 볼 수 있다. 또한 같은 해에 방영된 데즈카 오사무 원작의 아니메 〈신비한 메르모ふしぎなメルモ〉는 전투미소녀물이 아니라 성교육을 의도한 계몽적인 작품이었다. 소녀가 신비한 사탕을 핥아 성숙한 여성으로 변신하는 과정은 '변신'의 의의를 단적으로 보여주고 있다. 그렇다. '변신'이란 '가속화된 성숙의 과정'이나 마찬가지이다.

[그림 12] 〈좋아! 좋아! 마녀선생〉(실사 TV 드라마)

1972년에 방영이 시작된 TV 아니메 〈독수리 오형제科学忍者隊 ガッチャマン〉(그림) 또한 새로운 시대의 시작점으로서 중요한 작품

이다. 그때까지의 아니메 작품에 거의 없었던 치밀한 작화와 세계관 설정은 오타쿠의 씨앗을 뿌리는 데 분명 큰 역할을 했다. 나자신 또한 리얼타임으로 이 작품을 체험했는데 그 실감은 종래의아니메 작품과는 분명히 달랐다. 이 작품에는 '과학닌자대' 멤버중 한 사람으로 '백조 쥰'이라는 소녀가 참가하여 홍일점계의 계보를 이어가고 있다. 그녀가 특이한 점은 전대물의 히로인으로서는 흔치 않게 육탄전을 특기로 한다는 점이다. 적 갤랙터 대원을와이어 혹은 수리검으로 살상하는 소녀. 이러한 '직접적'인 묘사는 긴 전투소녀물의 역사 속에서도 흔치 않은 사례이다. 또 이 작품은 아니메의 큰 조류가 된 거대 로봇물의 기본 형태를 겸비한'로봇이 나오지 않는 로봇 아니메'(히카와 류스케氷川竜介 씨의 지적)이기도 했다.

[그림 13] 〈독수리 오형제〉(TV 아니메)

1970년대 초반에는 전투미소녀물의 거장 나가이 고의 주요 작품이 속속 등장한다. 이하에 그것들을 나열해 보도록 하자. 먼저 1972년에는 〈마징가 Z〉(아니메화), 〈데빌맨〉(아니메화), 1973년에는 〈큐티 하니〉(아니메화), 〈바이올런스 잭バイオレンスジャック〉, 1974년에는 〈겟코가면けっこう仮面〉(실사화) 등이 나왔다. 특별히 다루어야 할 것은 전투미소녀가 히로인인 〈큐티 하니〉와 〈겟코가면〉일 것이다. 이 두 작품은 전투미소녀의 섹슈얼리티를 의도적으로 그려 내려 하고 있다. 나가이는 원래 이시노모리 쇼타로의 어시스턴트에서 프로로 데뷔했는데, 자질로서도 매우 유사한 이시노모리와 비교해 보면 그의 확신범적 성격은 한층 눈에 띈다. 두 사람 모두 SF에 소질이 있으며 판타지 만화의 성공으로 널리 알려졌다. 또 앞서 말했던 것처럼 이시노모리가 그러한 섹슈얼리티를 자각하지 못했다고는 생각할 수 없다. 그럼에도 불구하고 두 사람은 결정적으로 이질적인 표현자였다. 나가이에게는 이시노모리마저 금욕적으로 보일 정도로 과잉된 자질이 있었다. 그것은 예를 들어 두 사람의 작품에서 시간을 그리는 방법의 차이를 통해 알 수 있다. 시간 묘사의 차이는 만화가 아니메로 접합될 때 가장 중요한 포인트라 여겨지기 때문에 제6장에서 상세히 검토하도록 한다.

1973년에 방영이 개시된 야마모토 스미카山本鈴美香 원작의 TV 아니메 〈에이스를 노려라!エースをねらえ!〉(그림)는 테니스 명문 학교에 입학한 소녀가 엄격한 코치의 지도 아래 성장해 나가는

모습을 다양한 애증의 드라마와 연결시켜 그려 낸 작품이다. 스포츠 근성 계열로 이어지는 이 작품은 오타쿠 문화에도 확실한 영향을 끼쳤는데, 예를 들면 이미 몇 번이나 언급했었던 〈톱을 노려라!〉는 이름 그대로 이 작품을 환골탈태시킨 패러디이다.

[그림 14] 〈에이스를 노려라!〉(TV 아니메)

1970년대에 정점에 올랐던 나가이 고의 활약 다음으로 주목해야 할 것은 1974년에 방영이 시작된 마츠모토 레이지松本零士 원작의 TV 시리즈 〈우주전함 야마토宇宙戦艦ヤマト〉(그림)이다. 야마토

의 승무원들은 방사능으로 지구를 오염시키는 가밀라스와 싸우면서 한정된 기간 내에 방사능 제거 장치 코스모클리너를 손에 넣기 위해 이스칸달 별로 향한다. 발표 당시 만화, TV 시리즈 모두 인기가 있었다고 하기는 어려웠던 이 작품은 1977년 극장판 아니메가 공개됨과 동시에 커다란 히트를 기록했다. 〈마징가 Z〉보다 더욱 진화, 세련된 모습을 보여준 설득력 있는 설정, 등장인물의 복잡한 성격 등 말할 것이 많은 작품이긴 하다. 이 작품이 전투 미소녀 역사에 공헌한 바로는 오타쿠 마켓의 폭발적 확대와 홍일점 여성 병사 '모리 유키森雪'의 존재가 거론된다. 병사라는 점이 여성다움을 한층 눈에 띄게 하는 전형적인 예로서 그녀는 이후의 작품에 계속해서 큰 영향을 끼치고 있다. 또 이 작품의 만화 → TV 아니메화 → 극장 공개라는 흥행 코스는 당시의 미디어믹스에서 하나의 전형이 되었다. 이 작품을 계기로 하여 아니메 팬층이 단숨에 확대되었고, 오타쿠 문명의 여명이 밝아오기 시작했다.

[그림 15] 〈우주전함 야마토〉(TV 아니메)

그렇다. 1970년대에서 가장 중요한 역사적 전환은 이 '오타쿠 마켓'의 탄생과 그것의 급속한 확대였다. 먼저 1975년에 제1회 코믹 마켓(약칭 '코미케')이 개최되었다. 코미케의 규모는 현재에 이르기까지 거의 일직선으로 확대되고 있는데, 지금은 3일간 총 50만 명 이상을 동원하는 거대 이벤트로 성장했다. 현대 일본에서 이 정도로 손님을 모을 수 있는 이벤트는 없다.

그리고 1976년. 이해에 가정용 VHS 비디오데크가 발매되었던 점을 강조하지 않을 수 없다. 오카다 도시오 씨에 따르면 비디오데크의 출현이야말로 오타쿠의 역사에 커다란 비약을 가져온 사건이었다고 한다. 또 같은 해에는 후에 아니메 잡지, 보다 정확하게는 아니파로(ｱﾆﾊﾟﾛ; 아니메 작품의 패러디) 잡지로 알려지게 된 『OUT』이 창간되었다. 원래 서브컬처 중심으로 편집되었던 이 잡지가 처음으로 아니메를 특집으로 했던 것이 〈우주전함 야마토〉였던 것 또한 오타쿠사에 남을 일대 사건이었다.

1975년에는 특촬 전대물의 효시가 된 이시노모리 쇼타로 원작의 TV 방송 〈비밀전대 고레인저秘密戦隊ゴレンジャー〉(그림)의 방영이 시작되었다. 〈사이보그 009〉 이후로 끊어졌던 홍일점 계열 전대물의 계보가 이 작품을 계기로 하여 대대적으로 부활했다. 5인조 전대물은 이 작품 이후로 실사 특촬물의 프레임 안에서 계속해서 시리즈로 만들어지고 있다. 레인저 부대의 한 사람 내지 두 사람이 여성 전사라는 구성은 현재까지 기본적으로 변하지 않고 있다.

[그림 16] 〈비밀전대 고레인저〉(실사 TV 드라마)

　같은 해에는 또 TV 아니메 〈라 세느의 별ラ・セーヌの星〉(그림)
이 방영되었다. 다카라즈카 계열에서 〈리본의 전사〉와 〈베르사이
유의 장미〉를 잇는 선상에 위치하는 이 작품은, 프랑스 대혁명 전
야의 파리에서 민중을 억압하는 광포한 귀족과 싸우는 가면의 기
사 '라 세느의 별'의 이야기이다. 가면의 기사의 정체는 소녀 '시
몬느シモーヌ'로, 실은 마리 앙투아네트의 동생이라는 설정이었다.
TV 아니메 〈타임 보칸タイムボカン〉 시리즈도 같은 해에 방영되어
높은 인기를 모은 코미디 작품이다. 시리즈마다 다른 보물을 둘
러싸고 싸우는 소년 소녀의 콤비와 그에 대적하는 악의 3인조, 즉
섹시한 여자 수령과 두 명의 바보 부하라는 조합이 단골로 등장
했다. 소녀의 위상은 홍일점 그 자체에 가까웠다. 이 작품은 또한
전투미소녀물의 전형적인 대립 구도를 잠재적으로 갖추고 있었
다. 즉 소녀의 정의와 성숙한 여성의 악덕이라는 대립이 그것이
다. 전투미소녀물에서는 '성숙 = 악'이라는 구도가 빈번하게 발견
되는데, 여기서 우리들은 물론 다거가 그린 소녀와 어른의 전쟁

이라는 모티브를 떠올려 둘 필요가 있다. 코가 신이치古賀新一가 같은 해 발표한 만화 〈에코에코 아자락エコエコアザラク〉은 흑마술을 다루는 미소녀 '쿠로이 미사黒井ミサ'를 주인공으로 하는 인기 호러 작품이다. 마법소녀보다는 나중에 나올 '헌터 계열ハンター系'에 가까운 이 계통의 유사 작품은 거의 눈에 띄지 않았는데, 그 때문인가 오랜 인기를 자랑하며 1990년대에 들어와 TV 시리즈와 극장판 세 편이 제작되었다.

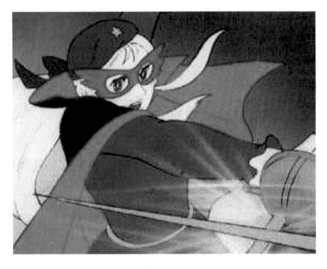

[그림 17] 〈라 세느의 별〉(TV 아니메)

1976년에 연재가 시작된 와다 신지和田慎二의 만화 〈스케반 형사〉(그림)는 1980년대에 들어와서 실사 드라마화되었고 히트했다. 전설의 스케반 '아사미야 사키麻宮サキ'는 경찰도 손댈 수 없는

[그림 18] 〈스케반 형사〉(실사 TV 드라마)

학교를 수사하기 위해 벚꽃 무늬가 새겨진 요요를 무기로 악과
싸운다. 와다의 원작 만화 자체는 강한 히로인을 동경하는 소녀
들을 주된 독자층으로 하는 작품이며 오타쿠의 섹슈얼리티와는
무관한 것이었다. 그런데 1980년대의 TV 드라마판에서는 사이토
유키斎藤由貴, 미나미노 요코南野陽子, 오오니시 유카大西結花, 아사
카 유이浅香唯 등 당시의 톱 아이돌들이 주연을 맡음으로써 이 작
품의 위상이 크게 변했다. 원작 히로인은 숏 헤어의 의협심 있는
소녀였지만 TV 화면에서 싸우는 것은 터프한 여성이 아니라 예
쁜 아이돌 소녀들이었다. 원작에는 없었던 세일러복이 드라마에
서는 자주 등장했다는 점도 흥미롭다. 세일러복 자체가 가지는

양성구유적 성격과 그것이 소녀의 기호로 사용될 때의 리얼한 효과. 사랑스러움과 강함의 기묘한 종합이 실사 드라마에서도 위화감 없이 전개될 수 있다는 것이 이 작품에서 충분히 증명되었다. 이렇게 트랜스섹슈얼한 소녀의 매력을 전면에 내세운 작품의 계열을 '복장도착 계열'이라고 총칭해 보도록 한다. 여기에는 앞서 언급한 다카라즈카 계열도 포함된다. '양성구유 계열'이라고 할 수밖에 없는 것은 이 계열의 주인공에게서 양성의 섹슈얼리티가 상호 은폐적으로 표출되는 점을 강조하고 싶기 때문이다.

1977년에 방영된 미즈시마 신지水島新司 원작의 TV 아니메 〈야구광의 시野球狂の詩〉는 센트럴 리그 최하위 팀 '도쿄 메츠東京メッツ'에 입단한 프로야구 최초의 소녀 좌완 투수 '미즈하라 유키水原勇気'의 활약을 그린 스포츠 근성 계열 작품이다. 대히트 작품은 아니지만 나중에 영화화되기도 했다. 소녀 프로야구 선수라는 설정의 작품은 적었는데(소설에는 우메다 요코梅田香子의 『승리투수勝利投手』가 있지만) 1998년의 TV 아니메 〈프린세스 나인プリンセスナイン〉에 이르러 거의 20년 만에 계승되었다.

또 이 연도의 여자 프로레슬링 붐에 주목해 보고자 한다. 프로레슬링은 '표현' 그 자체가 허구와 실제 사이에서 우리를 즐겁게 해 주는 특이한 스포츠의 한 장르이다. 특히 여자 프로레슬링은 이 장르의 허구성을 거꾸로 취해 발전을 이룬, 이 책의 문맥으로 말하자면 '복장도착 계열'이라고도 볼 수 있다. 즉 여자 프로레슬링의 인기는 그 허구성을 적극적으로 즐긴다는 자세 없이는 생각할 수 없다. 또 그렇지 않으면 인기 레슬러가 콘서트나 CM에서 활약하는 현상도 일어나기 힘들 것이다.

1978년에 방영이 시작된 TV 아니메 〈미래소년 코난未来少年コナン〉(그림 20)은 미야자키 하야오가 처음으로 감독을 맡은 TV 아니메로 기억되는 명작이다. 이 작품의 주요 등장인물로 코난의

[그림 19] 〈미래소년 코난〉(TV 아니메)

파트너인 소녀 '라나ㅋㅋ' 외에 여성 병사 '몬슬리モンスリ'가 등장한다. 이 작품은 『남겨진 사람들』³이라는 원작에 기반하는데, 아니메로 번안될 때 등장인물의 대폭적인 저연령화가 이루어졌다. 일본형 히어로의 특징 중 하나로 사춘기 아니면 사춘기 이전의 소

---

3   Alexander Key, 『미래소년 코난(원제: 남겨진 사람들)』, 角川書店, 1988.

년 소녀가 등장하는 경향이 지적되는데, 그 전통은 여기에서도 지켜지고 있는 셈이다.

1978년은 또한 다른 의미에서 하나의 전환점이 된 해이며, 이어지는 1980년과 함께 오타쿠 문화에서 하나의 피크를 형성하고 있다. 먼저 다카하시 루미코의 첫 번째 메이저 작품 〈시끌별 녀석들〉(그림)이 『소년 선데이少年サンデ-』에서 연재를 시작했다. 여자 운이 없는 남자 고교생 '모로보시 아타루諸星あたる'와 우주에서 온 여자 '라무ラム'가 엉겁결에 동거를 시작하게 되면서 여러 가지 사건이 일어난다. 오니족 소녀 라무는 화가 나면 강력한 전기 공격으로 상대에게 피해를 입힐 수 있다. 이 작품에는 이외에도 다양한 특수 능력을 가진 전투미소녀가 등장한다. 다카하시는 이 작품에서 SF 학원 러브코메디라는 특이한 장르를 개척했다. 이 작품은 또한 전투미소녀의 계보에서 '일상에 동거하는 이세계 소녀'라는 설정의 선구자이기도 하다. 이 계보를 '동거 계열'이라고 부르자면, 이와 이어지는 대표적인 작품으로는 아니메 〈아웃랜더즈アウトランダーズ〉(1987), 다카다 유조高田裕三의 만화 〈3×3 EYES〉(1987), 카즈라 마사카즈桂正和의 만화 〈전영소녀〉(1990), 아니메 〈천지무용!天地無用!〉 시리즈(1992), 후지시마 고스케藤島康介의 OVA 〈오 나의 여신님〉(1993, 그림), 아니메 〈지켜줘 수호월천!まもって守護月天!〉(1998) 등이 있다.

[그림 20] 〈시끌별 녀석들〉(TV 아니메)

[그림 21] 〈오 나의 여신님〉(OVA)

같은 해 최초의 아니메 전문지 『아니메쥬』가 창간되었던 것도 오타쿠 문화 융성의 한 징후로 볼 수 있을 듯하다. 그러한 의미에서 마쓰모토 레이지 원작의 TV 아니메 〈은하철도 999〉(그림)도 중요한 작품이다. 후에 극장판도 공개된 이 인기 작품에는 기계인간이 되는 것을 꿈꾸는 소년 '테츠로鉄郎(국내 개봉명은 '철이'―옮긴이)'와 그를 인도하는 히로인 '메텔メーテル'이 등장한다. 그녀는 기계 제국의 왕녀이기도 한데, 제국과 싸워 제국을 멸망시키려 하고 있다. 늠름함과 아름다움보다는 오히려 단아한 모성을 갖춘 메텔은 그 특이한 캐릭터 조형으로 많은 팬을 매료시켰다.

[그림 22] 〈은하철도 999〉(TV 아니메)

1979년도 1978년과 마찬가지로 중요한 해였다. 가장 큰 사건으로는 TV 아니메 〈기동전사 건담〉(그림)의 방영 시작이다. 이 작품은 〈우주전함 야마토〉로 높아진 오타쿠 문화의 물결에 결정적인 깊이를 가져왔다. 그러한 의미에서 이 작품은 이미 고전이라

해야 할 것이다. 지온 공국의 공격으로부터 화이트 베이스를 지키기 위해 민간인 소년 '아무로 레이アムロ・レイ'가 전투에 휘말린다. 뉴타입이라 불리는 고도의 인지능력을 가진 아무로는 지구연방의 신형 모빌슈트 건담을 조종하여 숙적 '샤아シャア'와의 전투로 향한다. 이하 장대한 건담 사가의 상세한 내용은 무수히 많은 해설서를 참고하길 바란다. 그러나 이 아니메의 감독 토미노 요시유키冨野喜幸의 개성이 너무나 압도적이기 때문에 그 '깊이'가 후에 진중한 SF 아니메를 만들 때 일종의 족쇄가 되었을 가능성은 지적해 두고자 한다. 특히 '싸움에 의문을 품는 히어로'라는 리얼리티는 진지한 아니메에서 주인공의 갈등 묘사를 필연적으로 만들어 버리는 것은 아닐까.

[그림 23] 〈기동전사 건담〉(TV 아니메)

홍일점 계열로 부를 수 있는 이 작품은 전투미소녀의 역사에서도 매우 큰 의미를 가진다. 이 작품에서는 주인공 아무로 레이를 둘러싼 여러 명의 여성 병사(마틸다マチルダ, 세일러セイラ, 라라ララ ァ 등)가 중요한 역할을 한다. 히어로와 싸우는 히로인과의 애증이라는 설정 또한 이 계열의 특징으로 오랫 동안 계승되었다.

특히 강조해 두고자 하는 것은 토미노 감독의 섹슈얼리티에 대한 집착이다. 이 작품에서 그려진 히로인의 샤워 장면이 팬들 사이에서 화제가 되었고, 이를 계기로 〈크림 레몬〉을 필두로 하는 어덜트 아니메가 기획되었다는 소문이 있다. 아니메 히로인의 섹슈얼리티를 창발시켰다는 경위 또한 이 작품의 공적 중 하나라고 해야 할지도 모르겠다.

리들리 스콧 감독의 영화 〈에일리언〉은 메이저 SF 활극으로서는 거의 처음으로 전투하는 히로인을 등장시킨 기념비적인 작품이다. 〈스타워즈〉의 '레아 공주' 등에서도 그 징후를 볼 수 있었으나, 시고니 위버가 연기한 '리플리'와 같이 터프함과 아름다움을 동시에 갖춘 히로인이 이러한 대작에서 주연을 맡는 것은 처음이었다. 무엇보다 속편 〈에일리언 2〉에서는 아름다움보다 모성이 강조되었는데, 이 점에서 이 작품의 히로인도 징후적 존재로 남는다.

또 같은 해에 TV 아니메 〈베르사이유의 장미〉(그림)가 방영되기 시작했다. 다카라즈카 가극단이 상영했던 것에서 알 수 있듯이 이 작품 또한 〈리본의 기사〉에서 계속되는 다카라즈카 계열

의 작품이다. 프랑스 혁명을 배경으로 한 이 이야기의 중심을 이루는 것은 자르제 장군 가문에서 태어난 남장 여인 '오스칼オスカル'이다.

[그림 24] 〈베르사이유의 장미〉(TV 아니메)

극장 아니메 〈루팡 3세 칼리오스트로의 성ルパン三世 カリオストロの城〉(그림)은 알려진 바와 같이 공개 당시에는 전혀 인기가 없었다. 이 작품은 후에 비디오화됨으로써 인기가 높아졌고, 일부에서는 미야자키 감독의 최고 걸작이라는 평가도 나오게 되었다. 영화 〈블레이드 러너Blade Runner〉의 예가 있듯이 비디오화됨으로써 전설적 명작이 되는 사례는 몇 건이나 있는데, 여기에서도 오타쿠 문화의 사후적 성격이 나타나고 있다. 이 작품에 전투미소녀는 등장하지 않으나, 작품의 중심을 이루는 스무 살 왕녀 '클라리스クラリス'에게서 후에 등장하는 나우시카와 통하는 성격 설정을 볼 수 있다. 순진하고 상냥한 소녀 클라리스가 자신도 모르게 발휘하는 공격성에 대해서는 작품 초반쯤의 자동차 추격 장면에서 그 편린을 볼 수 있다.

[그림 25] 〈루팡 3세 칼리오스트로의 성〉

중국에서는 극장 애니메이션 〈나타요해哪吒闹海(일본판은 ナージャ 海を騒がす)〉(그림)가 공개되었으며 일본에서도 화제가 되었다. 중국에서도 다수의 애니메이션 작품이 만들어지고 있으나, 역시나 주인공은 대부분 소년이 맡게 된다. 이 작품에서도 소년이 주인공이지만 그림을 보면 알 수 있듯이 성별이 매우 애매하게 그려지고 있다. 코스튬도 얼핏 봤을 때 소녀의 그것을 떠올리게 할 만큼 장식적이면서 유니섹슈얼하다. 이 작품도 성차가 애매한 사

춘기의 주인공을 이야기의 중심으로 두고 있다는 점에서 일본의 아니메 전통에 가깝다고 할 수 있을 것이다. 무엇보다 중국의 애니메이션이 직간접적으로 일본 아니메의 강한 영향을 받았을 가능성도 고려해야 한다.

[그림 26] 〈나타요해〉(극장 애니메이션)

1980년대

1980년대, 아니메는 전반기에 성숙을, 그리고 후반기에 쇠퇴를 경험한다. 오히려 흥미로운 것은 아니메의 융성과 몰락에 관계없이 중요한 작품의 대부분에 전투미소녀가 등장한다는 것이다. 우선 전반기의 경과를 개관해 보도록 하자.

1980년을 다룰 때 반드시 다루어야 하는 것은 〈소년 점프〉에 연재되기 시작한 〈닥터 슬럼프〉(그림)이다. 이 작품에 등장하는 소녀형 로봇 '아라레ㄱㄱレちゃん'는 평소에는 순진하고 천진난만함으로 코믹한 소동을 일으키지만, 한번 화를 낼 경우에는 폭발적인 괴력을 발휘한다. 이는 정신의학적인 문맥에서 보자면 간질 사례에서 자주 보이는 천사의 자질, 즉 야스나가 히로시安永浩가 이름 붙인 '중심기질中心気質'[4] 그 자체이다. 이 성격 유형은 전투미소녀를 구상할 때 중요한 참조점이 된다. 후에 TV 아니메로 만들어져 인기를 모은 이 작품은 로봇 혹은 사이보그로서 만들어진 소녀의 공허한 주체를 중심에 두고 있으며, 후술할 '피그말리온

---

[4]　정신과 의사 야스나가 히로시는 간질 기질의 성격적 경향을 정상 범위까지 확대하고 다음과 같은 특정의 기질을 '중심기질'이라 이름 붙였다. 즉 "통상 구김살 없이 발달한' 5-8세 정도의 '아이'의 이미지를 떠올려 보면 간단하다. 천진난만하며 기쁨과 슬픔을 단순하고 분명하게 보여준다", "구체적 사물에 대한 열렬한 호기심. 열중하다가도 바로 싫증을 낸다", "내일 일에 대해 생각하는 것을 귀찮아 한다. '어제 일'도 안중에 없다" 등이 있다. 야스나가 히로시, 「'중심기질'이라는 개념에 대해中心気質という概念について」, 『야스나가 히로시 저작집 제3권 방법론과 임상 개념安永浩著作集三巻 方法論と臨床概念』, 金剛出版, 1992.

계열'⁵의 단서라고 이야기할 만한 작품이다.

[그림 27] 〈닥터 슬럼프〉(만화)

이해에는 오오토모 가츠히로의 대표작 중 하나인 〈동몽童夢〉

---

5   피그말리온은 그리스 신화에 나오는 키프로스 섬의 왕이다. 그는 상아로 만든 여성상을 사랑했는데, 아프로디테가 그것에 생명을 부여해 부인으로 삼았다고 한다. 여기에서는 버나드 쇼Bernard Shaw의 『피그말리온Pygmalion』을 원작으로 하는 영화 〈마이 페어 레이디My Fair Lady〉에서 볼 수 있는 바와 같이, 내면적으로 공허한 여성을 '교육'함으로써 호감 가는 인격을 획득하려 하는 이야기 전반을 가리킨다.

의 연재가 시작되었다. 잘 알려진 바와 같이 오오토모 가츠히로는 만화사의 흐름을 크게 바꾼 중요한 작가 중 한 사람이다. 오오토모 이전과 이후로 만화의 방향이 완전히 달라졌다고 논해진다. 내가 보기에는 오오토모의 등장으로 인해 '극화'라는 장르는 완전히 쇠약해졌다. 오오토모의 하이퍼 리얼리즘 전에는 극화적 리얼리즘 같은 것은 문제도 아니었음이 실증되어 버린 것이다. 또한 오오토모는 만화뿐만 아니라 아니메 작품에도 손을 뻗쳤는데 이 또한 높은 평가를 받았다. 특히 메카닉 디자인의 영향은 SF 아니메의 기계 묘사를 크게 바꾸었다(예를 들면 후술할 시로 마사무네土郎正宗). 〈동몽〉은 오오토모 최초의 대표작이자, 아직까지도 그의 최고 걸작이라는 평가도 존재한다. 프랑스의 코믹 아티스트 뫼비위스Mœbius(흔히 '뫼비우스'로 불린다—옮긴이)로부터 간결하면서 치밀한 문맥을 이어받아, 여기에 독자적인 다이나미즘과 정동을 가미한 그림에서 초능력을 가진 소녀가 싸운다. 소녀는 초등학교 저학년 이하로 보이는 설정을 가지고 있으며, 섹슈얼리티를 의도한 그림체도 아니다. 그러나 고층 주거단지를 한순간에 폐허로 만들 수 있을 만큼의 '힘'을 발휘하는 주인공으로 '소녀'를 골랐다는 것은 역시 시사적이다. 물론 〈동몽〉 그 자체는 전투미소녀의 계보에서 다소 이질적인 작품이긴 하다. 굳이 위치를 정해 보자면 나중에 언급할 〈바람계곡의 나우시카〉로 피크를 맞이하는 '무녀 계열'로 이어질 징후적 작품이 될 것이다. 어찌 되었든 오오토모와 같이 서구적인 그림체를 선택한 작품이라 해도 싸우는 소녀를 이야기의 중심으로 설정함으로써 걸작을 만들어 냈다는 사실은 간과할 수 없다.

실은 또 다른 징후적 표현도 이 작품에서 볼 수 있다. 그중 하나가 '프라모델 오타쿠'의 묘사이다.(그림) 괴사건의 범인 노인에게 조종당해 자신의 목을 커터칼로 긋고 죽게 되는 이 인물은 후에 오타쿠로서 분절되는 인물 유형을 훌륭하게 선취하고 있다. 약간 뚱뚱하고 안경을 쓴 내향적인 재수생이 소녀의 눈앞에서 자살하려는 장면의 묘사는 만화에서 시대가 가장 잘 투영되었다는 사실을 단적으로 증명하고 있다.

[그림 28] 〈동몽〉(만화)

이해에는 또 청년지 창간 붐이 크게 일었으며, 『빅코믹 스피리츠ビックコミック・スピリッツ』에서는 다카하시 루미코의 또 다른 대표작 〈메종 일각めぞん一刻〉이 연재를 시작했다. 거의 같은 시기에 '로리콘 만화' 붐이 일었고 우치야마 아키内山亜紀 등의 작가가 소년지에 과격한 로리콘 묘사가 된 만화를 연재하고 어느 정도 인기를 얻었다. 전투미소녀 캐릭터의 설정에 조금이나마 영향을 미친 작가로서 여기에 기록해 두도록 한다.

다음 해인 1981년에 먼저 주목해야 할 것은 10월부터 방영이 개시된 TV 아니메 〈시끌별 녀석들〉이다. 이 작품은 전투미소녀물의 TV 시리즈 중 최대급 히트작으로, 4년 반 동안 방영되었다. 설정은 앞서 서술했던 바와 같이 SF 학원 러브코메디로, 동시에 동거 계열이라는 특이한 장르를 확립했다는 점에서도 매우 중요한 작품이다.

같은 해에 『소년 점프』에 연재된 호조 츠카사北条司의 〈캣츠 아이キャッツアイ〉(그림)도 인기 작품이 되어 이듬해 아니메화되었으며 또 영화로도 만들어졌다. 이 작품은 레오타드로 몸을 감싼 세 미인 자매 도둑이 활약하는 섹시 액션물이다. 이 작품은 나중에 나올 '헌터 계열'에 가까우나, 동시에 전투하는 소녀 집단이라는 '팀 계열'을 확립한 점에서도 중요한 작품이다. 팀 계열은 문맥적으로도 시계열적으로도 홍일점 계열에서 파생되었다고 생각된다. 미소녀 콤비, 트리오 혹은 집단이 범죄자나 우주에서 온 몬스터를 상대로 싸운다. 1980년대에 피크를 맞이한 이 계열에는

207

아래와 같은 작품군이 있다. TV 아니메 〈초시공기단 서딘크로스超時空騎団サザンクロス〉(1984), TV 아니메 〈더티 페어ダーティペア〉 (1985, 그림), OVA 〈메가 존メガゾーン〉(1985), OVA 〈프로젝트 A코プロジェクトA子〉(1986, 그림), OVA 〈갈포스ガルフォース〉(1986, 그림), 만화 〈체포하겠어逮捕しちゃうぞ〉(1986), OVA 〈버블검 크라이시스〉(1987, 그림), 만화 〈사일런트 뫼비우스サイレントメビウス〉(1988), 만화 〈건스미스캣츠ガンスミスキャッツ〉(1991, 그림) 등이 그것이다.

[그림 29] 〈캣츠아이〉(만화)

[그림 30] 〈더티 페어〉(TV 아니메)

[그림 31] 〈프로젝트 A코〉

[그림 32] 〈갈 포스〉(OVA)

[그림 33] 〈버블검 크라이시스〉(OVA)

[그림 34] 〈건스미스캣츠〉(만화)

기억해야 할 이벤트로는 제20회 일본 SF 대회가 있다. 이 대
회에서 상영된 〈DAICON III〉(오프닝 필름)는 1983년의 〈DAICON
IV〉(그림)의 오프닝과 함께 '오타쿠의 꿈이 담긴 명작'이라 평가받

고 있다. 두 작품 모두 안노 히데아키라는 무명의 아마추어가 감독한 쇼트 필름으로, 소품이지만 매우 완성도가 높다. 아티스트 무라카미 다카시村上隆 씨는 〈DAICON IV〉에 대해 전후 일본의 아트 신을 대표하는 최고 걸작이라 절찬하고 있다.[6] 그곳에는 당시의 오타쿠가 보고 싶어 하던 이미지가 응축되어 있었다. 두 작품 모두 전투미소녀가 주인공이다. 첫 작품에서는 붉은 란도셀을 등에 멘 작은 여자아이가 목적지까지 물을 가져가기 위해 적과 싸운다. 그리고 두 번째 작품에서는 바니 걸 의상을 입은 소녀가 거대 로봇을 맨손으로 집어던지고 로켓 같은 검에 올라타 사방을 비행한다.

[그림 35] 〈DAICON IV〉(극장 아니메)

6   사이토 타마키, 무라카미 타카시, 카야마 리카, 「미래는 2차원에 만들어져 있다未来は二次元でできている」(좌담회), 『비둘기여!鳩よ!』189권, 매거진하우스マガジンハウス, 2000년 1월호.

또 이해에는 TV 아니메 〈꼬마숙녀 치에じゃりん子チエ〉(그림)가 방영되었다. 하루키 에츠미はるき悦日 원작의 장기 연재 만화가 아니메화된 이 작품은 오타쿠보다 오히려 인텔리층에 강하게 어필하는 작품이었다. 독설과 나막신을 무기로 싸우는 소녀의 일상이 그려진 이 작품으로부터 다카하타 이사오 감독의 극장 아니메가 만들어졌으며 이어서 TV 아니메화되었다. 필자가 개인적으로 가장 추억이 깊은 작품이기 때문에 여기에 쓰지만, 이는 이른바 전투미소녀와는 조금 다른 위상을 점하는 작품이 될 것이다.

[그림 36] 〈꼬마숙녀 치에〉(극장 아니메)

카도카와 영화에서 제작한 〈세일러복과 기관총〉은, 그 스토리는 둘째 치고 야쿠시마루 히로코薬師丸ひろ子가 연기한 여고생이 기관총을 난사함으로써 쾌감을 느끼게 하는 광고가 반복되어 방영됨으로써 전투미소녀의 한 이콘으로 기억되었다. 이 또한 복장도착 계열에 이어지는 표현의 하나라고 할 수 있을 것이다.

1982년은 아다치 미츠루あたち充의 〈터치タッチ〉로 시작하는 러브코미디의 전성기였다. 그러한 가운데 몇 개의 중요한 움직임이 일어나기 시작했다는 점도 놓칠 수 없다. 먼저 미야자키 하야오의 만화 〈바람계곡의 나우시카〉가 『아니메쥬』에 연재되기 시작했으며, TV 아니메 〈초시공요새 마크로스超時空要塞マクロス〉가 방영을 시작하였다. 이들 작품에 대해서는 나중에 다루기로 한다. 또 오오토모 가츠히로의 대표작 〈AKIRA〉가 『영 매거진ヤングマガジン』에 연재를 시작했다.

TV 아니메 〈요술공주 밍키魔法のプリンセスミンキーモモ〉(그림)는 마법소녀물의 인기작이자 오타쿠의 로리콘 취향을 하나의 타깃으로 기획되었다고 한다. 사실 이 작품은 패러디 동인지의 손쉬운 먹잇감이 되었다. 아니메의 마지막 화에서 모모(밍키—옮긴이)는 마법력을 잃고 보통 소녀의 일상으로 돌아온 것도 잠깐, 차에 치여 죽고 만다. 이는 당시의 아니메 제작자가 '허구와 현실의 대립'을 어떻게 이해하고 있었는가를 보여주는 중요한 에피소드일 것이다. 즉 그들은 아니메 속에서 현실을 리얼하게 그리는 것이 현실의 표현 그 자체라고 믿고 있었던 것이 아닐까.

[그림 37] 〈요술공주 밍키〉(TV 아니메)

1983년에 주목해야 할 작품으로는 아즈마 히데오吾妻ひでお의 TV 아니메 〈나나코 SOSなSこSOS〉(그림)가 있다. 하늘에서 갑자기 내려온 세일러복의 미소녀 '나나코'는 기억을 잃은 초능력자였다. 자칭 천재 과학자 요츠야四谷와 그의 파트너 이이다 하시飯田橋는 그녀의 능력을 이용해 돈벌이를 꾀한다. 나나코의 이 순진무구하고 공허한 주체는 앞선 〈닥터 슬럼프〉와 같은 피그말리온 계열에 속하겠지만, 이 작품은 섹슈얼리티가 가미되어 있다는 점에서 특이하다. 만화가 아즈마 히데오의 작풍의 중심축 중 하나는 미소녀의 섹슈얼리티가 점하고 있다. 때문에 이 작품은 피그말리온 계열 전투미소녀라는 계열적 정통성을 확립한 중요한 작품이라 할 수 있을 것이다. 이후 이 계열에 위치시킬 수 있는 작품으로는 만화 〈총몽銃夢 GUNNM〉(1991, 그림), OVA 〈만능문화묘랑万

能文化猫娘〉(1992, 그림), 고야마 유우小山ゆう의 만화 〈아즈미あずみ〉
(1994) 등이 있다.

[그림 38] 〈총몽 GUNNM〉(만화)   [그림 39] 〈나나코 SOS〉(만화)

[그림 40] 〈만능문화묘랑〉(OVA)

이해에는 인기 만화가 에구치 히사시江口寿史 원작의 TV 아니메 〈스톱! 히바리군ストップ!! ひばりくん〉(그림)도 방영되었다. 이 작품은 전투미소녀물은 아니지만 주인공은 소녀로밖에 보이지 않는 게이 미소년이다. 소녀의 겉모습과 남성의 내면이라는 대립, 그 효과로서의 현기증 나는 리얼리티 또한 복장도착 계열로 이어진다고 이해할 수 있을 것이다. 더욱이 성전환의 가역성을 가미한 다카하시 루미코의 만화 〈란마 1/2〉(1987, 그림)을 거치면서 이 계열은 완성된다. 그 외에도 대표적인 작품으로는 만화 〈쿠루쿠루 쿠링クルクルくりん〉(1982), 만화 〈꽃의 아스카 조직!花のあすか組!〉 (1985), 영화 〈V 마돈나 대전쟁Vマドンナ大戦争〉(1985), OVA 〈철완 버디鉄腕バーディー〉(1996, 그림) 등이 있다.

[그림 41] 〈스톱! 히바리군〉(만화)   [그림 42] 〈란마 1/2〉(TV 아니메)

[그림 43] 〈철완 버디〉(OVA)

　　TV 아니메 〈캡틴 츠바사ｷｬﾌﾟﾃﾝ翼〉는 세계 최고의 축구 선수가 되어 일본을 월드컵 우승으로 이끄는 것을 꿈꾸는 소년 '오오조라 츠바사大空翼'와 그 친구들의 성장을 그리고 있다. 이 작품은 소년보다 오히려 많은 여성 팬들을 얻었고 또 '야오이'라 불리는 일대 무브먼트를 만들어 냈다. 청소년 등장인물에게 가공의 동성애 관계를 부여하여 만들어진 다양한 패러디 동인지는, 주제 없음(やまなし), 결말 없음(おちなし), 의미 없음(いみなし)의 '야오이' 작품이라는 하나의 장르를 형성했다. 이는 여성 오타쿠에게 있어 아니메의 섹슈얼리티란 무엇을 의미하는가를 고찰할 때 매우 시사적인 현상이라 할 수 있을 것이다. 후에 발매 된 〈세인트 세이야〉(1986), 〈사무라이 트루퍼鎧伝サムライトルーパー〉(1988), 〈초자 라이딘超者ライディーン〉(1996) 등 미소년 그룹을 중심으로 설정한 작품이 이 계보로 이어진다.

직접적으로 공헌을 했다고는 하기 힘들지만, 나카모리 아키오가 '오타쿠' 라는 이름을 이해에 처음으로 사용했다는 것 또한 명심해야 할 것이다.

이어지는 1984년은 일본의 아니메 역사상 가장 큰 성과를 올린 기념비적인 해였다. 가장 중요하게 기록해야 할 것은 3월에 극장 개봉된 아니메 〈바람계곡의 나우시카〉(그림)이다. 이는 미야자키 하야오가 스스로가 자신의 원작 만화를 감독한 극장 아니메 작품이다. 이미 언급한 바 있는 이 작품은 전투미소녀물로서도 가장 중요한 작품으로 볼 수 있다. 이야기의 무대는 마지막 전쟁이라 여겨지는 '불의 7일'로부터 천 년 후의 지구이다. 이미 지구의 대부분은 유독한 '부해'와 그곳에 사는 거대한 곤충 무리들이 지배하고 있으며, 사람들은 오염을 피해 서로 땅을 빼앗으며 간신히 살고 있었다. 바다에서 불어오는 바람 덕에 부해의 독기로부터 보호받는 집성촌 '바람계곡'에서 태어나고 자란 왕녀 '나우시카'는, 부해와 벌레들에 맞서 싸워 이를 물리치는 것이 아니라 어떻게 해야 그들과 공생할 수 있을지를 탐구하고 있었다. 그러나 어느 날 '거신병(세계를 멸망시켰다고 알려진 생물)'의 '알'을 실은 비

행선이 바람계곡에 추락했고, 그 알을 쫓아온 토르메키아군이 계곡에 침공했다. 그로 인해 나우시카는 자신의 의지와는 무관하게 싸움에 휘말려 버린다. 이 작품에 대해서도 많은 해설서가 있기 때문에 여기서는 '요점'만을 소개하는 것으로 한다. 어쨌든 이 작품은 단순히 아니메 역사의 고전 명작에만 그치는 것이 아니라 보다 많은 가치를 가지고 있다. 예를 들어 나우시카의 태생과 토르메키아 여왕 '크샤나'의 내력의 대비 등은 전투미소녀물의 이야기 구조를 검증하기에 아주 중요한 소재이기도 하다. 미야자키 하야오의 작품 중 본격적으로 전투하는 미소녀 히로인은 이 작품과 〈모노노케 히메もののけ姫〉(1997) 뿐이지만, 두 작품의 구조적 유사성은 매우 흥미롭다. 두 작품 모두 지금까지 논해 왔던 어느 계열과도 다른 특이한 위상을 차지하고 있다. 히로인인 나우시카, 혹은 산サン은 서로 다른 두 개의 세계를 매개하는 역할을 하고 있다. 나우시카는 인간계와 부해를 중개하고 산은 문명과 숲의 대립을 상징한다. 이와 같은 위상은 말 그대로 무녀나 마찬가지이며 그들은 그로 인해 부득이하게 전투에 휘말린다. 이들 작품 계열을 '무녀 계열'이라 부르도록 한다. 그 시조라 생각되는 것은 말할 것도 없이 '잔 다르크'이다. 다가가 그린 소녀들 또한 무녀 계열이라 할 수 있을 것이다. 여기에 연결되는 히로인으로는 극장 아니메 〈태양의 왕자 호루스의 대모험〉(1968)의 '힐다', 그리고 앞서 언급한 만화 〈동몽〉(1980)의 소녀 에츠코悦子 등이 있으며 작품 수가 결코 많지 않지만 전투미소녀의 계보에서는 매우 중요한 계열 중 하나로 볼 수 있다.

[그림 44] 〈바람계곡의 나우시카〉(극장 아니메)

　같은 해 공개된 극장 아니메 〈초시공요새 마크로스 사랑, 기
억하고 있습니까超時空要塞マクロス 愛・おぼえていますか〉(그림)는 아니
메 사상 처음으로 아니메 팬들에 의해 제작된 작품으로 기억되고
있다. 홍일점 계열의 거대 로봇물이라는 기본 설정에 더해 SF적 고
증에 기반한 정밀한 메카닉 묘사, 또 아이돌 미소녀를 둘러싼 로맨
스 등이 담겨 있어 최근에도 속편이나 게임이 제작될 정도로 인기
를 끌고 있다. 이 작품에서는 아이돌 가수인 히로인 소녀 '민메이

ミンメイ'가 노래로 적을 격퇴하는 중요한 포지션에 놓여 있다.

[그림 45] 〈초시공요새 마크로스〉(극장 아니메)

주요 아니메 감독 중 한 사람인 오시이 마모루押井守는 최초의 대표작인 극장 아니메 〈시끌별 녀석들2 뷰티풀 드리머うる星やつら2 ビューティフルドリーマー〉를 발표했다. 이 작품 또한 일본 아니메의 역사에서 가장 중요한 작품 중 하나로 꼽히는데, 전투미소녀의 역사에서는 이 감독이 아니메적인 전투미소녀와 결별한 최후의 작품이라 알려져 있다.

OVA 〈크림 레몬〉 시리즈는 오리지날 비디오 애니메이션, 즉비디오로만 발매되는 아니메 작품으로서는 가장 초기 작품이다

(약칭으로 OAV와 OVA 두 종류가 있는데, 필자의 취향에 따라 표기는 후자로 통일했다). 성인 취향의 아니메 작품이라는, 오히려 '전투미소녀' 이상으로 일본의 독자적인 장르는 그 후 급격하게 시장을 확대했다. 이 작품을 여기에서 언급하는 것은 이 작품이 오타쿠의 섹슈얼리티를 명확하게 타깃으로 했기 때문만은 아니다. 시리즈 중 〈초차원전설 라루超次元伝説ラル〉와 〈POP CHASER〉(그림)에서는 전투와 섹스를 하는 소녀가 그려지고 있기 때문이다. 성인 취향 아니메라는 특수 장르의 가장 초기에도 전투미소녀가 등장하고 있었던 것이다.

[그림 46] 「크림 레몬」 시리즈의 〈POP CHASER〉(OVA)

이처럼 TV 방영이 어려운 어덜트 아니메가 OVA의 창성기를 이끌게 된 경위는 이해하기 쉽다. 그러나 이후 OVA라는 장르 자체의 시장이 확대되면서 비디오화된 아니메가 결정판이라 보는 전도 현상까지 생겼다. 이는 '미디어의 형식이 작품 내용을 규정한다'는 전형적인 예로서도 흥미로운 사실이다.

1985년에 발매된 〈환몽전기 레다幻夢戦記レダ〉(그림)도 OVA 초기를 견인한 히트작이다. 소품(짧은 영상)이라고는 하나 평범한 여고생이 갑자기 다른 세계로 소환되어 전사로서 싸우게 된다는 기본 설정은 미소녀전사물의 단골 설정이며 〈세일러 문〉을 필두로 많은 작품에서 반복되었다. 이 계열에 대해서는 나중에 논하기로 한다.

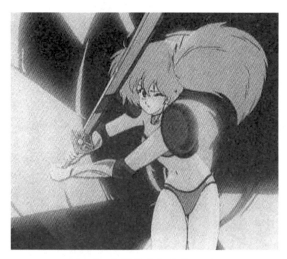

[그림 47] 〈환몽전기 레다〉(OVA)

이해에 발표된 OVA 〈드림 헌터 레무ドリームハンター麗夢〉(그림)나 시로 마사무네士郎正宗의 만화 〈애플 시드アップルシード〉(후에 아니메화되었음. 그림) 등은 '헌터 계열'의 작품이라 할 수 있다. 이는 특정한 임무를 받거나 상금 벌이와 같은 명료한 목적의식을 가지고 전투를 하는 미소녀 히로인의 총칭이다. 그 기원은 앞서 언급한 영화 〈바바렐라〉(1967)까지 거슬러 올라가며, 〈루팡 3세〉(1967)의 히로인 '미네 후지코'도 이 계열에 속한다. 원래는 파이팅 우먼의 성격이 강한 영역이었으나 1980년대 이후에는 미소녀 헌터계가 압도적인 주류가 되었다. 여기에는 TV 아니메 〈고스트 스위퍼 GS美神〉(1993, 그림), OV(오리지널 비디오) 〈제이람ゼイラム〉(1991), OVA 〈마물헌터 요코〉(1991), TV 아니메 〈슬레이어즈スレイヤーズ〉(1995, 그림), OVA 〈Aika〉(1997), TV 아니메 〈하이퍼 폴리스はいぱーぽりす〉(1997) 등이 있다. 계열로서의 특이성은 낮기 때문에 여기에는 대표작을 열거하기로만 한다.

[그림 48] 〈드림 헌터 레무〉(OVA)　　　[그림 49] 〈애플 시드〉(만화)

[그림 50] 〈슬레이어즈〉(TV 아니메)   [그림 51] 〈제이람〉(영화)

[그림 52] 〈고스트 스위퍼〉(TV 아니메)

1986년에는 우라사와 나오키浦沢直樹의 만화 〈YAWARA!〉(그림)가 연재를 시작했다. 세계 최고를 목표로 하는 유도 천재 소녀의 이야기는 대중적인 인기를 얻었고 실제 유도 선수의 닉네임이 될 정도로 사회적 인지도도 높았다. 이 작품은 먼저 아니메 작품으로 방영되었고 후에 아이돌 아사카 유이浅香唯 주연으로 영화화되었다. 구기 종목이 주류였던 스포츠 근성 계열은 이 작품 이후 거의 대부분이 격투기를 중심으로 변해 간다.

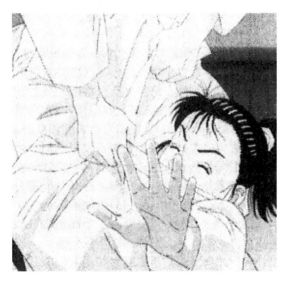

[그림 53] 〈YAWARA!〉(TV 아니메)

그러나 1980년대 후반은 아니메 쇠퇴의 시대이기도 했다. 많은 아니메 잡지가 차례로 폐간했으며 큰 히트를 친 아니메 작품도 줄어드는 상황이 계속되었다. 그러나 그런 중에서도 전투미소녀는 살아남았다.

1987년에는 극장 아니메 〈왕립우주군 오네아미스의 날개王立宇宙軍 オネアミスの翼〉가 공개되었다. 전투미소녀가 등장하지 않는 이 작품을 왜 여기에서 언급하는 것일까. 그것은 바로 전투미소녀가 전혀 등장하지 않기 때문이다.

후에 〈신세기 에반게리온〉으로 일세를 풍미하게 된 제작 집단 가이낙스GAINAX는 이 작품을 만들기 위해 오사카 인근의 아마추어 학생들이 설립한 회사이다. 당시 약관 24세의 야마가 히로유키山賀博之가 각본, 감독을 담당하고 막대한 예산과 스탭을 투입하여 이 걸작을 완성시켰다. 치밀한 세계관 설정과 고증 하에 로켓 비행사를 꿈꾸는 소년의 좌절과 성장을 그린 감동적인 이야기는 높은 평가를 받았음에도 불구하고 히트하지 못했다. 그 요인 중 하나를 기획에 관여한 오카다 도시오 씨는 스스로 분석하고 있다. 요컨대 "로봇도 미소녀도 등장하지 않았기 때문이다"라고 말이다. 그리고 그 반동으로 다음 해의 OVA 히트작 〈톱을 노려라!〉를 낳았다.

이해에는 또한 아라키 히로히코荒木飛呂彦의 대표작 〈죠죠의 기묘한 모험ジョジョの奇妙な冒険〉이 연재를 시작했다. 이 작품 또한 전투미소녀가 등장하지 않는 명작으로 거론되는데, 여기에는 사적인 감상도 있다. 예전에 나는 『유레카ユリイカ』라는 잡지를 통해 아라키와 인터뷰를 했는데, 그때 여러 가지 흥미로운 사실이 드

러났다.[7] 먼저 아라키가 오타쿠적인 것을 의도적으로 배제하려고 한다는 점이다. 아라키가 연재한 『소년 점프』는 지금 아이들 대상, 오타쿠 대상, 일반인 대상이라는 여러 방향성을 가진 작품이 뒤섞여 있는 상황이지만, 그는 '오타쿠 대상'의 그림체를 단조롭다고 판단하여 멀리하고 있다. 전투미소녀를 거의 등장시키지 않는 것도 그 때문일 것이다. 아라키가 애호하는 것은 영화, 소설, 록 음악이며, 이들은 모두 오타쿠가 서툴러 하는 과목뿐이다.

아라키의 그림체는 〈JoJo6045〉라는 작품에서 볼 수 있는 것처럼 일러스트 작품으로서도 감상할 수 있으며 도취적이라고까지 할 수 있을 만큼 훌륭하다. 모든 아이디어를 가시화하려는 아라키의 욕망은 내가 알고 있는 한 메이저 작품으로서는 만화 역사상 가장 복잡한 관점과 시점 전환을 구사한 트릭키한 만화로 결실을 맺었다. 그러나 그것만으로는 만화로서의 리얼리티를 유지할 수 없다. 다음 장에서 이야기하겠지만 전투미소녀물이 소녀의 섹슈얼리티를 리얼리티의 핵심으로 두고 있다면, 아라키 만화의 핵심이 되는 것은 무엇일까.

아라키는 자신에게 큰 영향을 준 작가 중 한 사람으로 카지와라 잇키梶原一騎의 이름을 들고 있다. 의외라고 생각되지만, 대사나 정념의 표현에는 분명 카지와라의 작품의 자취를 발견할 수 있다. 그렇다. 아라키가 의식적으로 작품의 핵심으로 삼는 것은

---

7   아라키 히로히코, 사이토 타마키, 「계속 쓸 수 있는 용기書き続ける勇気」(대담), 『유레카ユリイカ』29권 4호, 靑土社, 1997.

카지와라의 작품에서 유래한 정념, 파토스의 표현이다. 일견 그로 테스크한 전기물로도 보이는 이 작품은 이러한 아라키의 작가 의식으로 인해 소년 만화의 왕도가 될 수 있었던 것이다. 후술할 아니메 작품 〈신세기 에반게리온〉을 단호히 부정하는 그의 작품은, 아니메적 자의식의 갈등을 회피하기 위해 압도적인 정념 묘사를 전면화시키는 고전적 기법으로 유지된다.

하지만 그런 아라키 자신이 예전에 〈고저스☆아이린ゴージャ ス☆アイリン〉(1985)이라는 소품을 그렸다는 사실을 간과해서는 안 된다. 스토리는 불행한 성장 과정을 겪은 순진한 소녀(기억상실!)가 우정을 보여준 남성을 지키기 위해 화장을 함으로써 섹시한 여전 사로 변신하고 결정적인 대사와 함께 전투를 개시, 적(보통 성인 여성이지만 실은 괴물)을 '죽음의 메이크업'으로 쓰러뜨린다는 '변신소 녀 계열'의 클리셰를 따르고 있다. 변신 장면에서 그녀의 목소리 는 이 계열에서 볼 수 있는 변신 의식과 완전히 동일하다. 그렇다. '소녀의 변신'—그것은 종종 누드 실루엣을 통과하며 이루어진다 —은 어디까지나 성적 황홀경으로서 표현되어야만 하는 것이다. 아니메적이지 않은 그림체가 역으로 신선한 수작이지만, 아라키 자신은 이 작품으로 인해 "나는 여자아이를 그릴 수 없다"고 깨달 았다고 한다. 이 단념은 아주 무거운 의미를 가진다. 우리는 여기 에서 아니메 표현이라는 것이 단순히 그림체의 문제가 아니라 작 가의 기호에 따라 성립될 가능성을 염두에 둘 필요가 있다.

아마 영화나 소설을 좋아하는 유저가 아니더라도 훌륭한 영화나 소설을 만들 수는 있다. 예를 들면 영화감독 기타노 다케시北野武나 소설가 나카하라 마사야中原昌也의 창조성은 그들이 영화나 소설의 역사 내지는 문맥에 무지하기 때문에 가능하다고까지 생각된다. 그러나 아니메의 전통이나 문맥에 무지한 비오타쿠 작가는 결코 양질의 아니메 작품을 만들 수 없을 것이다. 아니메 작가가 되기 위해서는 이 단조로운 세계를 견뎌내고 오히려 그것을 편애하는 재능을 필요로 한다. 그리고 이 재능을 살리는 계기가 되는 것이 아니메에 '모에'한다는 행위이다. 이미 미야자키 하야오에 관해서 지적했던 것처럼 아니메를 사랑하는 것은 즉 아니메의 미소녀를 사랑하는('모에' 하는) 행위인 것이다. 외상 체험으로서의 '모에'가 계기가 되어 아니메 작가가 태어나고, 그가 창조한 히로인으로 인해 다음 세대의 팬이 '모에'하게 된다. 이러한 외상으로서의 '모에' 연쇄가 오늘날 아니메 문화의 저변에 있음을 나는 거의 확신하고 있다.

여기까지 몇 번인가 언급했던 가이낙스 제작의 OVA〈톱을 노려라!〉(1988, 그림)는 대히트작이라고 하기는 어렵지만 당시의 '오타쿠'적 자의식과 1990년대적인 것의 징후가 내포되어 있다는 점에서 중요한 작품이다. 어리숙하고 바보 같은 우주 고교생 '타카야 노리코タカヤノリコ'가 거대 로봇 '건버스터ガンバスター' 조종에 천부적인 소질을 가지고 있음이 발견되고, 엄격한 코치의 훈련을 버텨가며 한 사람의 조종사로 성장한다. 기본 스토리는 홍일점 계열, 즉 '거대 로봇물'의 설정에 스포츠 근성 계열의 스토리

라인을 조합한 것으로, 이를 1990년대에 융성한 '혼합 계열'의 선구자로 위치시킬 수 있다. 히로인은 코미디의 맥락도 충분히 갖춘 사랑스러운 소녀이며, 보통의 의미에서 공격성은 크지 않다. 그것과는 대조적으로 그녀의 파트너에게는 성숙하고 차분한 모성적 성격이 부여되었으며, 또 라이벌로는 우수하면서 호전적인 여성이 배치되었다. 그렇다. 그녀들은 모두 '팰릭 마더' 그 자체인 것이다. 어찌 되었든 그녀들은 건버스터를 조종해서 거대한 우주 괴수를 쓰러뜨리고 지구를 파괴로부터 지켜낸다.

가이낙스가 〈톱을 노려라!〉를 제작하는 데 있어 전작 〈오네아미스의 날개〉의 흥행 실패가 배경이 되었다는 것은 앞서 서술한 바 있다. 〈오네아미스의 날개〉는 영화적 리얼리티를 금욕적으로 추구한 나머지 거대 로봇도 아니메를 빛내는 미소녀 히로인도 배제해 버렸다. 여기에 패인이 있다는 절망과 태도 변화가 거꾸로 아니메의 문맥을 극한까지 가속, 응축시켜 다분히 '농도 짙은' 명작을 낳았다. 여기서 오타쿠가 가진 창조성의 진면목이 발휘되었다. 즉 오타쿠적 니힐리즘이 창조적 열광으로 반전된다는 전형적인 구도 말이다.

기획 단계에서는 분명 '미소녀', '거대 로봇', '우주 괴수'의 전형적인 세 가지 요소[8]뿐이었을지도 모른다. "나머지는 적당히 오타쿠들이 좋아할 만한 패러디와 디테일로 채워 두면 그럭저럭 팔릴 것이다"라고 생각했을지도 모른다. 그러나 그로부터 일어난

---

8   원문에는 "三題噺".―옮긴이

것은, 어쩌면 기획 단계의 의도를 초월한 것이 아니었을까. 전투미소녀라는 아이콘이 단순한 욕망의 대상을 넘어, 마치 뮤즈처럼 창조의 촉매가 된 순간이 그곳에서 엿보인다.

[그림 54] 〈톱을 노려라!〉(OVA)

실은 이 작품에는 또 하나의 중요한 의미가 있다. 이 작품이 등장함으로써 아니메에서 전투미소녀의 계보가 거의 완성되었다는 것이다. 나는 지금까지 이 계보에 속하는 열세 개의 계열에 대해 논해 왔는데, 이 작품 이후 새로운 작품 계열은 현재까지 전혀 나타나지 않고 있다. 참고를 위해 이 장에서 다룬 작품들을 계열로 분류하여 표로 만들었다(254-257페이지). 한눈에 알 수 있는 바와 같이 1990년대 이후의 주요 작품은 전부 혼합 계열로, 과거 계열의 인용, 패러디 내지는 오마주로 만들어지고 있다. 가이낙스에 관여했던 사람들이 현재도 오타쿠 업계의 제1선을 떠받치고 있다는 사실은 이러한 상황에 대한 선견지명 때문일 것이다.

이외에도 1980년대 후반의 주요 작품으로는 미국 재패니메이션 붐의 선구자가 된 오오토모 가츠히로 감독의 극장 아니메 〈AKIRA〉(1988, 그림), 유우키 마사미ゆうきまさみ 원작, 오시이 마모루 감독의 극장 아니메 〈기동경찰 패트레이버機動警察パトレイバー〉(1989, 그림) 등의 홍일점계가 있지만, 전투미소녀의 계보에서 이들 작품의 중요도는 낮다. 또 미야자키 하야오의 극장 아니메 〈마녀배달부 키키魔女の宅急便〉의 경우 전투미소녀는 아니지만 역시 중요한 작품이다. 이 작품은 마법을 쓰는 것이 아니라 마법을 배우는 것을 그리고 있는데, 이는 즉 히로인 '키키キキ'의 성장 과정이기 때문이다. 이는 종래의 마법소녀물에서 배제되기 십상이었던 묘사이다. 그렇다. 원래 마법소녀는 변신을 통해 성숙과 퇴행만을 계속해서 반복하며 본질적으로는 성장할 일이 없는 것이다. 그런 의미에서 이 작품은 '마법소녀 계열'의 이단이라 불려야 할 것이다.

[그림 55] 〈AKIRA/アキラ〉(극장 아니메)

[그림 56] 〈기동경찰 패트레이버〉(극장 아니메)

1990년대

1990년대는 아니메가 다시 부흥하기 시작한 시대로 기억될 것이다. 1990년대 전반이 국내는 물론 국제적으로 성공을 거둔 작품 〈미소녀전사 세일러 문〉으로 대표된다면, 후반을 대표하는 작품으로 〈신세기 에반게리온〉을 거론한다 하더라도 이견이 없을 것이다. 그 외에도 다수의 수작이 만들어 졌기에 아니메 업계가 1980년대 전반의 활기를 되찾은 것처럼 보인다. 버블 시기의 먹구름과 불황으로부터 다시 일어선 것과 어느 정도 관련이 있다고 보아야 할까. 어찌 되었든 아니메 작품들이 거의 남발되다시피 제작되었으며, 전투미소녀물도 여기에서 도저히 망라할 수 없을 정도로 대량으로 만들어졌다.

역사적으로 중요한 오타쿠 사건으로는 먼저 아니메 〈시골별녀석들〉의 모든 에피소드가 수록된 LD-BOX의 발매(1990)가 있다. TV 시리즈 총 218화를 수록한 50장 세트는 결코 저렴하지 않은 가격이었음에도 불구하고 호조의 판매를 보였고, 이후 모든 에피소드를 담은 LD-BOX라는 상품 형태로 확립되었다. 레이저 디스크 소프트는 유저의 대부분이 오타쿠였다고 하는데, 이 사건은 오타쿠의 LD 지향에 확실하게 기여했다. 미디어가 진화하는 현장에 전투미소녀가 관련된 것은 희귀한 일이 아니지만, 특별히 상징적인 사례로 여기에 기록해 두도록 한다.

그뿐만 아니라 미디어의 다양화는 미디어믹스를 보다 강하

게 추동하는 결과를 낳았다. 그중에는 〈천지무용!〉 시리즈(1992, 그림)와 같이 노벨라이즈, 게임화, 라디오 드라마화 등 미디어의 거의 모든 영역을 제패하는 작품도 나타났다. 특히 1994년에 발매된 '세가 새턴'과 '플레이스테이션'은 아니메 작품의 미디어믹스 전략상 큰 전환점이 되었고 이후 게임 작품에도 아니메 캐릭터가 대대적으로 기용되게 되었다. 물론 게임기로서의 기능 향상이 원인 중 하나이긴 하지만, 특히 결정적이었던 것은 CD-ROM을 도입함으로써 음성 데이터 처리 능력이 크게 향상되었다는 것이다. 이로써 게임 소프트에 성우의 목소리를 쉽게 넣을 수 있게 되었으며, 성우 붐과 맞물려 한순간에 장르가 확대되었다. 이미 〈신세기 에반게리온〉, 〈기동전함 나데시코〉, 〈슬레이어즈〉, 〈폭렬 헌터爆れつハンター〉 등과 같은 인기 작품은 신속히 게임으로 만들어졌다. 또 〈사쿠라 대전サクラ大戦〉(1996, 그림)과 OVA 〈대운동회 バトルアスリーテス 大運動会〉(1996) 등과 같이 인기 게임이 아니메 작품으로 제작되는 전도된 상황도 흔해졌다.

[그림 57] 〈천지무용! 양황귀〉(OVA)

[그림 58] 〈사쿠라 대전〉(게임)

또 하나, 미디어믹스에서 '아니메의 뮤지컬화'라는 장르의 개발에 대해 반드시 다루어야 할 것이다. 〈세일러 문〉을 시작으로 하는 뮤지컬화 경향은 〈빨간망토 챠챠〉, 〈리리카 SOS〉 등으로도 전개되었으며 인기 게임 〈사쿠라 대전〉의 경우 출연한 성우가 뮤지컬을 하는 이벤트가 개최되기까지 이르렀다.

해외의 수용 상황 변화로는 이미 〈AKIRA〉(1988)가 미국에서 컬트적인 인기를 얻었다는 징후도 있었는데, 1990년대에 들어 메이저 작품과 어깨를 나란히 하는 히트 작품이 다수 생겨났다. 예를 들어 1994년 미국에서는 TV 드라마 〈파워 레인저〉의 인기가 순식간에 치솟았다. 이 작품은 일본에서 〈공룡전대 쥬레인저恐竜戦隊ジュウレンジャー〉라는 이름으로 발표된 드라마를 미국인 배우를 기용하여 리메이크한 것으로, 전대에 여성 병사도 두 명 들어가는 홍일점 계열 작품이다. 틴에이저, 여성, 마이너리티 히로인이 활약하는 드라마는 매우 드물다. 시로 마사무네 원작, 오시이 마모루 감독의 극장 아니메 〈공각기동대攻殻機動隊/GHOST IN THE SHELL〉(1995, 그림)는 1996년도에 미국 빌보드지의 셀 비디오 부문에서 1위를 차지하여 일본 내에서의 평가에 결정적인 영향을 끼쳤다. 1997년에 일본의 영화 흥행 기록을 갱신한 미야자키 하야오 감독의 〈모노노케 히메〉가 미국에서는 1999년 10월에 공개되었다. 일부 묘사가 잔혹하다 하여 PG-13등급(13세 이하의 아이들에게 부적절한 내용이 포함되어 있을 가능성이 있어 부모의 관심이 필요)을 받아 크게 히트하지는 못했으나 많은 영화 평론가에게 극찬을 받았다. 〈모노노케 히메〉와 같은 해에 개봉된 극장 아니메 〈포켓몬스터 뮤츠의 역습ポケットモンスター ミュウツーの逆襲〉은 전미 흥행 랭킹에서 1위를 차지하였고, 미국에서 공개된 일본 영화 중 가장 성공한 작품이 되었다.

[그림 59] 〈공각기동대GHOST IN THE SHELL〉 (극장 아니메)

앞서 서술한 바와 같이, 1990년대에는 전투미소녀 작품의 새로운 계열은 만들어 지지 않았고, 기존 계열의 확대와 혼합 계열, 즉 계열 간의 크로스 오버 내지는 리믹스적인 표현이 중심을 이루었다. 가이낙스 제작, 안노 히데아키 각본의 TV 아니메 〈신비한 바다의 나디아ふしぎの海のナディア〉(1990, 그림)도 그중 한 작품이다. 소녀 '나디아'가 소년 '장'과 함께 떠나는 자아찾기 여행에서, 나디아가 가진 보석 '블루 워터'를 빼앗으려는 비밀결사와의 항전에 휘말리는 모험담은 미야자키 하야오의 〈천공의 성 라퓨타〉를 참조하면서도 결과적으로는 상당히 다른 느낌의 작품이 되었다. 나디아는 전투미소녀는 아니지만 아니메에서 소녀의 위상을 고려하자면 중요한 히로인이다. 마법소녀 계열이든 무녀 계열이든 아니메의 '소녀'는 종종 어떠한 생성 변화를 촉매하는 위치에 놓인다. 소녀 나디아의 '자신의 기원 찾기'라는 설정도 그 존재의 공허함을 통해 이야기 전체가 견인되면서도 그곳에 일종의 역설적 리얼리티가 잉태되는 과정에 공헌하고 있다. 이러한 구조는 다른 많은 전투미소녀 작품에서도 일반화될 수 있을 것이다.

[그림 60] 〈이상한 바다의 나디아〉(TV 아니메)

[그림 61] 〈미소녀가면 포와트린〉(실사 TV 드라마)

변신소녀 계열의 대표작으로는 TV 드라마 〈미소녀가면 포
와트린〉(1990, 그림)을 언급하기로 한다. 이 작품은 열광적인 팬층
을 가진 우라사와 요시오浦沢義雄 각본의 특촬 코미디로, 이 계열
로는 같은 토에이 특촬 시리즈의 실사 작품 〈유언실행 세 자매 슈
슈트리안有言実行三姉妹シュシュトリアン〉(1993)이 있다. 고등학교 2학
년생인 '무라카미 유우코村上ユウコ'가 신의 의뢰로 마을의 평화를
지키기 위해 주문을 사용해 변신, 적과 싸운다. 이 작품은 오타쿠
의 인기와 업계의 인기가 공히 높은 작품으로, 여배우 하나시마
유코花島優子가 아닌 '포와트린 씨'가 타 방송국의 버라이어티 방
송이나 잡지의 그라비아 등에 자주 등장했다. 〈울트라 세븐〉의 안
느에 대해서도 지적했지만, 특촬 작품에 출연해 인기를 얻은 히

로인은 이미 여배우의 얼굴로 돌아올 수 없을지도 모른다. 포와
트린을 연기한 하나시마 유코 또한 방송의 종료와 함께 잊혀져
버렸다. 많은 유명 여배우가 과거에 출연했던 특촬 작품을 이력
에서 지우고 있는 것은, 이렇게 받아들여지는 것을 피하기 위해
서가 아닐까.

[그림 62] 〈나츠키 크라이시스〉(OVA)

스포츠 근성 계열로는 〈YAWARA!〉(1986) 이후 격투기물이
중심이 되었다. 예를 들면 만화 〈나츠키 크라이시스なつきクライシ
ス〉(1990, 그림)는 고쥬류剛柔流 공수도, 아니메 〈메탈파이터 미쿠メ
タルファイター-MIKU〉(1994)는 가까운 미래의 여자 프로레슬링이 테
마이다. 그러나 이 계열이 크게 확대되었던 것은 무엇보다도 격
투기 게임에서 전투미소녀라는 표현 형식이 있었기 때문이다. 대

히트 작품 〈스트리트 파이터 II〉(1991)에서는 싸우는 히로인 '춘리'(그림)가 등장한다. 또 게임 〈버추어 파이터〉(1992)에도 싸우는 소녀 '파이 첸'과 '사라 브라이언트'가 등장한다. 그 외에도 격투기 미소녀의 예는 수없이 많다. 이 또한 미디어의 발달이 촉진한 특이한 표현물이라고 볼 수 있을 것이다.

[그림 63] 〈스트리트 파이터 II〉(게임)

1992년 3월, 전투미소녀 사상 가장 중요한 작품 중 하나가 방영을 시작했다. 〈미소녀전사 세일러 문〉 시리즈(그림)가 그것이다. 이 작품에 대해서는 우선 작품이 제작, 발표된 경위를 다루어야 한다. 토에이와 코단샤講談社의 협력 체제하에 월간지 『나카요시 なかよし』에서의 연재와 아니메 방영이 같은 시기에 시작했던 것, 그리고 변신 굿즈를 시작으로 노블티Novelty 상품9이 대량으로 유

---

9   기업이 자사나 상품 선전을 목적으로 이들의 이름을 넣어서 무상으로 배포하는

통되었던 것처럼 〈세일러 문〉은 미디어믹스 전략을 명확하게 의도한 혼합 계열 작품으로 기획, 제작되었던 것이다. 이 작품은 아이들부터 오타쿠까지 폭넓은 층에서 지지를 받았으며, 〈세일러 문 R〉, 〈세일러 문 S〉, 〈세일러 스타즈〉로 시리즈를 거듭해, 1997년 3월에 방영이 끝날 때까지 5년간 계속되었다. 유럽과 미국, 아시아 각국에도 수출되어 높은 인기를 모아 국제적인 대히트작이 되었던 것을 생생히 기억한다. 아니메 작품의 틀을 넘어 일종의 사회현상에까지 이른 작품으로, 이 작품은 후술할 〈신세기 에반게리온〉과 쌍벽을 이룬다.

[그림 64] 〈미소녀전사 세일러 문〉(TV 아니메)

기념품.─옮긴이(출처: https://ja.wikipedia.org/wiki/ノベルティ)

여기서 〈세일러 문〉의 내용을 간략히 소개해 보기로 한다. 중학교 2학년생 소녀 '츠키노 우사기月野うさぎ'가 우연한 기회에 도와주게 된 검은 고양이 '루나ルナ'로부터 자신이 선택받은 전사라는 것을 알게 된다. 우사기는 루나가 준 브로치와 주문을 통해 미소녀전사 세일러 문으로 변신하고 요괴를 쓰러뜨릴 힘을 얻는다. 우사기의 동급생 네 명 또한 전사라는 것이 밝혀지고, 다섯 명의 소녀들은 힘을 합쳐 요괴와 싸운다. 코너에 몰렸을 때는 수수께끼 청년 '턱시도 가면(정체는 우사기의 연인 치바 마모루地場衛)'이 나타나 그녀들의 싸움에 힘을 보탠다.

〈세일러 문〉 시리즈는 전생 이야기로서도 상당히 복잡한 구조를 가지고 있다. 전생, 즉 달과 지구가 적대하는 두 개의 세력이었던 초고대에 등장인물이 각각 어떠한 관계를 맺었는가가 나중에 밝혀진다. 이러한 복잡한 설정에 더해 이 작품은 매우 작가성이 높은 작품이기도 하다. 예를 들면 세일러 전사들이 통학하는 중학교와 그 근처의 지리에 원작자 다케우치 나오코竹内直子가 사는 아자부 쥬반麻布十番의 지명이 인용된다. 다케우치는 광물을 수집하는 것이 취미인데, 이야기 중에 등장하는 적 캐릭터의 이름에 '조이사이트ゾイサイト', '쿤차이트クンツァイト'라는 광물 이름이 사용된다. 물론 '작가성'은 여기서 멈추지 않는다. 이 작품의 인기는 아니메로 인해 폭발적으로 높아졌는데, 이때 다수의 재능이 투입되었다. 원작의 그림체를 아니메풍으로 소화하고 '모에'의 요소를 가미하면서 캐릭터를 디자인한 타다노 카즈코只野和子, 특이한 연출로 이야기의 폭을 넓힌 이쿠하라 쿠니히코幾原邦彦, 츠키노 우사기를 연기하여 캐릭터 이미지를 결정한 성우 미츠이시 코토노三石琴乃 등의 존재 없이는 이 작품의 인기를 논할 수 없다. 이 작품은 사회현상으로서의 의미는 말할 것도 없고 이러한 중층적인 작가성에서 후속 작품에 큰 영향을 끼쳤다. 예를 들면 후술할 〈신세기 에반게리온〉의 경우 일설에 의하면 감독 안노 히데아키가 본작의 팬이기도 하여 〈세일러 문〉으로부터 직간접적 영향을 받았다고 한다. 두 작품에서 성우진이 중복되는 것은 물론이거니와 푸른 머리의 고독한 천재 소녀 '미즈노 아미水野亜美(세일러 머큐리)'는 〈에반게리온〉의 '아야나미 레이'의 프로토타입으로 지목되고 있다. 또한 〈세일러 문〉 직계의 작품으로는 TV 아니메 〈웨딩 피치愛天使伝説ウェディングピーチ〉(1995, 그림)가 있다. 세 명의 여중생이 악과 싸운다는 이야기는 몇 가지 점을 제외하면 〈세일러 문〉 그 자체나 마찬가지인 작품으로, 작품으로서의 완성도는 높았으나 인기는 부족했다.

[그림 65] 〈웨딩 피치〉(TV 아니메)

다섯 명(당시)의 여성으로 구성된 작가 집단 CLAMP 원작의 TV 아니메 〈마법기사 레이어스魔法騎士(マジックナイト)レイアース〉(1994, 그림) 또한 꽤 복잡한 구성을 가진 작품이다. 이세계 세피로 セフィーロ를 헤매는 세 명의 여중생, '히카루光', '우미海', '후風'는 신관 '자가토ザガート'에게 유폐된 '에메로드 공주エメロード姫'를 구출하는 마법기사로서 사명을 부여받는다. 그녀들은 적을 쓰러뜨릴 거대 로봇 '마신魔神'을 찾아 부활시키기 위한 여행을 떠나야 한다. 이 작품은 〈세일러 문〉과 마찬가지로 뒤얽힌 이야기의 계층 구조로 인해 복잡함을 띠며, 그러한 의미에서 RPG(롤플레잉 게임)적이라 형용할 수 있을 것이다. 또 이 작품은 1990년대에 발전한 '이세계 소환 계열'에 속한다.

[그림 66] 〈마법기사 레이어스〉(TV 아니메)

이는 극히 보통의 소녀가 우연하게 이세계로 가게 되고 부득이하게 싸움에 휘말리게 되는 것으로, 판타지 형식으로서는 오히려 고전적이라고 할 수 있다. 전투미소녀의 계보에서는 앞선 작

품 〈환몽전기 레다〉(1985)의 설정을 잇고 있으며, 이외에도 주된
작품으로는 〈환상게임〉(1995), TV 아니메 〈천공의 에스카플로네
天空のエスカフローネ〉(1996, 그림) 등이 있다.

[그림 67] 〈천공의 에스카플로네〉(TV 아니메)

[그림 68] 〈모노노케 히메〉(극장 아니메)

1997년은 아니메 사상 최고의 전환점이었던 1984년에 필적
하는 해였다고 할 수 있을 것이다. 먼저 미야자키 하야오의 최고
작이라고 불릴 수 있는 작품 〈모노노케 히메〉(그림)가 공개되었다.
이야기의 무대는 중세 일본, 에미시의 후예 '아시타카ァシタカ'는

자신에게 걸린 타타리신의 저주를 풀기 위해 서쪽을 향해 여행을 떠난다. 여행 도중에 만난 타타라 마을의 수령 '에보시 고젠ㅍﾎ 御前'과 견신犬神 '모로노 키미ﾓﾉﾉ君'가 키워 인간을 증오하게 된 모노노케 히메 '산'의 대립에 내재해 있는, 선악으로 환원할 수 없는 문명과 자연의 대립이라는 주제 등, 미야자키 감독의 오랜 사상이 중층적으로 담긴 작품이다. 다만 테마나 이야기의 구조로 볼 때 이 작품은 기본적으로 〈나우시카〉의 발전형이다. 산은 나우시카와 마찬가지로 무녀 계열의 히로인으로, 산과 에보시 고젠의 대립은 나우시카와 크샤나의 대립과 그대로 겹친다. 또 주목해야 할 점은 멧돼지 신 '옷코토누시乙事主'의 성우를 모리시게 히사야 森繁久弥가 연기했다는 점이다. 모리시게는 이 장의 서두에서 다룬 일본 최초의 장편 컬러 아니메 영화 〈백사전〉에서 주인공의 목소리를 연기했다. 때문에 이 작품에서의 배역은 우연일 수 없다. 끝내 이 작품의 외상성을 부정할 수 없었던 미야자키의 자그마한 오마주의 자세가 여기에 있다. 어찌 되었든 매우 복잡한 구성과 테마를 품고 있는 이 작품은 일부의 비평가들에게 가혹한 평가를 받았지만, 일본 영화사상 유례없는 관객 동원수를 기록했다. 앞서 말한 바와 같이 이 작품은 1999년 10월부터 미국에서 공개되었는데, 많은 비평가로부터 최대급의 찬사를 받았다. 국내에서의 불평과 해외에서의 찬사라는 대립은 미야자키 하야오가 구로사와 아키라黒沢明의 위치에 가까워졌다는 것을 시사하고 있는 것일까. 어찌 되었든 미국에서 높은 평가를 받음에 따라 일본에서의 혹평에 가까운 취급은 필연적으로 재검토되었다.

거의 같은 시기에 극장 아니메〈신세기 에반게리온 Air/진심을, 너에게まごころを、君に〉(그림)가 공개되었다. 서기 2000년에 세계를 파멸시킨 세컨드 임팩트로부터 간신히 복구되어 가고 있는 2015년, 하코네에 건설된 제3 신 도쿄시가 작품의 무대이다. 14세 소년 '이카리 신지碇シンジ'는 아버지 '이카리 겐도碇ゲンドゥ'의 명령으로 특무기관 네르프에 소속되어 범용 인간형 결전 병기 에반게리온에 탑승하게 된다. 그 임무란 '사도'라 불리는 정체불명의 적의 공격으로부터 도쿄시를 지키는 것이다. 그러나 14세의 소년 소녀밖에 조종할 수 없는 '에바' 또한 그 정체가 수수께끼에 싸여 있으며, 파일럿 중 한 사람인 소녀 '아야나미 레이'는 클론이었다는 것이 밝혀진다. 또 네르프의 목적인 '인류보완계획' 그 자체가 어떠한 수단으로 무엇을 지향하고 있는 것인가는 끝까지 알 수 없다. 이 작품은 많은 수수께끼를 흩뿌리면서도 전반적으로는 통쾌한 로봇 아니메의 포맷을 유지하여 인기를 끌었다. 그러나 시리즈 후반, 주인공인 이카리 신지의 내면적 갈등이 전면화됨과 더불어 이야기도 파탄의 양상을 띠게 되었다. 이 경위는 한결같이 작가인 안노 히데아키와 주인공의 갈등이 '싱크로'되었기 때문이라고 해석되었다.

[그림 69] 〈신세기 에반게리온 Air/진심을, 너에게〉(극장 아니메)

그리고 〈에바〉 극장판은 파탄으로 끝을 맺었던 TV 시리즈
를 보완하기 위해 제작되었다. 서드 임팩트가 일어나고 등장인물
들이 하나둘씩 액체로 변해 버렸으며 거대화된 아야나미 레이에
게 먹혀 죽어 가던 찰나 신지는 융합을 거절한다. 고독의 리스크
와 맞바꿈으로써 죽음을 피한 신지는, 그러나 또 한 사람의 생존
자인 소녀 '아스카ㄱㄱㄱ'에게 "기분 나빠"라고 거절당한다.

이 작품에 대해서는 이미 방대한 언설이 제기된 바 있으며

나 자신도 정신의학에서 말하는 '경계선 인격장애'[10] 문제와 연관
시켜 논한 바 있기 때문에 여기서 해석을 반복하지는 않겠다. 이
작품의 전투미소녀사에 대한 공헌으로는, 아니메 팬층을 확대하
고 이전 팬들도 다시 돌아오게 했다는 점을 먼저 거론할 수 있다.
또 주목해야 할 점은 인공 미소녀 '아야나미 레이'의 설정이다. 이
존재는 〈나나코 SOS〉로부터 시작한 피그말리오니즘의 보다 철
저한 산물로, 그녀의 공허함은 클론 태생이라는 점에서 극에 달
한다. 그러한 의미에서 아야나미 레이는 하나의 전형이며, 이후
다양한 '아야나미'의 바리에이션이 몇 편의 중요한 작품에서 반
복되어 나타나게 되었다. 예를 들면 TV 아니메 〈기동전함 나데시
코〉(1996, 그림)에서는 12세의 히로인 '호시노 루리ホシノ・ルリ'가
절대적인 인기를 모았다. 전함에 탑재된 슈퍼컴퓨터의 오퍼레이
터이며 작전참모인 루리는 승무원 중 유일하게 열심히 일하는 크
루이기도 하다. 쿨하고 표정이 없는 그녀는 싸움은 뒷전이고 오
락에 빠진 다른 승무원의 경박함을 보고 질려 하면서도 서서히
마음을 열기 시작한다. 이 작품도 극장판(1998)이 공개되었고, 루
리는 1999년 『아니메쥬』 잡지에서 가장 인기가 높은 아니메 히로
인으로 뽑혔다. 이쿠하라 쿠니히코幾原邦彦 감독의 다카라즈카 계
열 문제작 〈소녀혁명 우테나少女革命ウテナ〉(1997, 그림)에는 결투의
승자에게 '상품'으로 주어지는 소녀 '히메미야 안시姫宮アンシー'가
등장한다. TV 아니메 〈serial experiment lain〉(1998, 그림)의 전투

---

10   원문은 "境界例(境界性パーソナリティ障害)"―옮긴이

하지 않는 히로인 '이와쿠라 레인岩倉玲音'도 아야나미와 같이 자신의 존재 그 자체를 말소한다는 결말을 선택한다.

[그림 70] 〈기동전함 나데시코〉(TV 아니메)

[그림 71] 〈소녀혁명 우테나〉(TV 아니메)

[그림 72] ⟨serial experiment lain⟩(TV 아니메)

1990년대 후반에 이르러 소녀의 쾌활함보다도 공허함을 전면에 내세운 캐릭터가 늘었다는 사실도 징후적이다. 그때까지의 전투미소녀는 공허한 역할을 맡았어도 이 정도로 확실하게 공허하지는 않았다. 그 공허함이 가지는 의미에 대해서는 마지막 장에서 다시 질문하게 될 것이다.

그 외에 1990년대 후반의 주요한 작품으로는 TV 아니메 ⟨아키하바라 전뇌조アキハバラ電脳組⟩(1998, 그림)와 TV 아니메 ⟨카드캡터 사쿠라⟩(1998, 그림)가 있다. 양쪽 모두 혼합 계열에 위치되며, 새로운 표현형식을 낳을 만큼의 임팩트는 없었다. 그러나 기발한 설정과 장르 전체에 대한 비평성을 설득력 있는 이야기로 전환하

면서 전투미소녀의 특성을 충분히 활용하고 있다.

[그림 73] 〈아키하바라 전뇌조〉(TV 아니메)

[그림 74] 〈카드캡터 사쿠라〉(TV 아니메)

반복하지만 1990년대에 들어 전투미소녀물은 현격히 증가했으며, 아니메 작품으로만 한정해도 망라할 수 없을 만큼 다수의 작품이 제작되었다. 새로운 계열은 나타나지 않았으나 몇몇 계열 간의 조합을 통해 다양한 이야기가 얽히게 되었고 작품 세계의 설정도 더욱 복잡해지고 있다. TV 아니메, OVA, LD, DVD, 극장판, 게임, 라디오 방송 등 여러 미디어가 상호 교차하면서 공존하는 상황은, 전투미소녀라는 경계를 넘나드는 히로인에 대한 의존 없이는 생각할 수 없다. 아마 '전투미소녀'라는 기본 설정 자체는 당분간 질리지도 쇠퇴하지도 않을 것이다. 그 존재가 하나의 스테레오 타입으로서 소비되지 않고 오히려 이야기를 제한 없이 창발할 수 있는 핵심으로서의 기능을 계속하고 있다는 것. 30년 가까운 세월이 지났음에도 불구하고 그 기능이 조금도 쇠하지 않았다는 사실은 무엇을 의미하는 것일까. 나는 그곳에서야말로 '그려진 섹슈얼리티'의 가능성을 읽을 수 있다고 생각하는데, 자세한 내용은 마지막 장에서 논하기로 한다.

해외의 주요 전투미소녀

지금까지의 문장에서 다루어 온 해외의 싸우는 히로인은 전투미소녀라기보다는 '파이팅 우먼'들이다. 물론 〈바바렐라〉의 예를 들 필요도 없이 전투와 섹슈얼리티의 혼합을 시도한 작품은 상당히 이전부터 존재했다. 〈007〉 시리즈에 등장하는 본드걸은 물론이고, 많은 캣 파이트Catfight물, 여자 죄수물 영화 등도 이러한 시도로서 분류될 수 있을 것이다. 다만 그 대부분이 실사 작품이며 히로인이 젊기는 하지만 '소녀'라고는 말하기 어려운 성숙한 여성들이다. 그런 의미에서 그녀들은 아무리 매력적이라 해도 〈원더 우먼〉(1941)을 잇는 아마조네스의 후예들이다. 이 계보에 속하는 히로인은 이외에도 '캣 우먼', '슈퍼걸', '쉬헐크', '레이디 데스' 등이 있는데, 이 책의 문맥과는 떨어져 있기 때문에 여기에서는 생략하도록 한다.

그녀들에게서 볼 수 있는 특별한 점은 먼저 페미니즘이라는 정치적 배경을 명백하게 고려하고 있다는 점이다. 그 존재 의의를 이해하는 것은 비교적 간단한 일이다. 그것은 여성의 사회적 지위 향상을 직접적으로 반영하고 있기 때문이다. 말하자면 그녀들은 일종의 PC(Political Correctness) 효과나 다름없으며, 섹슈얼한 매력이 있더라도 아직 허구의 프레임을 넘을 힘은 없다.

그러나 최근 유럽과 미국에서도 '싸우는 소녀의 섹슈얼리티' 내지는 '그려진 섹슈얼리티'를 의도한 것처럼 보이는 작품이 급속하게 증가하고 있다. 물론 내가 말하는 문맥에 해당하는 케이스는 아직 많지 않다. 그러나 후술할 〈배틀 체이서즈Battle Chasers〉 등과 같이 9세의 싸우는 소녀를 히로인으로 내세우고 그림체도 일본의 아니메에서 큰 영향을 받은 작품이 높은 인기를 얻게 된 사례가 있으며, 이러한 경향은 앞으로 더욱 강하게 나타날 것이라 예상된다. 지금부터 이 계열에 속하는 대표적인 작품을 살펴보도록 하자(특별한 언급이 없을 경우 모두 미국 작품이다). 다만 여러 관점에서의 중요 작품으로 일부 아마조네스 계열의 히로인도 거론해 두도록 한다.

일본에서도 인기가 높은 프랑스의 영화감독 뤽 베송은 〈니키타Nikita〉(1990), 〈레옹Leon〉(1994)이라는 두 작품에서 소녀와 총의 조합을 시험하고 있다. 전자는 스파이 조직에서 훈련받은 불량 소녀 '니키타'가 초일류 저격수로 활약하지만 동시에 이를 연인에게 알리지 못하는 갈등을 그리고 있다. 후에 미국에서 영화 〈니나Nina〉로 리메이크되었으며, 또한 TV 시리즈 〈니키타〉로도 방영되어 높은 인기를 끌었다. 〈레옹〉은 고독한 킬러와 그가 돌보는 소녀의 아련한 사랑 이야기이다. 부모 모두가 살해당한 소녀는 복수를 위해 총을 든다. 베송은 최근작 〈제5원소The Fifth Element〉(1997)에서도 우주에서 온 야성미 넘치는 미소녀를 이야기의 중심으로 두고 있다. 그녀는 DNA 합성으로 만들어진 심리적으로 공허한 존재이며, 그 모습은 전투미소녀물의 그것에 매우 가깝다. 이렇게 보면 베송이 최신작 〈잔 다르크Jeanne d'Arc〉(1999)까지 이르게 된 길이 전투미소녀라는 하나의 테마로 관통되어 있음을 잘 알 수 있다. 이 감독은 그렇게 멀지 않은 미래에 일본 아니메 작품의 실사화에 손을 대지 않을까.

1995년에 공개된 유나이티드 영화 〈탱크 걸〉(레이첼 텔럴레이

감독, 그림)은 영국 만화 작가 제이미 휴렛Jamie Hewlett과 앨런 마틴 Alan Martin의 원작을 영화로 만든 것이다. 1988년부터 잡지 『데드 라인Deadline』에 연재된 원작은 대중적으로 큰 인기를 얻었다. 영 화에서는 최후의 전쟁 후라 생각되는 사막의 세계에서 물에 대한 권리와 이익을 쥐고 있는 조직과 그 조직에게 연인을 살해당한 '탱크 걸', '제트 걸' 그리고 그녀들을 지원하는 캥거루 인간들의 싸움이 그려진다.

[그림 75] 〈탱크 걸〉(영화)

〈이온 플럭스Aeon Flux〉(그림)는 한국 태생의 작가 피터 정Peter Chung이 그린 동명의 스파이 액션 애니메이션의 히로인이다. 그 녀는 검은 전투복과 머신건을 갖추고 적을 자비 없이 사살하는 섹시한 히로인이다. 이 작품은 1991년에 MTV에서 방영되어 높 은 인기를 끌어 시리즈화되었다. 현재 이 작품은 비디오화되고 만화책과 비디오게임까지 발매되었다. 이 애니메이션은 일본제

리미티드 아니메[11] 방식의 독특한 생략을 통해 스피디한 움직임의
묘사를 시도한 작품으로 애니메이션 팬들 사이에서 화제가 되었
다. 기술적인 측면 외에도 미디어믹스적인 유통 전략 등, 곳곳에
서 일본으로부터의 영향을 찾아 볼 수 있다.

[그림 76] 〈이온 플럭스〉(TV 애니메이션)

〈버피 더 뱀파이어 슬레이어Buffy the Vampire Slayer〉(그림)는
일본의 쿠즈이葛井 부부[12]가 제작한 1992년 동명 영화의 리메이크
로, 1997년부터 미국의 WBN 계열에서 방영된 실사 드라마이다.

---

11   셀을 사용한 애니메이션에는 대략 디즈니 애니메이션 등과 같은 풀 애니메이션
과 일본제 아니메와 같은 리미티드 애니메이션이 있다. 풀 애니메이션이란 캐릭터뿐
만 아니라 배경의 인물과 풍경까지, 원칙적으로 움직이는 것은 모두 움직이게 하는 방
법이다. 리미티드 아니메에서는 캐릭터 등 움직이는 것만 움직이게 하고, 배경이나 중
요하지 않은 인물 등은 정지되어 있는 그림을 사용한다. 리미티드 아니메의 방법은 노
동력과 코스트를 삭감하기 위해 개발되었지만, 일본제 아니메는 이 제약을 거꾸로 이
용해 다양한 독자적 표현 방식을 개발했다고 논해진다.

12   쿠즈이 카즈亮葛井克亮와 프랜 루벨 쿠즈이Fran Rubel Kuzui 부부로 구성된 제작
집단.—옮긴이

영화는 그다지 히트하지 못했으나 이 TV 시리즈는 매우 인기가 높았으며 2000년에도 방영 중에 있다. 흔한 여고생 '버피'는 어느 날 갑자기 나타난 수수께끼의 남자에게 그녀가 뱀파이어 슬레이어로 선택되었다는 이야기를 듣게 된다. 그녀는 슬레이어로서의 훈련을 거쳐 지구를 구하기 위해 뱀파이어를 퇴치하게 된다. 보통의 여고생이 갑자기 이세계의 트러블에 휘말려 예기치 않게 전투를 하게 된다는 이야기의 틀은, 계열적으로 이세계 소환 계열과 헌터 계열의 혼합으로 볼 수 있다. 히로인은 'Valley Girl'(유복한 가정에서 태어나 놀기 좋아하고 유행을 잘 아는 10대 소녀)이라는 설정으로, 강함보다는 가련함이 강조되어 묘사되고 있다.

[그림 77] 〈버피 더 뱀파이어 슬레이어〉(TV 드라마)

〈지나: 워리어 프린세스Xena: Warrior Princess〉(그림)는 1995년부터 MCA계열에서 방영되어 히트한 실사 드라마이다. 이전 불량배를 거느리고 그리스를 휩쓸었던 여전사 '지나'가 자신의 죄를 뉘우치고 종자 '가브리엘'과 함께 변방의 괴물을 퇴치한다는 내용이다. 히로인이 레즈비언으로 설정되어 있는 등, 다양한 의미에서 특이한 작품이다.

[그림 78] 〈지나: 워리어 프린세스〉(TV 드라마)

1995년 크루세이드 엔터테인먼트Crusade Entertainment에서 출판된 윌리엄 투치William Tucci 원작의 만화 〈死(Shi)〉(그림) 시리즈는 일본 전국시대를 무대로 하는 만화 작품으로, 엔랴쿠지延歷寺의 승병 조직에서 추방된 히로인 '이시카와 아나Ishikawa Ana'가 살해당한 아버지와 오빠의 복수를 위해 적대적인 무가武家 조직과 싸운다. 설정이 일본으로 되어 있는 것뿐만 아니라 그림체도 일부 일본 아니메 작품에서 큰 영향을 받았음을 알 수 있다. 〈가부키 Kabuki〉(그림)는 1997년 이미지 코믹스Image Comics에서 출판된 데이비드 맥David Mack의 만화이다. 일본의 권력 구조를 유지하기 위해 암약하는 비밀조직 'Noh(能?)', 그리고 조직에서는 코드네임 '가부키'로 불리는 히로인 '우키코Ukiko'의 싸움을 그리고 있다.

작가의 인터뷰에 따르면 자신과는 다른 성을 가진 주인공을 다른 문화 속에서 그림으로써 보편적인 테마에 다가가려 했던 작품이라고 한다. 그러나 이 두 작품 모두 한눈에 알 수 있는 바와 같이, 다형도착적인 테마를 투영하기 위해 일본적인 콘텍스트를 사용하고 있다. 그곳에는 오리엔탈리즘으로서의 '일본 문화'가 판타지성을 강조하기 위한 지표로 사용되고 있을 뿐이다.

[그림 79] 〈死(Shi)〉(만화)

[그림 80] 〈가부키〉(만화)

1997년에 톱 카우 프로덕션Top Cow Productions에서 출판된 마크 실베스트리Marc Silvestri 원작의 작품 〈위치블레이드Witchblade〉(그림)는, 뉴욕 시경 살인과 형사 '사라 페치니Sara Pezzini'가 사건을 조사하던 중 고대로부터 전승된 신비한 글러브 '위치블레이드'의 소유자로 선택되고 그 강대한 힘으로 범죄와 싸우게 된다. 갈등하면서 싸우는 섹시 여전사는 높은 인기를 모았으며, 현재 코믹 히로인 인기투표에서 사라는 베스트 10의 단골이 되었다.

[그림 81] 〈위치블레이드Witchblade〉(만화)

미국의 에이도스사Eidos Interactive[13]가 1997년에 개발한 고대 유적을 무대로 하는 3D 어드벤처 게임 〈툼 레이더Tomb Raider〉에서는 히로인 '라라 크로프르Lara Croft'(그림)가 화제에 올랐다. 미국의 게임 히로인 인기투표에는 그때까지 일본산 히로인이 항상 상위를 독점하고 있었는데, 라라는 처음으로 인기투표에서 1위를 한 미국산 히로인이 되었다. 뿐만 아니라 그녀는 패션 잡지의 표지를 장식했으며 영화화가 기획되었고 팬이 이 게임의 포르노 버전을 무료 소프트로 배포하는 등 그 인기는 이상할 정도로 높았

13 1997년 당시 에이도스사의 본부는 영국에 있었다. 이는 사이토의 착오로 생각된다.—옮긴이

다고 한다.[14] 이 작품의 섹슈얼리티 표현은 잘 드러나지 않으나, 유럽과 미국의 팬이 처음으로 열광했던 버추얼 히로인의 한 사람으로 기억될 것이다.

[그림 82] 〈툼 레이더〉(게임)

1998년, 클리프 행어 코믹스Cliffhanger Comic가 발매한 〈배틀 체이서Battle Chaser〉(그림)는 내가 알고 있는 한 유럽과 미국에서 처음으로 나타난 본격적인 전투미소녀 작품이다. 예전 〈X-MEN〉 시리즈 작가 중 한 사람이었던 조 마두레이라Joe Madureira가 만든 이 작품에는 불과 아홉 살의 싸우는 소녀가 등장한다. 이야기는 아

---

14   아베 히로키阿部広樹, 「외국인에 의한, 외국인을 위한 '모에' 캐릭터. 그것이 그녀다外人による、外人のための " 萌え " キャラ。それが彼女だ」, 『별책 보물섬 421 공상미소녀 대백과別冊宝島421 空想美少女大百科』, 宝島社, 1999.

버지가 남긴 〈던전&드래곤Dungeons & Dragons〉풍의 판타지 세계로, 우연히 만난 5명의 주인공이 하나의 집단으로서 악과 싸운다는 이야기이다. 그룹에서 가장 중요한 인물은 아버지가 남긴 마법의 글러브(〈위치블레이드〉와 공통의 아이템)를 다루는 아홉 살 소녀 '걸리Gully'이다. 그녀는 또 한 사람의 여전사 '모니카Monika'(그림), 검의 달인, 마법사, 요술 로봇과의 다섯 명이 팀이 되어 공격해 오는 적과 맞서 싸운다.

[그림 83] 〈배틀 체이서〉
(만화)

[그림 84] 〈배틀 체이서〉(만화)

한눈에 알 수 있는 것처럼, 그림체에 일본 아니메 작품의 짙은 영향이 발견된다. 보통의 아니메, 코믹과 비교해 볼 때 이 작품은 눈동자를 크게 그려 표정도 알기 쉽다. 특히 머리카락의 묘사는 종래의 미국 만화와는 결정적으로 달라 여실히 일본 아니메 그림체를 그대로 따라하고 있음을 알 수 있다. 머리카락을 덩어리의 매스로 그리는 것이 아니라 강하고 부드러운 섬유 다발의 집합체로 그리고 있기 때문이다. 이것은 분명 만화가 후지시마 코스케가 개발했다고 여겨지는 기법이다. 또 광대뼈 위에 그어진 빗금 묘사—아마 광대의 홍조를 의미하는—도 종래의 미국 만화에서는 거의 볼 수 없었던 아니메적인 묘사이다. 물론 히로인의 섹슈얼리티도 충분히 배려되어 있으며, 미소녀와 메카닉의 조화에 대해서도 미국 만화의 독특한 해석이 이루어진 매력적인 작품이다. 이 작품은 팬들의 지지도가 매우 높으며, 몇몇의 비공식 홈페이지도 만들어져 있다. RPG적으로 스토리가 전개되어 있기 때문이기도 하지만, 팬 또한 캐릭터를 이용해 다양한 스토리(FanFic이라 불린다)를 발표하고 있는데, 이 점은 일본의 SS(42페이지 참조) 문화와 통하는 점이 있는 듯하다.

[그림 85] 〈데인저 걸〉(만화)

클리프 행어 코믹스는 다른 전투미소녀물도 출판하고 있는데, 이 장르에서는 나름대로 높은 평가를 받고 있는 출판사인 것으로 보인다. 앤디 하트넬Andy Hartnell과 스콧 캠벨Scott Campbell이 제작한 1998년 작품 〈데인저 걸Danger Girl〉(그림)은 미스테리어스한 세 명의 비밀요원이 악과 싸우는 이야기로, 여기에서도 적게나마 그림체에서 일본 만화로부터의 영향을 볼 수 있다.

여기까지의 논의를 통해 분명해진 것처럼, 해외의 '전투미소녀'풍 작품은 1990년대 후반에 들어와서 급증하고 있다. 다시 한번 강조해 두지만, 〈배틀 체이서〉와 같은 작품이 메이저에 출현했다는 것은 이러한 동향을 상징하는 의미에서도 획기적인 사건이다. 아마 이러한 종류의 작품은 이후에도 계속해서 증가할 것이라 예상된다.

일본의 직접적인 영향은 물론 무시할 수 없다고 해도, 이러한 경향은 반쯤 필연적인 것은 아닐까. 즉 그곳에는 미디어 환경의 발달과 섹슈얼리티의 문제로서 일반화할 수 있는 어떠한 상호작용 관계가 존재하는 것이 아닐까. 만약 그렇다면 전투미소녀의 존재는 일본만의 특수한 이콘으로서의 가치에 한정되지 않는 일반성을 얻게 될 것이다. 적어도 나는 다음 장에서 그녀들을 그러한 시점에서 기술하려고 한다.

연대 계열명	1960년대	1970년대	1980년대	1990년대
홍일점 계열	만화 〈사이보그 009〉(1964) TV 아니메 〈울트라 세븐〉(1967)	TV 아니메 〈독수리 오형제〉(1972) TV 아니메 〈우주전함 야마토〉(1974) TV 아니메 〈타임보칸〉(1975) TV 드라마 〈비밀전대 고레인저〉(1975) TV 아니메 〈기동전사 건담〉(1975) TV 아니메 〈미래소년 코난〉(1978) 극장 아니메 〈은하철도 999〉(1979)	TV 아니메 〈전설거신 이데온〉(1980) TV 아니메 〈초시공요새 마크로스〉(1982) 만화 〈AKIRA〉(1982) 극장 아니메 〈환마대전〉(1983) 실사 TV 〈우주형사 샤이다〉(1984) OV 〈지구방위소녀 이코짱〉(1987) 극장 아니메 〈기동경찰 패트레이버〉(1989)	전대물, 거대 로봇물 등 다수
마법소녀 계열	TV 아니메 〈요술공주 샐리〉(1966) TV 아니메 〈비밀의 아코짱〉(1969)		TV 아니메 〈요술공주 밍키〉(1982) TV 아니메 〈크리미 마미〉(1983) TV 아니메 〈에스퍼 마미〉(1987) 극장 아니메 〈마녀배달부 키키〉(1989)	TV 아니메 〈빨간망토 차차〉(1994) TV 아니메 〈리리카 SOS〉(1995) TV 아니메 〈마법소녀 프리티 사미〉(1996) OVA 〈마법을 쓰고 싶어!〉(1996) TV 아니메 〈카드캡터 사쿠라〉(1998)
변신소녀 계열	TV 아니메 〈파맨〉(1967)	TV 아니메 〈신비한 메르모〉(1971) TV 아니메 〈좋아! 좋아! 마법선생〉(1971) TV 아니메 〈큐티 하니〉(1973) 만화 〈겟코가면〉나가이 고 (1974)		TV 드라마 〈미소녀가면 포와트린〉(1990) TV 드라마 〈유언실행세 자매 슈슈트리안〉(1993)

연대 / 계열명	1960년대	1970년대	1980년대	1990년대
팀 계열	만화 〈009의 1〉 (1967)		만화 〈캣츠 아이〉 (1981) TV 드라마 〈초시공기단 서던크로스〉(1984) TV 드라마 〈더티 페어〉(1985) OVA 〈메가존 23〉 (1985) OVA 〈프로젝트 A코〉 (1986) 만화 〈체포하겠어〉 (1986) OVA 〈갈 포스〉 (1986) OVA 〈버블검 크라이시스〉(1987) 만화 〈사일런트 뫼비우스〉(1988)	만화 〈건 스미스 캣츠〉(1991)
스포츠 근성 계열	만화 〈사인은 V!〉 (1968) 만화 〈어택 No.1〉 (1968)	TV 아니메 〈에이스를 노려라〉(1973) TV 아니메 〈야구광의 시〉(1977)	만화 〈YAWARA!〉 (1986)	만화 〈나츠키 크라이시스〉(1990) 게임 〈스트리트 파이터 II〉(1991) 게임 〈버추어 파이터 2〉(1995) OVA 〈대운동〉(1996) TV 드라마 〈프린세스 나인〉(1998)
다카라 즈카 계열 (복장 도착 계열에 포함)	TV 아니메 〈리본의 기사〉(1967)	TV 아니메 〈라 셰느의 별〉(1975) TV 아니메 〈베르사이유의 장미〉(1979)		TV 아니메 〈소녀 혁명 우테나〉(1997)

연대 계열명	1960년대	1970년대	1980년대	1990년대
복장 도착 계열	만화 〈파렴치 학원〉 (1968)	여자 프로레슬링 붐 (1977)	영화 〈세라복과 기관 총〉(1981) 만화 〈쿠루쿠루 쿠링〉 (1982) 만화 〈스톱! 히바리 군〉(1982) TV 드라마 〈스케반 형사〉(1985) 만화 〈꽃의 아스카 조 직〉(1985) 영화 〈V 마돈나 대전 쟁〉(1985) 만화 〈란마 1/2〉 (1987) TV 아니메 〈란마 1/2〉 (1989)	TV 아니메 〈날아라! 이사미〉(1995) OVA 〈철완 버디〉 (1996)
헌터 계열	만화 〈바바렐라〉 (1967) 만화 〈루팡 3세〉 (1967)	만화 〈에코에코 아자 락〉(1975) 영화 〈에일리언〉 (1979)	OVA 〈드림 헌터 레이 무〉(1985) 만화 〈애플 시드〉 (1985) 만화 〈BASTARD!!〉 (1987) OVA 〈흡혈희 미유〉 (1988)	만화 〈BASARA〉 (1990) OV 〈제이람〉(1991) OVA 〈마물헌터 요코〉 (1991) TV 아니메 〈고스트 스위퍼〉(1993) TV 아니메 〈슬레이어 즈〉(1995) 극장 아니메 〈GHOST IN THE SHELL 공각 기동대〉(1995) 게임 〈툼 레이더〉 (1997) OVA 〈Aika〉(1997) TV 아니메 〈하이퍼 폴리스〉(1997)

연대 계열명	1960년대	1970년대	1980년대	1990년대
동거 계열		만화 〈시끌별 녀석들〉 (1978)	만화 〈3×3 EYES〉 (1987)	만화 〈전영소녀〉 (1990) OVA 〈천지무용! 양황귀〉(1992) TV 아니메 〈세이버 마리오네트 J〉(1996) TV 아니메 〈지켜줘 수호월천!〉(1998)
피그 말리온 계열			만화 〈닥터 슬럼프〉 (1980) TV 아니메 〈나나코 SOS〉(1982)	만화 〈총몽 GUNNM〉(1991) OVA 〈만능문화묘랑〉 (1992) 만화 〈로보포스 철갑무적 마리아〉(1993) 만화 〈아즈미〉(1994) TV 아니메 〈Serial Experiments Lain〉 (1998)
무녀 계열	극장 아니메 〈태양의 왕자 호루스의 대모험〉 (1968)		만화 〈동몽〉(1980) 극장 아니메 〈바람계곡의 나우시카〉(1984)	대전격투게임 〈사무라이 스피릿츠〉(1993) 만화 〈잔느〉(1995) 극장 아니메 〈모노노케 히메〉(1997) 영화 〈잔 다르크〉 (1999)
이세계 계열			OVA 〈환몽전기 레다〉 (1985)	TV 아니메 〈마법기사 레이어스〉(1994) TV 아니메 〈환상게임〉(1995) TV 아니메 〈천공의 에스카플로네〉(1996)

연대 계열명	1960년대	1970년대	1980년대	1990년대
혼합 계열			OVA 〈톱을 노려라!〉 (1988)	TV 아니메 〈미소녀전사 세일러 문〉(1992) TV 아니메 〈웨딩 피치〉(1995) TV 아니메 〈신세기 에반게리온〉(1995) 게임 〈사쿠라 대전〉(1996) TV 아니메 〈기동전함 나데시코〉(1996)

[참고문헌]

『아니메 LD 대전집アニメLD大全集』, メタモル出版, 1997.

『영화비보 8호: 섹시 다이나마이트 맹폭격映画秘宝8号 セクシー・ダイナマイト猛爆撃』, 洋泉社, 1997.

오카다 도시오, 『오타쿠학 입문オタク学入門』, 太田出版, 1996.

오카다 도시오 편, 『국제 오타쿠 대학国際おたく大学』, 光文社, 1998.

『호기심 북 23호: 80년대 아니메 대전好奇心ブック23号 80年代のアニメ大全』, 双葉社, 1998.

사이토 타마키, 『문맥병—라캉/베이트슨/마투라나文脈病ーラカン/ベイトソン/マトゥラーナ』, 青土社, 1998.

『슈퍼 히로인 화보スーパーヒロイン画報』, 竹書房, 1998.

『초인 화보超人画報』, 竹書房, 1995.

『동화왕 2권 슈퍼 마녀대전動画王二巻　スーパー魔女っ子大戦』, キネマ旬報社, 1997.

『일본 만화가 세계에서 대단해!日本漫画が世界ですごい！』, たちばな出版, 1997.

『별책 보물섬 293: 이 아니메가 대단해!別冊宝島293: このアニメがすごい！』, 宝島社, 1997.

『별책 보물섬 316: 일본 최고의 만화를 찾아라!別冊宝島316: 日本一のマンガを探せ！』, 宝島社, 1997.

『별책 보물섬 330: 아니메를 보는 방법이 바뀌는 책別冊宝島330: アニメの見方が変わる本』, 宝島社, 1997.

『별책 보물섬 347: 1980년 대백과別冊宝島347: 1980年大百科』, 宝島社, 1997.

『별책 보물섬 349: 공상미소녀 독본別冊宝島349: 空想美少女読本』, 宝島社, 1997.

『별책 보물섬 421: 공상미소녀 대백과別冊宝島421: 空想美少女大百科』, 宝島社, 1999.

『팝 컬처 크리틱 2: 소녀들의 전력ポップ・カルチャー・クリティーク2　少女たちの戦歴』, 青弓社, 1998.

「로리타의 시대ロリータの時代」, 『보물섬 30宝島30』 제2권 9호, 宝島社, 1994.

제6장
펠릭 걸즈가 생성되다

제6장
팰릭 걸즈Phallic girls가 생성되다

생성 공간의 특이성

이 장에서는 드디어 전투미소녀들이 어떻게 하여 '생성'되는 가라는 과정에 초점을 맞추어 보도록 한다. '그녀'들은 어디에서 오는 것일까. 이 질문은 그대로 그녀들이 자라온 장소, 그 '환경'의 특수성에 대한 질문과 겹칠 것이다. 환경, 즉 만화와 아니메라는 '미디어 공간'의 특이성으로 말이다.

동시에 이미 몇 번인가 지적했던 바와 같이 그녀들을 키운 최대의 공동체가 '오타쿠'라는 것을 잊지 말도록 하자. 특수한 미디어 공간이 오타쿠라는, 마찬가지로 특수한 공동체의 수요로 인해 성립되어 왔다는 사실. 그 수요가 있음으로 인해 전투미소녀들의 존재는 확고해진다. 우리는 먼저 이러한 '장소'의 특이성에서부터 검토를 시작해 보도록 하자.

여기서는 몇몇 기본적인 항목을 확인해야 한다. 먼저 "상상적 공간은 기본적으로 '도착'과 친화성이 높다"는 것이다. 이는 정신분석의 입장에서 볼 때 이미 자명한 사실이다. 무엇보다 그것을 지적하는 방법에는 몇 가지 방식이 있다.[1] 나는 여기서 매우 단순하게, 상상계가 나르시시즘적인 원리에 지배되고 있는 이상 그것이 다형도착성을 띠는 것은 자연스러운 것이라는 해석을 따르기로 한다.

또 영화, TV나 만화, 아니메 등 대중적인 허구 표현은 어떤 것이든 비교적 단순한 욕망의 원리에 의해 지탱된다는 사실도 확인해 두도록 한다. 욕망의 원리란, 즉 섹스&바이올런스—로맨스&어드벤처도 마찬가지지만—의 원리이다. 증명은 다음의 두 가지 인용으로 충분할 것이다. 예를 들면 고다르는 "여자와 총이 있으면 영화를 만들 수 있다"고 조금은 빈정거리는 투로 단언한다. 또 내가 신뢰해 마지않는 영화 비평가 중 한 명인 폴린 카엘 Pauline Kael은 "Kiss Kiss Bang Bang"이라는 표현을 "여기에 영화의 모든 것이 있다"며 자신의 책 타이틀로 사용하고 있다.

---

1   마쓰우라 히사키松浦寿輝 씨가 지적했던 것과 같이, '이미지'는 '리얼'하고 '우발적'이며 '도착적'이라는 것이 요건이다(「전자적 리얼리즘電子的レアリズム」, 『Inter Communication』 10 3권 4호, 1994). 그는 '이미지'가 욕망의 소비를 지연시키며 교란시키는 것인 이상, 그것은 필연적으로 도착적인 것이라고 이야기한다. 다만 나는 이에 이은 주장, 즉 전자적 리얼리즘이 '직접성'으로 인해 이러한 도착과는 배치되는 개념이라는 지적—그것도 〈쥬라기 공원〉을 예로 들었던—에는 매우 회의적이다. CG 묘사는 이미 싫증이 났기도 하고 그 표현력은 만화가 가지는 '직접성'에조차 못 미친다.

일부러 이러한 기본적 사항을 확인하는 것에는 이유가 있다. 전투미소녀라는 표상물이 마치 '섹스&바이올런스'의 단축형으로서 이 '축소지향'의 국민성에 잘 맞았기 때문이라는 식의 나이브한 해석을 막기 위해서이다. 이러한 해석은 그 나름대로 타당성을 가지는 것처럼 보이기 때문에 좋지 않다. 해석의 대상이 대중문화라고 하여 해석의 방법까지 대중적이어야만 할 필연성은 어디에도 없다. 여기서 확인된 것은 말할 필요도 없이 '해석' 이전의 전제에 지나지 않는다는 것을 한 번 더 강조해 두고자 한다.

그렇다면 '만화, 아니메 공간의 특이성'이란 어떠한 것인가. 나는 여기에서 몇 가지의 키워드를 중심으로 그것을 기술해 보고자 한다. 즉 '무시간無時間', '하이 콘텍스트', '다중 인격 공간' 등이 그것이다.

만화, 아니메의 '무시간성'

시각 표현 미디어는 각각의 미디어 고유의 '시간성'을 토대로 기능한다. 이러한 '시간성'의 대다수는 그것이 대중적 표현일 경우 그대로 '운동성'과 일치한다.[2]

---

2   들뢰즈의 『시네마』(Gilles Deleuze, *Cinema*, The Athlone Press, 1986-1989)에서 "image movement"와 "image temps"의 구분이 직접 연상되는데, 내가 여기서 다루는 문제는

모든 시각 표현에는 그 미디어 고유의 운동성이 각인되어 있다. 만화, 아니메, 영화 각각이 '운동' 표현을 위한 고유의 문법을 가지고 있다. 예를 들면 인물 사진을 만화의 컷과 같이 배열해도 결코 만화와 같은 효과를 줄 수는 없다. 오히려 리얼리티가 부족한 키치적인 감촉밖에 얻을 수 없다. 이는 사진 미디어 고유의 운동성이 만화라는 형식과 어긋나기 때문이다.

이러한 운동 표현의 기법에는 영화의 몽타주 같이 매크로한 것부터 만화의 스피드 선과 같은 미크로한 것이 있다. 이 기법이 충분히 활용된다면 그곳에 '운동의 리얼리티'가 발생한다. 아니메의 리얼리티는 사실적인 배경과 영화적 수법의 모방에 의해서가 아니라 아니메 고유의 운동성 아래 처음으로 발견된다. 그때 하나의 선으로 그려진 인물조차도 실사와 동등하거나 그 이상의 리얼리티를 얻을 수 있게 된다.[3] 여기에서는 이러한 운동 표현의 기법에 주목하면서 만화와 아니메의 '시간성'에 대해 검토해 보

거의 "image movement"의 영역에 한정될 것이다.(한국어 번역은 다음과 같다. 들뢰즈, 『시네마 1 운동-이미지』, 유진상 옮김, 서울: 시각과언어, 2002. 들뢰즈, 『시네마 2 시간-이미지』, 이정하 옮김, 서울: 시각과언어, 2005.—옮긴이)

3 요로 타케시養老孟司 씨에 따르면 뇌의 기능에는 '시각계'와 '청각-운동계'라는 두 가지 기능이 있다고 한다(요로 타케시, 『유뇌론唯腦論』, 靑土社, 1989). 이는 리얼리티 인식의 두 가지 계열로 이해할 수 있다. 시각계의 리얼리티가 무시간적인 인지 작용이라고 한다면, 청각-운동계의 리얼리티는 시간적 요소를 인지함으로써 성립한다. 구체적인 예로, 랜덤하게 점이 흩뿌려진 화면을 생각해 보자. 점이 정지해 있는 한 우리는 거기서 아무것도 읽을 수 없다. 그러나 혹 한 무리의 점이 아주 짧은 순간 움직인다면 어떨까. 그것만으로 우리는 그 점들이 (예를 들면) 인간의 동작을 모방하고 있다 이해할 것이다. 화상 정보로서는 극히 작은 용량에 지나지 않는 이 애니메이션에서 우리는 세밀한 정지 화상을 뛰어넘는 리얼리티를 느낄 수 있다. 바꾸어 말하면 '운동'이 표현될 때 우리는 그것을 느낄 수밖에 없다.

도록 한다.

만화의 시간성에 대해서 생각할 때, 예컨대 이시노모리 쇼타로와 나가이 고를 대립시켜 본다면 나름대로 의미가 있을 것이다. 두 사람의 시간 묘사는 매우 대조적으로 보이기 때문이다. 그것은 한 마디로 '영화적 시간'과 '극화적 시간'이라는 대립이다.

영화 평론가 가토 미키로加藤幹郎 씨[4]도 지적하는 바와 같이 이시노모리는 만화의 시간 묘사를 매우 세련되게 바꾸었다. 그것은 만화 고유의 문법으로서 특권화되었으며 한층 세련되어 지는 과정을 거쳐 오오토모 가츠히로와 같은 이들의 작품으로 전수되었다. 여기에서는 확실히 영화로부터의 영향을 발견할 수 있다(이시노모리는 상당한 서양 영화 팬이기도 했다). 그는 아마 데즈카 오사무가 그랬던 것 이상으로 영화적 표현을 의도하고 있다. 이에 비해 나가이 고는 보다 만화 고유의 위치에서, 굳이 말하자면 반反영화적인 포지션에서 그림을 그리고 있다. 이 점도 전투미소녀가 생성되는 과정에 깊게 관여되기 때문에 일정 정도 상세하게 검토해 보도록 한다.

이시노모리의 작품에서 시간은 대체로 일정한 속도로—묘한 표현이지만—흘러가고 있다. 이시노모리의 작품에서 친숙한 대화의 '사이' 묘사야말로—그것은 예컨대 말풍선 내부의 대사와 말풍선 밖의 손으로 쓴 대사가 대립적으로 보여주는 시간성이다(그림)—이시노모리의 작품에서 흘러가는 시간의 '객관성' 혹은 '간

---

4   加藤幹郎, 『사랑과 우연의 수사학愛と偶然の修辞学』, 勁草書房, 1990

주관성'을 유지한다. 보다 크로노스적인, 즉 계측된 시간에 보다 가까운, 막힘없이 흐르는 직선적이고 평행한 시간성이다.

[그림 1] 이시노모리 쇼타로 〈사이보그 009〉

　한편 나가이 고의 작품에서는 아예 시간이 흐르지 않는다. 시간은 독자의 주관에 따라 신축적으로 변화한다. 무겁고 박력 있는 순간은 커다란 컷과 많은 페이지가 할애되어 묘사된다(그림). 이시노모리가 거의 사용하지 않았던 이러한 시간 묘사야말로 일본의 만화 기법을 단적으로 특징지어 주는 것이다. 예를 들면 이시노모리의 작품(〈가면 라이더〉 혹은 전대물)은 아니메가 아니라 실사 드라마화되는 경우가 매우 많다. 이는 아니메화되는 경우가 압도적으로 많았던 나가이 고의 작품과 흥미로운 대조를 이룬다. 이러한 차이에는 물론 업계 내부의 사정도 얽혀 있긴 하나, 그것만이 이유라고는 생각하기 어렵다. 그렇다. 분명히 나가이 고의 작품은 아니메에 친화성이 높다. 단적으로 말해서 아니메가 만화로부터 계승한 것, 그중 하나가 나가이 고의 작품에 대표적으로 나타나는 '무시간'성이다.

[그림 2] 나가이 고 〈데빌맨〉

나는 이전에 미야자키 하야오의 작품을 논할 때 이러한 무시간성에 대해 비판적으로 논한 바 있다.[5] 아래에 거기에 쓴 것을 토대로 만화, 아니메의 무시간성에 대해 검토해 보도록 한다.

미야자키 자신이 지적하는 바와 같이, '아니메'는 애초에 만

5   사이토 타마키, 「'운동'의 윤리 '運動'の倫理」, 『문맥병文脈病』 수록, 青土社, 1998.

화의 의붓자식이었다. 예를 들면 '아니메'에서는 종종 만화의 수법이 그대로 전용된다. 전형적으로는 이른바 '만화 기호(©타케쿠마 켄타로竹熊健太郎)'[6]를 사용하는 것이 거론되는데(그림), 아니메의 무시간성 또한 만화에서 유래된 것이다. 미야자키는 이러한 아니메의 무시간성을 야담의 시간에 빗대고 있다. 그곳에서는 시간과 공간이 주인공의 정념과 박력을 표현하기 위해 현저하게 왜곡, 과장된다. 예를 들면 야담 「관영삼마술寛永三馬術」에서 마가키 헤이쿠로曲垣平九郎가 말馬로 석단을 오를 때의 이야기에서 계속 이어지는 묘사. 이러한 특권적 순간을 무한히 지연시키는 것이 야담적인 무시간이다. 미야자키는 이런 종류의 묘사를 심하게 피하고 있다.

[그림 3] 아니메에서 만화 기호의 사용례
(《꼬마마법사 레미おジャ魔女どれみ》)

6   원문은 '만부漫符'. 번역어는 김일태 외, 『만화 애니메이션 사전 ─ 만화편』, 부천: 부천만화정보센터, 2008을 참조하였다.─옮긴이

이러한 기법은 카지와라 잇키의 작품 등에서 주로 극화의 형태로 많이 쓰인 바 있다. 가장 극단적인 예로 알려진 것은 나카지마 노리히로中島德博의 만화 〈아스트로 구단アストロ球団〉(그림)이다. 이 작품의 클라이맥스인 아스트로 구단 대 빅토리 구단의 시합은 약 3년이 걸렸으며, 단행본으로 약 2천 페이지를 할애하여 묘사되었다. 마이너한 전위적 작품의 이야기가 아니다. 『소년 점프』라는 매우 메이저한 매체에서 이러한 전대미문의 실험이 이루어졌으며, 독자는 쓴웃음을 지으면서도 그것을 받아들였던 것이다.

[그림 4] 나카지마 노리히로 〈아스트로 구단〉

만화, 아니메의 미디어 공간은 명백하게 무시간성을 지향하고 있다. 많은 스포츠 만화 중 반쯤은 필연적으로 이러한 묘사를 시도할 수밖에 없다. 투수의 손을 떠난 공이 포수의 미트로 들어

갈 때까지의 시간, 장거리 주자가 도착 지점 직전에 스퍼트를 올리는 시간, 복싱 1라운드에 서로 난타전을 벌일 때의 시간, 이들은 찰나의 시간에 지나지 않는데 어떻게 그렇게 많은 말들을 '실황'할 수 있는 것인가. 장면의 박력은 묘사에 소비되는 시간과 대사의 밀도에 비례하여 한없이 높아진다. 이러한 기법은 만화, 아니 메라는 표현에서 가장 효과적으로 사용되어 왔다. 영화는 물론, 소설에서도 무시간성을 이만큼 위화감 없이 담아내는 표현 수단은 없다. 이 점은 후술할 '일본적 공간'의 특이성의 하나로 볼 수 있을 것이다.

물론 이마지네르(imaginaire, 상상적)한 것, 즉 상상과 공상의 영역은 원래 무시간적이다. 예를 들면 그곳에서는 죽은 사람이 결코 나이를 먹지 않는다. 다만 그것은 프로이트가 상정한 '무의식의 무시간'과는 분명 이질적인 것이다. 무의식은 본질적으로 무시간적이지만 상상계는 정확하게는 무시간성을 지향하는 것에 지나지 않기 때문이다. 그렇다. 상상에서는 종종 '체험의 무한성'이 지향되며, 특권적 순간에 대한 탐욕이 일어난다.

정신과 의사 나카이 히사오中井久夫 씨는 조현병에 관한 논문에서 크로노스의 시간과 카이로스의 시간과의 구별에 대해 서술하고 있다.[7] 크로노스란 그리스 신화에 등장하는 '시간의 신'으로

---

7   나카이 히사오, 「정신분열증의 경감 과정에서 비언어적 접근법의 적용 결정精神分裂病の寛解過程における非言語的接近法の適応決定」, 『나카이 히사오 저작집 제1권 분열증中井久夫著作集第一巻分裂病』, 岩崎学術出版社, 1984.

제우스의 아버지이다. 크로노스의 시간이란 시계로 계측할 수 있는 물리적 시간을 의미한다. 한편 카이로스란 '적시適時'라 번역되는 그리스어로, 여기서는 인간적 시간을 가리키고 있다. 지루한 수업이 영원처럼 길게 느껴지거나 연인과 보내는 시간이 눈 깜짝할 새에 지나가 버리는 것은 우리가 카이로스적 상태에서 시간을 경험하기 때문이다. 나카이 씨는 분열증의 어느 시기에 '카이로스적 시간이 붕괴되고 크로노스적 시간이 도래'하는 상태를 거친다고 한다. 그렇다면 그 반대의 상황도 일어날 수 있지 않을까. 즉 '크로노스의 시간이 후퇴하고 카이로스적 시간을 향한 무제한적인 몰입이 일어난다'는 것. 예컨대 경계선 인격 장애나 히스테리에서는 명백히 카이로스적 시간이 우위를 점하고 있다. 그곳에는 종종 체험되는 시간이 나르시시즘적인 '지금 여기'의 성격을 띤다.

아니메와 만화가 무시간성을 지향하는, 즉 크로노스적 시간을 억압하는 방법에는 이외에도 몇 가지의 형식이 있다. 나이를 알 수 없는 〈사자에상サザエさん〉이나 〈도라에몽ドラえもん〉 등과 같이 어떤 설정 속에서 무시간적인 스토리가 순환하는 경우. 혹은 『소년 점프』 등을 경유하여 아니메가 취한 '토너먼트 형식'의 기법 또한 무한 음계적 무시간성이다. 끝없이 강해지는 적의 계열은 시간의 경과를 위장하면서 순환적 무시간을 도입하기 위한 수단에 지나지 않는다. 그 외에도 아니메에는 '성우'의 문제도 있다. 예를 들면 성우가 불노불사의 존재라는 것. 이는 무엇을 말하는

것일까. 그들은 종종 나이를 알 수 없으며 소년 캐릭터를 잘 소화하는 성우는 몇 년이 지나도 소년 역할을 계속 연기할 것이다. 또루팡을 연기한 성우 야마다 야스오山田康雄, 사후에는 쿠리타 칸이치栗田貫一가 클론으로서 그 대를 이은 것과 같이 성우는 불사신이어야 한다.

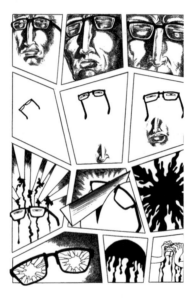

[그림 5] 데즈카 오사무 〈키리히토 찬가きりひと 讃歌〉

이러한 의미에서 만화, 아니메에 그려진 시간은 카이로스적 시간이라 할 수 있을 것이다. 이 기법을 개발한 '공적'은 역시 데즈카 오사무에 있다고 생각된다. 데즈카 이전과 이후 가장 결정적으로 만화를 변질시킨 것, 그것이야말로 카이로스적 시간의 도입이 아니었을까. 예를 들면 주인공의 주관적 갈등을 대사나 설명을 거치지 않고 컷 분할만으로 표현하려 했을 때(그림), 그곳에는 이미 카이로스적 시간이 흐르기 시작한다.

이리하여 야담에서 만화, 아니메에 이르기까지 일본 대중문화의 카이로스적 시간의 기법은 특이한 기본 문법으로서 계승되어 왔다. 이 기법 없이 일본 만화, 혹은 아니메가 돌출되게 융성한 것을 이해하기란 힘든 일이다.

예를 들면 전위적인 아메리칸 코믹스조차도 일본 만화와 비교하자면 결정적으로 '늦다'. 이 '늦음'이야말로 미국 만화의 한계이며, 도저히 영화를 뛰어넘을 수 없는 원인 중 하나이다. 그렇다면 왜 미국 만화는 '늦는' 것일까.

작화가 너무 치밀하기 때문에? 분명 〈헤비 메탈Heavy Metal〉과 같은 코믹 작품은 사실적인 세밀함으로 그려져 있어 건너뛰면서 보기 힘든 면이 있음을 부정할 수 없다. 그러나 일본에서도 아라키 히로히코나 하라 테츠오原哲夫 등과 같이 중후한 그림체로 다른 것을 압도하는 작가도 적지 않다. 그럼에도 불구하고 그들의 만화는 미국 만화와는 비교가 되지 않을 만큼 '빠르다'. 이는 왜일까.

미국 만화는 기본적으로는 영화적 수법에 충실하다. 즉 미국 만화는 크로노스적 시간을 전면적으로 도입하고 있다. 프레임마다 시간의 흐름은 어디까지나 균질하며, 정서적인 지연이나 과장은 최소한에 머문다. 인물의 주관은 항상 모놀로그로 기입되며 필요 이상으로 독자의 몰입을 요구하지 않는다. 이에 비해 일본 만화에는, 특히 데즈카 이후 카이로스적 시간이 도입됨으로써 한 순간의 사건을 고밀도로, 그것도 극히 자연스러운 방식으로 그리는 기법이 일반화되었다. 이 표현 기법은 그 후에도 발전적으로 이어져, 독자의 주관적 몰입을 강력히 이끌어내고 매우 **빠른 독해**가 가능하게끔 세련되어져 왔다. 이는 아마 표상 문화 사상 유례가 없는 것이다. 『카라마조프의 형제』의 4일간, 『율리시스』의 하루가 이와 같은 장편으로 그려졌다는 차원의 이야기가 아니다. 이들 문학작품에서 고밀도의 시간은 그 색인적이고 폴리포닉 Polyphonic한 이야기의 구조에서 유래하고 있다. 그리고 이들 '문학'에는 결정적으로 '속도'가 빠져 있다. '고밀도'와 '고속'의 양립이라는 역설적인 표현 기법이야말로 거의 만화와 아니메라는 미디어 공간의 고유의 성질이라 할 수 있을 것이다.

만화적 무시간성이란 '매우 빠르기 때문에 멈춰 있는 것처럼 보이는' 화면 효과나 다름없다. 그리고 이 '순간을 매우 다변적으로 그려 넣는' 기술이 가져오는 효과는 '무시간'에 한정되지 않는다. 나는 지금 이 기법이 우리에게 '속독'을 가능케 했다는 점을 지적했다. '순간을 다변적으로 그린다'는 것이 왜 '속독'으로 이어지는 것일까. 나는 여기에 만화 혹은 아니메에 가장 잘 나타나는 어떤 코드적인 특성을 지적해 보려 한다.

유니즌적인 동기화 공간

만화의 코드란 매우 독특한 것이다. 잘 알려진 바와 같이 만화의 코드 전달 수단은 도상과 말, 그리고 보조적으로는 의성, 의태 표현이라는 복수의 회로를 가진다. 또한 그 도상 표현도 심플한 것이 아니다. 배경은 세밀하게 그려도 되지만, 인물은 어디까지나 기호적 생략에 따라 그려져야만 한다. 이는 프레임마다 인물의 도상적 동일성을 유지하기 위해서도 필요한 것이다. 인물의 감정 또한 '기호적'으로 표현되어야 한다. 이것이 이른바 '만화 기호'이다. 움직임의 표현 등도 다양한 스피드 선으로 표현되기 때문에 이 역시도 기호적인 것이 된다. 내가 여기에서 '기호적'이라고 하는 것은 표현이 마치 단순한 코드로서 의미를 직접 전달하기에 그곳에 여러 해석의 여지가 거의 없다는 것을 의미한다.

어떤 만화의 한 컷을 손에 들고 자세히 관찰해 보도록 하자. 하나의 화면 속에도 복수의 다른 코드 계열이 동거하고 있음을 쉽게 발견할 수 있을 것이다. 먼저 우리는 '대사'를 읽으려고 할 것이다. 그러나 그 대사가 들어있는 '말풍선'도 형태에 따라 정서나 상황의 표현이 된다. 또 '인물의 표정', '만화 기호', '의성, 의태어', '스피드 선, 집중선' 등 열거하자면 매우 방대한 리스트가 될 '코드'의 계열이 만화의 표현을 떠받치고 있다. 오히려 만화에서는 '무의미'한 묘사가 있을 수 없다. 선도 컷 분할도, 그리고 여백이나 생략까지도 어떤 의미 전달에 기여하고 있다.[8] 일단 이 점에 주목한다면 우리가 어떻게 이러한 '코드'를 의식하지 않은 채 대량의 만화를 읽어 왔는가라는 사실에 놀랄 것이다. 이 정도로 복잡한 코드 계열이 왜 이만큼 자각되지 않은 채로, 그것도 정확하게 문법으로서 공유되었는가, 그것을 상세하게 되짚어 보는 것만으로도 하나의 흥미로운 표상 문화사를 쓸 수 있을 것이다. 그러나 지금은 걸음을 재촉하기로 한다.

만화의 다중적인 코드 계열에 대해서는 지금까지 논해 온 바와 같지만, 코드가 복수 내지는 다중적이라는 것만으로는 영화나 연극도 그렇지 않은가라는 지적이 있을 수 있다. 그렇다. 만화에서 특이한 것은 '코드의 다중성, 복수성'이 아니다. 중요한 것은 이들 다중적인 코드가 대체로 폴리포닉한 효과를 가져오지 않는다는 점이다. 그것들은 오히려 유니즌Unison적으로 작용한다.

이는 무슨 말일까. 즉 다중적인 코드가 존재한다 하더라도 그것은 단일한 의미, 단일한 정서를 표현하기 위한 것이다. 복수의 코드 계열은 그저 하나의 상황의 의미를 전달하기 위해 동기화된다. 그리고 그 동기가 정확하게 그리고 리드미컬하게 이루어질수록 우리는 보다 빠르게 만화를 읽게 된다. 속독은 '유니즌'의 효과이기도 하지만, 동시에 속독됨으로써 코드 전달은 쉽게 동기

---

8   이 수많은 코드에 주목하여 철저하게 체계로서 정리하려 했던 하나의 성과로서 『별책 보물섬 EX — 만화를 보는 법別冊宝島EX — マンガの読み方』(宝島社, 1995)을 거론해 두고자 한다.

화된다.

그리고 또 한 가지, 결정적으로 중요한 것은 여기서 논한 '코드'가 개별적으로는 매우 불완전한 계열이라는 점이다. 만화의 표현 속 어떠한 코드도 독립적으로 의미를 전달하는 것은 불가능하다. 대사나 그림만을 따라가도 충분한 의미가 전달되지 않는다. 그렇기 때문에 각각의 코드 계열은 상호 보완될 필요가 있다. 상보성이 충분하게 이루어짐으로써 처음으로 코드는 동기화되고 그곳에 유니즌적인 효과가 발생하는 것이다.

그 결과, 만화 공간은 과도하게 의미 부여된 중복성Redundancy 높은 표현 공간으로 기능하게 된다. 이와 관련된 현상으로 최근 급속히 보급된 불쾌한 기술, TV 방송에 빈번하게 붙는 텔롭(Telop; 방영 중에 투사, 삽입되는 글자나 사진—옮긴이)이 있다. 버라이어티 방송 등에서는 출연자의 발언이 텔롭으로 반복해서 강조되거나 합성된 것 같은 '스태프의 웃음'이 겹쳐진다. 이 또한 복수의 코드를 유니즌적으로 부여함으로써 시청자에게 '웃는 행위' 이외의 반응을 막아버리는 기술이다. 이러한 일련의 변화를 두고 'TV가 만화에 가까워졌'고 하는 지적도 있다. 그러나 나는 오히려 이러한 장황한 표현에 대한 우리 자신의 문화적 기호에 대해 생각해 보고자 한다.

일본 만화에 관한 책을 쓰기도 한 프레드릭 쇼트Frederik Schodt[9] 에 따르면, 문자와 그림이라는 이중적 표현에 대한 취향은

---

9   프레드릭 쇼트, 『일본만화론ニッポンマンガ論』, 히구치 아야코樋口あやこ 역, マール社, 1998. (한국어 번역은 프레드릭 L. 쇼트, 『이것이 일본 만화다—망가, 그 겉 이야기와 속 이야기, 예술로서 만화보기 1』, 김장호, 박성식 옮김, 서울: 다섯수레, 1999.)

에도시대의 황표지본黃表紙本[10]에 그 기원이 있다고 추정된다. 물론 이 지적의 타당성에 대해서는 진지한 검증이 이루어져야 할 것이다. 그러나 적어도 현시점에서 '다수 코드의 유니즌적 동기화에 따른 장황한 표현'이 대중문화의 기본 문법이 되었다는 것은 일본뿐인 듯하다. 해외에도 이와 비슷한 샘플이 없는 것은 아니나, 일본과 같은 일반성과 세련됨에는 미치지 못한다.

분리되면 무의미해지고, 상보적으로 동기화되면 과잉되게 의미를 전달해 버리는 '미디어 특성'은 무언가 보다 큰 의미를 내포하고 있는 것이 아닐까. 그렇다. 그것은 일본어의 '가나, 한자 이중 표기'를 연상시킨다. 아니메 감독 다카하타 이사오 씨가 지적하는 바와 같이 아니메와 일본어는 밀접한 관계를 맺고 있다.[11] 그는 요컨대 아니메란 일본어라고 말하고 싶은 것이다. 물론 이와 비슷한 지적, 예를 들면 만화는 서예와 닮았다는 지적은 과거에도 있었다. 한자의 특이성, 특히 그것이 '상형문자'라는 오해부터 시작해 이 '시각적으로 세련된 문자'의 매력 앞에서는 라캉마저도 "일본인은 정신분석이 불가능하다"라는 등 무심코 입을 잘못 놀리게 되고 만다.[12] 그러나 일단 상징적인 것과 상상적인 것의

---

10   에도시대 중엽에 간행된 소설책으로, 그림을 주로 한 대화나 간단한 설명으로 묘사된 해학 문학. —옮긴이

11   다카하타 이사오, 『21세기의 애니메이션二一世紀のアニメーション』, 德間書店, 1999.

12   자크 라캉, 「일본의 독자들에게日本の読者によせて」, 『에크리 I エクリ I』, 미야모토 타다오宮本忠雄 외 역, 弘文社, 1972.

구분을 받아들인다면 이러한 이해는 말할 것도 없는 오류이다. 한자가 특이하다고 한다면 그것이 문자가 아니라 기호에 가깝기 때문이 아니다. 문자에 시각적인 애착을 가지는 것, 페티쉬로서 다루는 것은 대상이 한자든 알파벳이든 일어날 수 있는 일이다. 따라서 아니메나 만화의 상상적인 기능을 일본어의 표기 체계라는 상징적인 것과 안이하게 혼동해 버리면 안 된다.

가나, 한자 이중 표기의 특이성은 시각적 특성 이상으로 그 '읽기'가 고도로 문맥 의존적이라는 점에 있지 않을까. 이 특성이야말로 상징적인 작용이 상상계에 출현하는 형식을 조정하고 있는 것이 아닐까. 현시점에서 말할 수 있는 것은 이 표기 체계에서는 '한자'도 '읽기'도 그것만으로는 독립된 의미를 가질 수 없다는 것이다. 말할 것도 없이, 여기에 카타카나, 로마자 등이 더해져 그것들이 유니즌적으로 동기화될 때 처음으로 완전한 의미를 얻게 된다. 아니메나 만화의 코드 계열이 이와 비슷한 것은 아마 우연이 아닐 것이다.

우리가 아니메나 만화에 쉽게 몰입하고 매우 빠른 속도로 그것을 소비할 수 있다는 사실에서 다음과 같이 추론할 수 있다. 즉 우리는 문자를 읽는 것과 같이 아니메나 만화를 '읽는'것이 아닐까. 만약 그렇다면 우리는 일본어 표기에 관한 하나의 가설을 얻을 수 있다. 더 이상 일본어 표기가 상징계와 상상계의 구분을 애매하게 만드는 특성을 가진다고 할 수는 없다. 그것은 오히려 상상적인 대상물을 상징적인 작용 형식으로 처리하기 위한 세련된 기술을 제공하고 있는 것이다.

이 가설에 따라 몇 가지 기묘한 현상을 설명할 수 있을 것이다. 먼저 첫 번째는 일본의 만화가나 애니메이터의 평가에서 그림의 테크닉이 최우선 사항이 아니라는 것이다. 사실 우리는 그들의 그림 기술에 대해서 기묘할 정도로 관용적이다. 그림 실력이란 오히려 '있으면 좋은' 정도의 부가가치에 지나지 않는다. 서구적인 수준에서 생각했을 때, 말도 안 될 만큼 부족한 그림 실력을 가진 '대가'들은 수없이 많다. 예를 들어 서구권에서는 오오토모 가츠히로마저 그림 실력 때문에 평가받는 것이 아니다. 그의 작품의 국제적인 평가는 오히려 탁월한 스토리성에서 비롯되었기 때문이다. 이 '그림 실력의 경시'라는 경향은 종래의 거의 모든 만화론, 아니메론이 스토리나 캐릭터 분석으로 일관하고 있다는 사실에서 잘 나타난다.

아마 우리는 상상적인 것을 상징적으로 처리하는 기술을 조금 특이하게 발달시켜 온 문화권 안에 있을 것이다. 이 가설은 만화, 아니메론에만 한정되지 않는다고 생각되는데, 그것은 이미 이책의 테마에서 크게 일탈되어 있다. 검증은 나중의 기회에 양보하고, 이상의 가설을 염두에 두면서 다시 본론으로 돌아가도록하자.

다중 인격의 공간

나는 만화, 아니메의 다중 코드 계열과 그 유니즌적 동기성이라는 관점을 더욱 확장하여 일반화할 수 있다고 생각한다. 예컨대 만화의 '캐릭터'도 하나의 코드로 볼 수 있지 않을까. 내 견해로는 만화 작품에는 일종의 다중 인격 구조가 있다. 그것도 좋은 작품일수록 다양한 다중 인격화의 계기를 품고 있다. 이를 바꾸어 말하면, 완성도가 높은 만화, 아니메 작품에는 각각의 캐릭터가 부분 인격화되어 상호 보완을 통해 종합화에 성공하고 있다는 것이다.

임상적으로도 다중 인격의 교대 인격이 매우 불완전한 것이라는 점은 잘 알려져 있다. 교대 인격은 종종 그 성격을 한마디로 표현할 수 있을 정도로 단순한 유형인 경우가 많다. 그런 의미에서 '성격'보다는 '스펙(성능)'이라 표현하는 것이 적절할지도 모른다. 이러한 불완전성은 많은 만화 작품에도 해당될 것이다.

내가 다중 인격 공간이라는 말을 잠정적으로 대립시키는 것은 말할 것도 없이 바흐친의 폴리포니 공간이다. 폴리포니 공간에 관한 논의를 인용해 보자.

각각 독립하여 서로 융합되지 않는 다수의 목소리와 의식, 각자의 목소리가 당당한 가치를 가지는 진정한 폴리포니가 도스토예프스키의 소설의 본질적인 특징이다⋯⋯ 각각의 세계를 가진 복수의 대등한 의식이 각자의 독립성을 지키면서 어떤 사건이라는 통합 속에서 얽혀가는 것이다…… 단순한 작가의 말의 객체일 뿐만이 아니라, 직접적인 의미 작용을 가진 자신의 말의 주체…… 주인공의 의식은 또 하나의 타자의 의식으로서 제시되어 있다…… 즉 작가 의식의 단순한 객체가 아닌 것이다…… 도스토예프스키의 주인공의 형상은 전통적인 소설에서 보통의 객체적인 주인공상과는 다르다…… 그는 본질적으로 새로운 소설 장르를 만들어 낸 것이다.[13]

만화, 아니메의 공간은 이러한 특성과는 전혀 무관한 공간이다. 그것은 오히려 바흐친이 도스토예프스키 이전의 작품에 대해 기술했던 특성을 한층 극대화시킨 공간으로서 나타낸다. 즉 '복수의 개성과 운명이 단일한 작가의 의식의 빛에 비추어진 단일한 객관적 세계 속에서 전개'되며, '주인공의 말의 역할은 통상적인 의미의 성격 부여나 줄거리를 진행하기 위한 실용적 기능'을 맡게 되고, 동시에 '작가 자신의 이데올로기적인 입장을 대변'하게 된다.[14]

종종 오해받기 쉬운 일이지만, 많은 서브컬처가 그런 것처럼 만화라는 장르도 표현의 자유 정도가 매우 낮다. 소설에 비교해 봤을 때 그 양식성, 이야기의 진폭, 서술의 관점 등은 한참 좁게 규정되어 있다. 그 대신 만화는 소설보다도 훨씬 다양한 '문체'를

13   미하일 바흐친, 『도스또예프스키의 시학ドストエフスキーの詩学』, 모치즈키 테츠오望月哲男, 스즈키 준이치鈴木淳一 역, ちくま学術文庫, 1995. (한국어 번역은 미하일 바흐친, 『도스또예프스끼 詩學: 도스또예프스끼 창작의 제 문제』, 김근식 옮김, 서울: 정음사, 1988.)

14   앞의 책.

가능케 한다. 이 또한 서브컬처 일반의 특성이다. 이를 기호론적으로 바꾸어 말하면, 만화는 통합체Syntagmatique적 축(=수평적 구조)이 좁고, 계열체Paradigmatique적 축(=수직적 분기)에서 매우 풍부한 표현인 셈이다.

때문에 만화는 어느 정도 단순해야만 한다. 복잡한 성격을 그릴 수 없다는 것은 복잡한 이야기를 그릴 수 없다는 것이기도 하다. 이로 인해 만화에서는 개별적인 인격 단위는 필연적으로 전형화되어야만 한다. 많은 만화가 전형적 인물밖에 그릴 수 없다고 한다면 그것은 캐릭터가 단일한 의미를 맡는 코드로 배치되어 있어야만 하기 때문이다. 그래서 만화의 인물 설정에 복잡함이나 깊이가 부족하다고 개탄할 필요가 없다. 만화에서는 인물마저도 종종 장치의 하나에 지나지 않기 때문이다. 요컨대 만화 작품은 작품 전체에서 하나의 인격을 종합적으로 표현한다. 예컨대 그것은 '작가라는 인격'이다.

내 표현이 어느 정도 만화, 아니메를 폄하하는 것처럼 보인다면 그것은 오해이다. 그러나 만일을 위해 여기서 만화와 아니메를 충분히 옹호해 보겠다. 지금까지 이야기한 만화의 특성을 '문예적인 것'으로 표현할 때는 약점이 된다. 그러나 현재 문예적인 것의 권력은 결정적으로 쇠약해졌고, '하이컬처'를 표방하는 표현은 한층 좁은 곳으로 쫓겨나고 있지 않은가.

만화를 필두로 하는 '서브컬처'의 약점이 앞서도 말했던 '통합체적 약함'이라면, 그 강점은 '계열체적 다양함'이 틀림없다. 예를 들어 팝 뮤직이 그 심플한 구조를 다양한 음색과 어레인지로 변주함으로써 무한하게 반복, 갱신될 수 있는 것과 같이 말이다. 샘플링이나 리믹스라는 기법은 더 이상 음악에만 한정되지는 않을 것이다. 거의 기술적 세련미밖에 없던 아니메 작품〈신세기 에반게리온〉이 얼마나 신선하고 강한 표현으로 받아들여 졌는지는 아직도 기억에 남는다. '서브컬처'는 철저하게 표층적임으로써 우리를 계속해서 매료시킬 것이다. 그것은 '복잡한 인격'은 그릴 수 없을지 모르지만, 종종 '매력적인 전형'을 산출해 낸다. 물론 '전투미소녀'또한 이러한 전형의 하나임에 틀림없다. 그녀들이 서식하는 곳이 서브컬처의 영역일 수밖에 없다는 점은 대략 이와 같은 이유에서 비롯된다.

하이 콘텍스트

표현에는 다양한 형식이 존재한다. 이 책에서는 '미디어'라는 말을 조금 넓은 의미로 해석하여 이러한 표현형식도 독립된 미디어로 다룬다. 그렇다면 만화, 아니메, 영화라는 복수의 미디어의 존재 의의란 무엇일까. 그것은 현실을 매개하는 복수의 형식일까. 그렇지 않다. 복수의 미디어는 복수의 허구성을 떠맡기 위해 존재한다. 우리는 분명히 표현 내용과 동시에 표현형식을 받아들이고 있다. 미디어는 일종의 문맥으로, 바꾸어 말하자면 내용에 의미를 부여하는 투명하고 연속적인 전체성으로서 기능한다. 이때 미디어 자체가 각각 고유의 문맥성을 획득한다. 예컨대 TV 드라마에서 울며 쓰러지는 여주인공이 극 중간에 삽입된 광고에서 미소를 짓고 있다고 해도 우리는 전혀 혼란스러워하지 않는다. 드라마와 광고를 시청하는 문맥을 순식간에 바꾸는 것은 매우 간단하기 때문이다.

나는 이전에 이러한 미디어 고유의 문맥성을 보다 한정적으로 사용하기 위해 '표상 콘텍스트'라 바꾸어 말했다.[15] 미디어 형식은 있는 그대로 우리의 표상의 형식으로 이용될 수 있기 때문이다. 제1장에서 서술했던 바와 같이 나의 용법에서 콘텍스트란 주로 G. 베이트슨[16]과 E. T. 홀[17]의 용법에서 절충적으로 주조한 개념으로, 세부적인 내용은 다른 장소에서 논한 바 있다.[18] 여기서 표현에 관여하는 문맥은 일단 계층적으로 이해할 수 있다. 만화로 말하자면 인물의 행위에 의미를 부여하는 이야기의 문맥이 선재하고 그 상위에 이야기의 장르, 즉 그것이 시리어스물인가 개그물인가를 결정하는 표현의 문맥이 있다. 표상 콘텍스트는 그보다 상위에 위치해 있다. 바꾸어 말하자면, 만화 작품의 '내용'을

15　사이토 타마키, 「'운동'의 윤리 '運動'の倫理」, 『문맥병文脈病』 수록.

16　제1장 주 8 참조.

17　제1장 주 9 참조.

18　사이토 타마키, 「콘텍스트의 오토포이에시스コンテクストのオートポイエシス」, 『문맥병』 수록.

이해하는 프로세스는 작품의 '표상 콘텍스트(만화)' → '표현의 콘텍스트(장르)' → '이야기의 콘텍스트' → '내용 이해'라는 순서로 계층적으로 분리할 수 있다. 다만 실제로는 이렇게 계층을 분리하는 것이 거의 의미가 없음에 주의하도록 하자. 말할 것도 없이 내용과 문맥이란 동시 그리고 상호적으로 근거를 제공하는 관계에 놓여 있기 때문이다. 따라서 표상 콘텍스트라는 개념은 서술의 편의를 위한 것으로, 어떠한 의미에서도 분리 가능한 실체가 아니라는 점을 강조해 둔다.

예를 들면 시각 미디어에서 표상 콘텍스트성의 정도에 맞는 서열을 생각할 수 있다. 여기에서 콘텍스트성이란 표현형식 그 자체가 표현 내용을 규정하는 정도를 가리킨다. 그렇다면 콘텍스트성이 높은 순으로 아니메-만화-TV-영화-사진이라는 서열을 생각할 수 있다. 예컨대 "나는 '사진'을 보았다"라는 서술은 단독으로는 아무것도 의미하지 않는다. 그러나 "나는 '아니메'를 보았다"라는 서술은 보다 구체적인 이미지를 환기하기 쉽다. 이는 사진보다도 아니메라는 형식이 표현 내용의 범위를 좁게 한정시키고 있기 때문이다. 바꾸어 말하자면 콘텍스트성은 아니메에서 가장 높고, 사진에서 가장 낮다. 이를 E. T. 홀을 따라 "아니메의 하이 콘텍스트성"이라 부르기로 하자. 일반적으로는 이른바 대중적인 표현일수록 하이 콘텍스트가 되기 쉽다(클래식과 팝의 대비). 시각 미디어의 경우라면 화면의 정보량이 적을수록 콘텍스트성은 높아진다(TV와 영화의 대비). 즉 쿨한 (세밀도가 낮은) 미디어일수록 하이 콘텍스트로 기울어 있다.

아니메나 만화의 하이 콘텍스트성을 구체적으로 생각해 보도록 하자. 둘 다 형식과 내용이 밀접하게 연결되어 있다는 점은 앞서 논한 바와 같다. 이들 표현형식 하에서는, 혹 알려지지 않은 작품이라 하더라도 우리는 그 내용과 작가를 간단하게 추측할 수 있다. 하나의 화면이 순식간에, 작품의 장르에서 내용의 경향성, 가끔은 작가의 이름까지 전달한다는 점. 혹은 영화에서는 전혀 생각할 수 없는 아니메 문법(이른바 '약속')의 하나인 '개그↔시리어스'의 상호 전환이 순식간에 가능해지는 것도 하이 콘텍스트성을 빼고서는 생각할 수 없다.

내 생각에 하이 콘텍스트라는 것은 송신자와 수신자 사이에 거리감이 없기 때문에 성립하는 감각이다. 한번 이러한 '하이 콘텍스트 공간'에 몰입하면 모든 자극의 의미는 순식간에 용해되어 버린다. 그곳에서는 필연적으로 언어적인 코드보다 이모셔널한 코드를 전달하는 것이 간단해진다. 이 고밀도의 전달성이 극단적인 집중과 몰두를 용이하게 하는 것이다.

간間주관적 매개 또는 미디어론

영화와 아니메, 또는 만화와의 차이점은 지금까지 서술했던 콘텍스트성으로 우선 지적할 수 있다.

여기서 우리는 미디어론으로 향해야 하는 것일까. 전투미소녀에 대한 욕망은, 현대적인 미디어 환경에 의해 '내파'되고 확장된 우리의 내적 변질의 징후인가. 아마 그렇다고 말할 수 있을 것이며, 그렇지 않다고도 단정할 수 있다.

미디어 환경의 발달은 분명 사회구조를 부분적으로나마 변질시켜 왔다. 매스미디어 산업의 발달 자체가 이미 이러한 변질이 현상으로 나타난 것이다. 또 말할 것도 없이 경제나 교육 등의 분야에 끼친 영향도 매우 크다. 그러나 그러한 변질이 과연 우리 내면의 어디까지 영향을 끼쳤을까.

임상적으로 생각해 본다면, 그곳에 구조적인 변화는 조금도 일어나지 않았다. 우리의 신경증적 주체의 구조는 프로이트에 의해 발견된 100년 전부터 지금까지 완전한 상태로 온존해 있다. 그것을 증명하라고 한다면, 분석가는 "일반적인 증명은 내 일이 아니다"라고 대답할 것이다. 이것도 100년 전과 마찬가지다. 분석가는 진리를 말할 수 있다. 그러나, 또는 그 때문에 진리를 증명할 수 없다. 주체의 구조가 온존된 상태라는 것은 즉 그 욕망의 구조도 유지되고 있다는 것을 의미할 것이다. 여기서 주의해야 할 점은, 욕망의 구조가 유지되기 위해서는 욕망의 대상이 계속해서

변해야 할 필요가 있다는 사실이다. 우리의 욕망의 대상이 100년 전과는 다르게 보인다면, 그것은 우리 자신의 주체가 그 구조를 계속해서 유지하는 데서 비롯된 외견상의 변화일 뿐이다. 그렇다. 미디어의 발달로 인해 우리의 '외견'상의 변화, 욕망의 대상의 표층적인 변화는 확실히 일어났다.

이 '사실'에서 적어도 두 가지의 정신분석적인 추측을 따라가 볼 수 있다. 라캉적 구분을 수용한다면 주체 구조의 안정은 주로 '상징계'와 '실재계'의 관계가 안정되었음을 의미한다. 그리고 또 맥루한이 '내파Implosion'라 부른 변질[19]은 주로 '상상계'의 형식적 변화로 인해 생긴 것이라 볼 수 있다. 이는 미디어론의 난점 중 하나이다. '목소리'가, 또는 '문자'가 이미 미디어인 이상, 근대적인 미디어는 여기에 얼마만큼을 더할 수 있을까. 상상계에서는 주체의 변질을 항상 '없었던 것'으로 처리할 수 있다. 그러한 이상 미디어론은 항상 미래를 기다리며, 동시에 '결론'은 계속해서 미루어질 수밖에 없다.

그럼에도 일단 미디어 환경과 상상계 간의 상호작용에 대해 검토하는 것은 꼭 무익한 우회로는 아닐 것이다.

미디어의 발전은 분명 시각적인 영역에서 더욱 현저하게 나타난다. 우리는 이미 원리적으로는 모든 그림을 볼 수 있다. 원한다면 컴퓨터의 하드디스크에 대량의 화상 정보를 소유할 수도 있

---

19   M. 맥루한, 『미디어론—인간의 확장의 제 현상メディア論—人間の拡張と諸相』, 쿠리하라 유타카栗原裕, 고모토 나카키요河本仲聖 역, みすず書房, 1987. (한국어 번역은 맥루한, 『미디어의 이해 : 인간의 확장』, 박정규 옮김, 서울: 커뮤니케이션북스, 1999.)

다. 그렇다. 컴퓨터의 기능에서 돌출되어 나온 것처럼, 모든 체험을 화상 정보로 보존하는 것, 또 복제, 가공, 전달이 매우 간단해졌다는 것은 적잖은 의의를 가진다. 우리의 상상계는 미디어로 인해 현저하게 증폭되었고 가속되었으며 그것은 즉 '내파'로 인해 확장된 것이다.

미디어 수단의 다양화는 여러 가지 반작용 또한 불러왔다. 단적으로 말해서 수단의 다양화는 내용과 형식의 빈곤화를 일으킬 가능성이 있다.[20] 전투미소녀의 역사에서 분명하게 나타났던 것과 같이, 다양한 미디어 공간에서 말해지는 이야기들은 놀랄 만큼 서로 닮아 있다. 제5장에서 서술한 바와 같이 전투미소녀물이라는 장르에는 수백 편의 작품이 존재함에도 불구하고 이야기 설정은 약 13개의 계열로 분류될 뿐이다. 특히 1990년대 이후는 새로운 계열이 생겨나지 않은 채로 기존 계열 간 배열 조합이 반복될 뿐이다. 여기에는 적어도 미디어의 다양화가 작품의 외견상의 다양화에는 기여했더라도 장르 전체로서는 오히려 폐쇄화를 촉진했을 가능성을 의심해 볼 필요가 있다.

대량의 정보가 오고 가는 만큼 중복되는 부분도 많아지고 단색화가 진행된다는 것. 예컨대 PC 통신이 일상화된 현재, 많은 사람이 여느 때와 같이 대량의 문서를 읽고 혹은 많은 문장을 쓴다. 그 결과, 통신체라고도 할 수 있는 것 — 전달력은 우수하나 묘사

---

20   일본의 건축은 다양하고 잡다한데 사회는 통제되고 있다. 미국 사회는 혼란으로 가득 차 있지만 도시는 엄격하게 계산되고 정연하게 설계되어 있다.

와 서술은 극히 단조로운 스타일 ─ 이 공유된다. 그리고 화상 정보의 빈곤화도 말 그대로 '아니메 그림'의 보급이라는 형식에서 가장 잘 나타난다.

대체 무슨 일일까. 도상의 세밀성을 높이고, 움직임을 섬세하게 하려면 제작비도 기간도 한 자릿수가 달라진다. 그렇지만 당연하게도 항상 그런 여유는 없다. 그렇다고 철저히 생략하면 정말로 기호가 되어 어쩐지 삭막한 표현이 되어 버린다(눈 깜빡임과 입가의 움직임밖에 없는 미국의 「토요일 아침 애니메이션」처럼). 여기에 도입된 것이 일본의 만화, 아니메의 전통인 '커다란 눈동자와 조그마한 입'이 아니겠는가.

만화의 표현에서 어시스턴트에게 맡길 수 없는 것은 주요 인물의 '얼굴', 특히 '눈동자'라고 한다. 얼굴 혹은 눈의 표현에 모든 작가성이 응집된다. 그곳에서 태어난 생략의 기술은 먼저 배경을 완전하게 그려 넣고 인물을 기호화하는 것이다. 그럼으로써 분업이 가능해진다. 다음으로 인물의 과도한 기호화를 막기 위해 표정, 특히 눈 혹은 손은 정성을 들여 그리는 것. 이는 인간의 모든 기관 중 가장 '주어적'인 위치를 점하고 있기 때문이다. 눈과 손을 공들여 그리는 것은 대사를 넣는 것과 동등한 가치를 가진다. 거꾸로 말하자면 눈과 손의 묘사만 공들인다면 나머지 부분은 생략해서 표현해도 상관없다. 이에 더해 표정의 패턴을 늘리고 또 만화 기호로 복잡화한다. 이와 같은 과정으로 제작 공정을 간략화함과 동시에 다양하고 섬세한 이모셔널 코드를 충분히 전달하여 수신자가 간단하게 감정이입을 할 수 있게 한다. 종종 유럽과 미국인들이 지적하는 일본제 만화 혹은 아니메의 '너무 커다란 눈'과 '작은 입'의 기원은 이렇게 성립된 것이 아닐까. 최소의 선으로 최대의 전달을 가능하게 하는 이 기법을 세련되게 만든 것이 이른바 '아니메 그림'이 아니었던가.

최근 그림체의 경향에서 뚜렷하게 나타나는 것은, 제작비의 제약이 주된 이유일지도 모르겠지만 하나하나의 그림 자체는 데생에서 채색까지 세련되어지고 있음에도 불구하고 더 '움직이지 않게' 되었다는 점이다. 화상의 흔들림이나 섬광 등의 효과, 뱅크 컷[21]를 자주 씀으로써 교묘하게 운동(움직임)이 연출되더라도, 자세히 보면 그림 자체는 거의 움직이지 않고 있다. '아니메 그림'의 효용은 이미 그러한 것이 부자연스럽지 않은 레벨까지 그림체 그자체가 세련되어졌기 때문일 것이다. 또 이 그림체는 그다지 세밀할 필요가 없기 때문에 화상 데이터화해도 별로 무거워지지 않는다. 즉 그림체를 바꾸지 않고 게임 등에 간단히 이식할 수 있다. 텍스처를 배제하고 섬세한 선과 면만으로 구성된 그림 스타일은 이른바 '미디어믹스', 즉 코믹→아니메→영화→게임→피규어 내지는 완구라는 이식의 흐름을 스무스하게 하는 듯하다.

만화, 아니메의 공간은 우리의 상상계에 간단하게 공유 가능한 코드 계열을 도입했다. 이러한 공유 가능성이야말로 이 공간 내에 다형도착적인 요소를 도입하게 한다. 그렇다. 우리는 아마

---

21   히로인의 변신이나 멋진 포즈 등과 같이 반복해서 사용할 수 있는 장면.

1980년대에 이르러 처음으로 중대한 사실을 알게 된 것이다. 즉 섹슈얼리티의 대상물 또한 만화, 아니메를 매개로 공유 가능하다는 사실. 이러한 각성이 이 공간에서의 성적 묘사를 폭발적으로 이끌어 냈다. 물론 만화, 아니메가 원래 아이들의 것이라는 건전한 인식은 아직도 존재한다. 그러나 이러한 **제약** 또한 그 자리에서 방법으로서의 유효성으로 변환되었다. '아이들 대상'이라는 콘텍스트에서 '성'을 그릴 때 그것이 미분화된 것, 바꾸어 말하면 다형도착적인 효과가 일어나 버리는 것은 반쯤 필연이기 때문이다.

만화, 아니메라는 허구 공간에서 자율적인 욕망의 대상을 성립시키는 것. 그것이야말로 오타쿠의 궁극적 꿈이 아니었던가. '현실'의 성적 대상의 대체물에 지나지 않는 '허구'가 아니라 '현실'이라는 담보를 필요로 하지 않는 허구를 만들어 내는 것. 매우 섬세한 허구 세계를 구축해도 그것만으로는 너무나 부족하다. 허구가 자율적인 리얼리티를 획득하기 위해서는 허구 그 자체가 욕망될 필요가 있다. 혹 그러한 허구가 가능하다면 그때 처음으로 '현실'은 '허구'에 무릎을 꿇을 것이다.

'허구' vs '현실'

앞서 나는 간단하게 '허구'와 '현실'이라는 대립을 다루었다. 물론 나는 이러한 대립을 소박하게 받아들이지는 않는다. 오히려 일상적 현실도 허구(=환상)의 일부분에 지나지 않으며 양자 사이에 엄밀한 경계선을 그리는 것은 원리적으로 불가능하다고 생각한다. 그럼에도 불구하고 내가 이 구분을 언급하는 이유 중 하나는 다시 한 번 '일본'에 대해 논하기 위해서이다. 예컨대 사와라기 노이椹木野衣의 지적에 따르면 그것은 '나쁜 장소'로서 기능하고 그곳으로부터 탈출하려 하는 모든 표현 행위는 오히려 그 장소를 강화해 버리게 되는 악순환 속에 갇힌다고 한다.[22] 만약 그러한 장소가 상정될 수 있다면, 그곳에는 내가 지금까지 서술한 바와 같이 만화, 아니메의 장소 또한 포함될 수 있을 것이다. 나는 그 공간을 당분간 '일본적 공간'이라 부르기로 한다. 그와 대립이 되는 것은 또 하나의 특이한 표상 공간인 '서구적 공간'이다.

앞서 지적했던 것처럼 일본적 공간에서는 허구와 현실이라는 대립이 완전하게 기능하지 않는다. 애초에 이 대립 자체가 '서구적'인 발상을 토대로 하고 있는 것이 아닌가. 잘 알려진 바와 같이 플라톤은 이데아론에서 '이데아-현실-예술'의 구분을 주장했으며 예술은 현실의 모방에 지나지 않는 것으로 보고 하위에 두

---

22   사와라기 노이, 『일본·현대·미술日本·現代·美術』, 新潮社, 1998. (한국어 번역은 사와라기 노이, 『일본·현대·미술』, 김정복 옮김, 파주: 두성북스, 2012.)

었다. 이 구분은 복제의 연쇄를 이루고 있으며, 이데아의 복제가 현실, 현실의 복제가 예술이라는 것을 의미한다. 예술은 복제의 복제, 모방의 모방이라는 열등한 것으로 만족해야 한다. 여기에 더해 우상적인 것을 배척하는 유대-기독교 문화의 영향이 있다. '서구적 공간'에서는 현재에도 마찬가지로 '리얼리티'가 이들의 위계에 충실하게 대응한다. 그곳에서 '허구의 리얼리티'는 사전에 다양한 제약이 부과됨으로써 약해진다.

예를 들면 미국의 대중문화에서 가장 상위에 놓이는 허구적 스타일은 '영화'이다. 소설이든 연극이든 영화화된다는 것은 지위가 상승한다는 것을 의미한다. 물론 여기에는 여러 가지 요인이 있는데, 그중 하나가 '실사 영화는 현실의 가장 충실한 모방, 재현이다'라는 신앙이 아닐까 한다. '실사'의 효과는 그곳에 그려진 것이 마치 현실의 충실한 재현일 수 있다는 신앙에 의해 유지되고 있는 듯하다. 내 생각에는 실사의 허구성은 아니메와 전혀 차이가 없지만, 아니메는 단순히 그것이 사람의 손으로 그려졌다는 '제약'으로 인해 보다 허구성이 높은 표현으로 여겨진다. 따라서 아니메는 오스카 작품상 후보에 노미네이트될 수 없으며 영원히 영화의 서브 장르로 남을 것이다.

'검열'에 대해 생각해 본다면 이 점은 한층 분명해진다. 일본적 공간에서의 검열자는 표현의 상징적인 가치에는 일반적으로 무관심한 듯하다. 성기 전체가 그려지는 일이 일어나지 않는다면 어떤 모독적인 그림도 공표할 수 있다. 그러나 서구적 공간에서

도상은 그 상징적인 가치에 맞게 검열된다. 성기 노출 여부와 같은 사소한 문제가 아니라 어쨌든 도상에서 모독적 혹은 도착적인 요소가 강하게 주목을 끄는 것이다. 최근의 예로는 뮤지션 마릴린 맨슨Marilyn Manson의 〈Mechanical Animals〉 CD 자켓이 있다(그림). 누드로 우리를 노려보는 맨슨의 신체는 합성되어 반들반들한 사타구니와 팽창한 가슴을 가진 소녀의 육체로 변용되어 있다. 이 정도의 도착성은 일본에서 전혀 문제가 되지 않는다. 그러나 미국에서는 발표와 동시에 몇 군데의 대형 음반점이 발매를 거부하는 등, 일종의 스캔들로까지 발전했다. 도상의 모독적 가치에 관한 서구와 일본의 갭은 이뿐만 아니라 수많은 사례를 거론할 수 있다. 물론 일본에도 '천황가'에 관해서는 이러한 도상적 금기가 일부 남아 있으나, 그마저도 예전 같지는 않다. 오히려 오쿠자키 겐조奧崎謙三[23]마저도 쇠약해져 버릴 정도로, 이 금기는 희박해져 가는 것이 아닐까. 지금은 마사코雅子 황태자비가 축하 퍼레이드에서 폭탄을 던지는 만화가 출간되고, 키코紀子비와 아키시노노미야秋篠宮 친왕의 연애 이야기가 아니메화되어 방영되는 시대이다. 요컨대 우리는 아직 '모독'의 몸짓이 어떤 것인지, 사실은 아무것도 모르고 있다.

이 대립에서 먼저 지적할 수 있는 것은 다음과 같다. 서구적 공간에서 도상 표현은 '상징적 거세'를 당하지만, 일본적 공간에

---

23 일본의 저술가, 배우, 아나키스트. 쇼와 천황 파칭코 저격사건, 황실 포르노 삐라 사건으로 알려져 있다.—옮긴이.(https://ja.wikipedia.org/wiki/奧崎謙三 참조.)

[그림 6] Marilyn Manson,
〈Mechanical Animals〉 CD 자켓

서는 겨우 '상상적 거세'밖에 존재하지 않는다는 것이다. 예를 들어 말하자면 서구적 공간에서는 페니스를 상징하는 모든 도상이 검열되지만, 일본적 공간에서는 페니스 그 자체만 그리지 않으면 무엇을 어떻게 그려도 상관없다. 비꼬자면 나는 일본의 미디어가 표현의 자유를 강하게 보장받고 있다고 생각한다. 그리고 문제는 오히려 이 '자유'에 있는 것이 아니겠는가.

일본적 공간에서는 허구 그 자체의 자율적인 리얼리티가 인정된다. 앞서 다룬 것과 같이 서구적 공간에서는 현실이 반드시 우위에 놓이며, 허구적 공간은 그 우위를 침범해서는 안된다. 다

311

양한 금기는 그 우위를 확보하고 유지하기 위해 도입된다. 예컨대 성적 도착을 도상으로 그리는 것은 인정되지 않는다. 허구는 현실보다 리얼해서는 안 되기 때문이다. 그를 위해서는 허구가 그다지 매력적이지 않도록 신중하게 거세해 둘 필요가 있다. 그것이 앞서 말했던 '상징적 거세'이다.

누차 논의되었던 것이지만, 유럽과 미국의 코믹스나 아니메의 히로인은 일반적으로 별로 예쁘지 않다. 미녀나 나체를 많이들 그리지만 성적 매력이 직접적으로 표현되는 경우는 거의 없다. 이는 그들과 우리의 기술 격차나 아름답고 추한 것을 판단하는 기준의 차이만으로는 설명할 수 없다 여겨진다. 예컨대 실재하는 헐리우드의 여배우에 대해서라면 일본과 미국 어느 쪽의 팬들도 그녀의 성적 매력을 동등하게 이야기할 수 있을 것이다. 그러나 그려진 히로인에 대해서는 그렇게 하기 힘들다. 예컨대 '베티 붑Betty Boop'이 섹시한 코스춤(가터벨트!)을 입은 히로인이어도 그녀는 단지 섹시한 여배우의 패러디에 지나지 않는다. 팬은 베티의 성적 매력에 직접적으로 끌리지 않는다.

또 서구적 공간에 대해 검토할 때 출판 코드의 문제를 피해 갈 수 없다. 미국 만화의 팬이라면 잘 알고 있겠지만, 미국에서는 1957년에 '코믹 코드'라고 불리는 자발적 규제 코드가 제정됨으로써 미국 만화의 황금시대가 종지부를 찍었다고 이야기되고 있다.[24] 당시 소년의 일탈 행위의 증가가 사회문제화되었고, 그 원흉

---

24   Les Daniels, *Comics: a History of Comic Books in America*, Outerbridge and Deinst-

으로 만화가 지목되었던 것이다. 팬들은 이를 'Total Disaster'라고 부른다. 그 내용은 마치 일본의 교칙을 떠올릴 만큼 우스꽝스럽도록 상세한 것이다. 항목을 죽 들여다 보면, 예를 들어 "범죄와 난혼을 그리면 안 된다", "권선징악이어야만 한다", "경찰을 바보처럼 그리면 안 된다" 등이 눈에 띈다. 성 묘사에 대해서는 "나체를 그리면 안 된다", "여성은 현실적으로 그려져야만 하며, 육체적으로 과장되면 안 된다", "성적 관계를 암시하면 안 된다", "강간과 도착 행위를 그리면 안 된다" 등의 규제가 이루어졌다. 〈사자에상〉이나 〈도라에몽〉마저 규제될 수밖에 없다—초등학생 소녀가 욕탕에 들어가는 장면 등은 논외이다!—이러한 엄격한 규제가 만약 일본에서 시행되었다면 현재 발행되고 있는 만화 잡지는 모두 폐간되어 버릴 것이다.[25]

따라서 서양과 일본의 차이를 이러한 규제의 측면에서 바라보는 것도 충분히 가능하다. 다만 여기서 내가 굳이 지적해 두고자 하는 것은 이러한 규제가 아무래도 '과잉 방어'처럼 보인다는 점이다. 만화가 아무리 인기를 모았다 한들, 1950년대의 시점에서 그것이 영화를 능가할 만큼의 규모였다고는 생각하기 어렵다. 그

---

25   1998년도에 제출된 아동 포르노 규제 법안, 즉 「아동 매춘, 아동 포르노에 관한 행위 등의 처벌 및 아동의 보호 등에 관한 법률안 요강児童買春, 児童ポルノに係る行為等の処罰及び児童の保護等に関する法律案要綱(案)」은 그 성립 시에 '코믹 코드'와 마찬가지로 만화, 아니메 표현에 파괴적인 영향을 끼칠 가능성이 있다고 하여 법안의 수정을 요구하는 목소리가 높았다. 1999년도 제145회 국회에서 제정된 법안에는 '그림'이 규제 대상 외로 되는 등의 수정이 이루어져, 당분간 일본에서의 'Total Disaster'는 회피되었다.

럼에도 불구하고 영화의 코드에 비해서 훨씬 엄격한 규제가 이루어지고 하나의 표현 장르를 파괴해 버린다는 것. 여기에서 그들의 '도상에 대한 금기'를 발견한다고 하면 과장일까. 특히 성적 표현의 상세하고 구체적인 제한 사항에는 주목할 가치가 있다. 그곳에는 분명히 **도상 그 자체가 성적 매력을 가져서는 안 된다**는 강박관념이 엿보인다.

'성'의 도상 표현에 대해 검토하기 위해 포르노그래피를 언급해 보도록 하자. 말할 것도 없이 이 영역에는 즉물적이고 실용성 높은 표현이 편중된다. 로망 포르노가 쇠퇴하고 어덜트 비디오(AV)가 융성을 거듭하는 흐름에서도 간편성과 실용성의 추구를 발견할 수 있다. 포르노 영상은 한층 개별화되었고 복제와 보급이 간단해져 표현은 한층 즉물화('지나치게 노골적이라 느낌이 사라진')되어 간다. 그러나 일본적 공간은 여기에도 역설을 불러일으키는 듯하다. 즉 '포르노 코믹'의 존재이다. 반복해서 강조하지만, 나는 '에로틱한 표현'에 대해서가 아니라 어디까지나 포르노그래피 일반에 대해 이야기하고 있다. 이 장르에서 코믹이라는 형식이 선택되고 게다가 일정한 인기를 모으는 것은 거의 일본 고유의 현상이라고 말할 수 있을 것이다. 서구에도 실용성을 목적으로 한 포르노 코믹이 없는 것은 아니지만, 그 유통 규모는 일본과는 비교가 되지 않는다.

'헤어 누드'가 범람하고 AV조차도 반쯤 싫증이 난 이곳에서 '포르노 코믹'의 거대한 시장이 성립한다는 부조리. 앞서도 지적했던 것과 같이 이 장르에서도 '아니메 그림'이 심상치 않게 세력을 뽐내고 있다. 일상적 현실과의 대응 관계에서 볼 때, 이만큼 비현실적인 그림체도 없다. 그럼에도 불구하고 이러한 표현이 포르노라는 실용적인 차원에서 선택되어 유통되는 것. 그리고 그러한 것이 유럽과 미국에서는 전혀 상상할 수조차 없는 것이라는 점. 아마도 이 대비에는 커다란 의미가 내포되어 있을 것이다.

물론 여기에도 역사적인 배경이 있다. 런던 대학 브루나이 갤러리The Brunei Gallery의 타이먼 스크리치Timon Screech에 따르면 에도시대에 대량으로 그려져 유통된 '춘화'는 서민의 자위를 위해서 사용되었다고 한다.[26]

만약 그렇다고 한다면 우리는 다시 만화, 아니메의 뿌리를 에도시대에서 발견할 수 있게 된다. 그려진 것으로 성욕을 환기하고 처리하는 '문화'. 그렇다. 여기에서 문제가 되는 것은 말할 것도 없이 '에로스의 상징적 표현' 같은 것이 아니다. 그보다 우리는 여기에서 **그려진 것의 직접성**'이라는 문제와 직면하게 된 것이다.

이미 몇 번인가 다루었던 것과 같이, 유럽과 미국에도 많은 아니메 팬들이 존재한다. 그러나 그들은 거의 하나같이 '텐터클 포르노'를 이유 없이 싫어한다. 그들은 애니메이션에 섹슈얼리티는 필요하지 않다고 굳게 믿고 있다. 그렇다면 일본의 '오타쿠'는

---

26 타이먼 스크리치, 『춘화—한손으로 읽는 에도의 그림春画—片手で読む江戸の絵』, 講談社, 1998.

어떤가. 그들은 그러한 포르노 작품을 보아도 고작 쓴웃음을 짓거나 또는 성인 대상 아니메의 역사를 〈크림 레몬〉이나 〈우로츠키 동자〉 등을 예로 들면서 거침없이 이야기하기 시작할 것이다. 나는 여기에서도 서구와 일본의 오타쿠의 실태가 크게 다르다는 점을 발견할 수밖에 없다.

그곳에서 '금기'나 '억압'의 흔적을 읽을 수 있든 없든, 당분간 최소한의 사실을 확인해 두도록 한다. 대중문화의 서구적 공간에서는 '아름다운 소녀'와 '에로틱한 누드'가 도상으로 그려지는 경우는 좀처럼 없다. 서구적 공간에서 '그려진 것'에는 무의식의 검열이 작용하여, 리얼리티는 일정 한도 내에서 제한된다. 디즈니 애니메이션에서 현저하게 나타나는 데포르메를 '억압을 위한 과장'의 기술이라 보는 것도 충분히 가능하다. 이 공간에서는 '그려진 것'이 자율적인 리얼리티를 획득하지 못하도록 방해하기 위한 조치가 항상 내재되어 있다. 바꾸어 말하자면, 그려진 것은 항상 현실적 대상을 대체하는 가상의 지위에 머물러 있다.

한편 일본적 공간은 어떠한가. 그곳에서는 다양한 허구가 자율적인 리얼리티를 가질 수 있다. 바꾸어 말하자면, 리얼한 허구는 '현실이라는 담보'를 꼭 필요로 하지 않는다. 그곳에는 허구가 현실을 모방할 필요가 전혀 없다. 허구는 자율적으로 독자적인 리얼리티의 공간을 그 주위에 개척해 내갈 수 있다. 예를 들면 그려진 소녀의 아름다움은 이러한 리얼리티를 가져오기 위한 중요한 요인 중 하나이다. 그렇다. 그곳에서 허구는 허구 나름대로 섹슈얼리티의 논리를 확보해야 한다. 왜냐하면 일본적 공간에서 리얼리티를 떠받치는 가장 중요한 요인이 섹슈얼리티이기 때문이다. 이는 물론 아니메에만 한정된 것은 아니다. 예컨대 옛날(이라 믿고 있지만) '문예'의 전통은 왜 '여성을 그린다'는 것의 특권적 가치를 그만큼 강조했던가. 왜 만담의 세계에서는 계집질이 찬양되었는가. 그리고 왜 학습 만화는 반드시 남자와 여자아이가 짝을 이루도록 그려졌는가. 이러한 일본 고유의 현상 모두는 그 공간에서 허구의 리얼리티를 유지할 수 있게 하는 것이 섹슈얼리티임을 시사하고 있다.

허구의 자율성을 받아들여, 그것이야말로 전투미소녀가 탄생하기 위한 조건이라고 가정해 보자. 만약 그렇다면 우리들은 어떠한 의미에서도 그녀들에게 '일상적 현실'의 반영을 읽어서는 안 된다. 예를 들어 '전투미소녀가 인기를 끈다'라는 표상으로부터 '요즘, 여자아이는 활달하다'라는 '현실'을 날조할 수는 없다. 우리에게도 없어지지 않고 존재하는 '허구=현실의 모방'이라는 발상이 그러한 오해의 근저에 있다. 그렇다면 이 오해는 논리적으로 일관되어 있지만 그 일관성으로 인해 무효가 된다.

도상의 일본적 공간에 대해 검토를 계속해 보자. 전부터 계속 지적했던 것처럼 그곳에서는 어떠한 표상물도 상징적 거세를 거치지 않는다. 성적 코드에 달라붙은 상상적 거세의 움직임은 있지만, 그것은 거의 기능하지 않는 것이나 마찬가지이며 오히려 결과적으로는 '거세 부인'적 충동을 발생시킨다. 거세 부인은 말할 것도 없이 성도착의 초기 조건으로, 이 공간이 도착적 대상에 친화성이 높은 것은 이 때문이다. 모든 도상은 이 자율적 리얼리티의 생태계에 다양한 위치를 획득하고 성적인 것을 필두로 하는 코드 전체로 의해 공간은 과잉된 의미를 갖는다. 장황함으로 인해 높은 의미의 전하를 띈 장소에서는 분절화된 코드보다 상위에 콘텍스트성이 놓이게 될 것이다. 거기에서 의미는 순간적으로 전달되지만, 의미의 유래를 단일한 코드가 맡게 되는 경우는 없다.

이러한 하이 콘텍스트적 표현 공간은 자칫하면 그 '교통 과잉성'과 '이해 과잉성'으로 인해 리얼리티 효과가 줄어들어 버린다는 위험에 노출되어 있다. 그렇다면 리얼리티 효과의 감소에 대한 저항은 어떻게 조직되어 있는 것일까. 이러한 저항의 하나가 '섹슈얼리티'이다. 몇 번이나 서술했던 것처럼 '성' 그 자체는 리얼한 이야기의 성분이며 누락되어서는 안 될 전제의 하나이다. 말할 것도 없이 성적인 것을 둘러싼 여러 가지 갈등 내지는 조작, 즉 '로맨스'야말로 이야기에 리얼리티의 핵심을 부여할 것이다.

일본의 표현 문화가 이 정도로 성적 경계를 넘는 것이 일반화되어 있는 것도 일본적 공간의 하이 콘텍스트성이라는 점에서 해석될 수 있다. 하이 콘텍스트적인 표현 공간에서는 그 성질상 구조와 형식의 리얼리티를 충분히 이용할 수 없다. 그곳에서는 오히려 콘텍스트 간의 전환이나 이동의 순간에 발생하는 강도야말로 리얼리티의 효과로 채택된다. 그리고 아니메와 만화라는, 가장 하이 콘텍스트적인 공간에서는 헤테로섹슈얼적인 욕망의 콘텍스트를 어떻게 넘어설 것인가가 중요하다. 양성구유, 변신(=빠른 성숙), 능동성(=전투 능력)과 수동성(=아름다움)의 기묘한 혼합이라는 전투미소녀의 여러 특성은 '경계를 넘어서는 리얼리티'의 발생을 용이하게 할 것이다. 그곳에서는 다양한 도착의 형식이 인용되는 것처럼 보이지만, 이는 매우 자연스러운 과정이다.

히스테리로서의 팰릭 걸

여기까지 논의의 흐름을 정리해 두도록 한다. 하이 콘텍스트성이 기본적 특징인 일본의 표상 문화의 틀 내에서 성립된 만화, 아니메라는 표현 형태는 무시간성, 유니즌성, 다중 인격성 등의 요인을 보다 순화함으로써 매우 전달력이 높은 표상 공간이 될 수 있었다. 이러한 상상적 공간은 자율적인 리얼리티를 유지하기 위해 반쯤 필연적으로 섹슈얼리티 표현을 들여올 수밖에 없었다. '자율적'이라는 의미는 그것이 수용자의 욕망의 단순한 투영이라는 점에 더해 그 표상 공간 내에 '자율'하는 욕망의 경제가 성립되어 있다는 것이기도 하다. 이때 수용자의 욕망이 헤테로섹슈얼한 것일수록 상상적 '표현된 성'은 그것을 넘어 이탈할 필요가 있다. 만화, 아니메의 다형도착성과 수용자의 욕망의 건전성이라는 갭은 대체로 이러한 관점에서 정리할 수 있다.

전투미소녀라는 이콘은 이러한 다형도착적인 섹슈얼리티를 안정적으로 잠재시킬 수 있는 특이한 발명품이다. 소아성애, 동성애, 페티시즘, 사디즘, 마조히즘 그 외 다양한 도착의 방향으로 나아갈 가능성이 잠재되어 있지만, 본인은 전혀 자각하지 못한 채로 행동하고 있다. 그녀들의 존재는 '소년 히어로물'의 짝으로 받아들여지며, 페미니즘의 문맥에서도 충분히 보호되는 듯하다. 그 것의 도착성을 지적하는 촌스러움은 지금의 심리학자나 정신과 의사와 잘 어울리는 행동으로 비웃음을 당할 뿐이다. 그녀들의 수용 상황은 현대 사회의—특히 여성의—상황을 멋지게 상징하고 있다. 실제로 그러한 분석도 부분적으로는 가능하며, 그러한 관점에서 쓴 책[27]이 환영받기 쉬운 상황이기도 하다. 그러나 나는 그러한 분석에 거의 관심을 가지지 않는다. 허구에서 현실의 직접적인 반영을 본다는 소박한 분석이야말로 '허구와 현실을 혼동'하는 전형적 사례인 것이다. 이 수준에서 머무는 한, 오타쿠의 해리된 섹슈얼리티를 결코 해독할 수 없다. 제1장에서도 강조했던 것과 같이, 이 책에서는 일상적 현실을 포함하는 '허구로서의 현실'이 여러 가지로 존재할 수 있다는 가능성을 항상 전제하고 있다. 여기에서는 우리들의 일상도 허구의 리얼리티도 현실의 일부이다. 다시 주의를 촉구하지만, 이는 관념론도 가능 세계Possible World의 인식론도 아니다. 불가능한 '물物'의 영역으로서의 '실재

---

27   예를 들면 사이토 미나코斎藤美奈子, 『홍일점론—아니메, 특촬, 전기의 히로인상紅一点論—アニメ・特撮・伝記のヒロイン像』, ビレッジセンター出版局, 1998..

계'를 상정하자면, 이는 불가능성으로 인해 상징계 내지는 상상계를 촉발하고 **의미의 레벨에서 다수**의 상상적 현실로서 현재화할 것이다. 이른바 다중 인격이란 이러한 '다수의 현실(=교대 인격)'의 가장 극단적인 표현 형태이다. 그곳에는 유일한 잠재적 현실, 즉 '외상적인 현실'이 상상적 현실을 다수화한다. 내가 말하는 '(상상적) 현실의 다수성'이란 그 기원 내지는 잠재태로서의 '실재계'를 상정하지 않으면 단순한 '유환론'의 변종에 지나지 않는다.

한편 정신분석에서는 '팰릭 마더Phallic Mother'라는 중심 개념이 종종 사용된다. 이는 문자 그대로 '페니스를 가진 어머니'를 의미하며, '권위적으로 행동하는 여성'을 형용하는 데 사용되는 경우도 있다. 어느 의미든 팰릭 마더는 일종의 만능감이나 완전성을 상징한다. 예컨대 유럽과 미국의 터프한 파이팅 우먼들은 대부분이 팰릭 마더라고 할 수 있다. 그러나 나는 이러한 아마조네스들과의 대비에서 전투미소녀들을 '팰릭 걸'이라 부르기로 한다.

고타니 마리小谷真理 씨는 이전에 팰릭 마더들이 어떠한 상처—예컨대 '강간'과 같은—를 가지고 있는 것은 아닐까라는 매우 시사하는 바가 큰 지적을 한 바 있다.[28] 나는 그의 말에서 하나의 힌트를 얻었다. 팰릭 걸은 트라우마가 없는 것이 아닐까? 다시 〈나우시카〉로 눈을 돌려 보자. 특히 토르메키아의 여왕 크샤나와 바람계곡의 나우시카를 비교해 볼 때, 우리는 어디에 '공감'할 수

---

28   로프트 플러스 원·토크 라이브ロフトプラスワン・トークライブ(1998년 4월 12일)에서의 시사.

있을까. 그렇다. 말할 것도 없이 크샤나이다. 물론 크샤나는 서구적 문맥에 충실한 의미에서 팰릭 마더이다. 그녀는 이미 형제의 배신 등으로 인해 많은 외상 체험을 해 왔다. 그 정점은 오무王蟲에 의해 문자 그대로 외상을 입은 그녀의 신체이다. 크샤나는 오무에게 강간당한 존재이며, 우리는 그녀가 그 때문에 싸운다고 아주 자연스럽게 납득할 수 있다. 그리고 우리가 크샤나에게 매료되었다고 한다면 그 욕망은 먼저 그녀의 '외상'에 향해 있을 것이다. 이 구도에서는 우리가 일상적으로 히스테리에 매료될 때의 욕망의 도식을 그대로 적용할 수 있다.

한편 나우시카는 어떤가. 그녀에게는 이해할 수 없는 점들이 많다. 그녀가 왜 그렇게 오무를 사랑하며 자신의 생명을 던질 정도로 오무 새끼를 구하려고 하는가. 이는 감동적이긴 하지만, 어쩌면 우리는 도착적인 자기희생에 감동했을지도 모른다. 나우시카의 행동은 개인적인 동기가 없고 그만큼 공허한 것으로 보인다. 왜일까.

나우시카에게는 '외상'이 존재하지 않는다. 그녀는 이야기의 서두에서 토르메키아의 병사들에게 아버지가 살해당하고 난 후 격정에 싸여 순식간에 많은 병사를 살해해 버린다. 살해 장면의 시퀀스는 유파가 몸소 이를 제압함으로써 간신히 멈춘다. 이 '부왕 살해'야말로 나우시카의 '강간'이며 '외상'이지 않을까. 그렇게 해석하는 것도 가능한 것처럼 보인다. 그러나 생각해 보자. 나우시카가 적을 죽이는 장면에서 무언가가 확실하게 나타나고 있지 않은가. 그렇다. 그것은 그녀의 전투 능력이 이미 기술적으로 충분히 완성되어 있다는 점이다. 그것은 많은 실전을 거쳐 다져졌을 가능성마저 엿보인다. 그리고 만약 그렇다면 나우시카는 이 유일한 '외상적 에피소드' 이전부터 팰릭 걸이었던 것이다.

이야기 후반, 나우시카는 오무를 보호하기 위해 싸운다. 그곳에는 이미 어떠한 외상의 흔적도 없다. 아마 그녀는 결코 강간당하지 않는 존재인 것이다. '강간당하지 않는 존재', 바꾸어 말하면 어떠한 실제 체험도 하지 않는 '존재'인 셈이다. 우리는 나우시카에게서 '외상과 그 반복 혹은 회복'이라는 표상적인 의미에서의 이야기, 즉 신경증적인 이야기를 읽어낼 수 없다. 그것은 왜일까.

'강간'의 외상성을 근거로 싸우는 팰릭 마더에 비해 팰릭 걸의 전투에는 충분한 동기가 빠져 있다. 제5장에서 상세히 검증했듯이 팰릭 걸이 등장하는 작품은 13개의 계열 중 어딘가로 분류할 수 있다. 제5장의 표를 참조하면 분명해지듯이, 이중 어느 한 계열에서도 소녀의 외상과 복수를 주제로 하는 경우는 없다. 물론 1화 완결을 기본으로 하는 아니메, 만화 작품에서 외상과 그 회복 또는 복수는 주제가 되기 힘들다는 사정도 있을 것이다. 그러나 물론 그것뿐만이 아니다. 아마 모든 팰릭 걸은 철저하게 공허한 존재일 것이다. 그녀는 어느 날 갑자기 '이세계'로 끌려가 어떤 필연성도 없이 전투 능력을 부여받는다. 그녀의 전투 능력은—나우시카가 그랬던 것처럼—설명 없이도 자명한 전제가 되어 있거나 '갑자기—외부에서—이유없이' 주어진다. 이때 그녀가 무녀와 같은 위치에 놓인다는 점에 대해서는 반론이 적을 것이다. 무녀란 즉 이세계를 매개하는 미디어와 같은 존재를 의미한다. 그렇다. 그녀가 발휘하는 파괴적인 힘은 그녀의 주체가 만드는 것이 아니라 이세계로부터 작용하는 일종의 척력과 같은 것의 체험이 아닐까. 그렇기에 매체(미디어)로서 그녀의 공허함은 오히려 당연한 일이다. 이러한 '공허함'을 통해 욕망과 에너지를 매개하는 여성은 나를 포함한 일부의 역동 정신의학자[29]에 의해 '히스테리'라 일컬어진다.

팰릭 마더가 '페니스를 가진 여성'이라면 히스테리로서의 '팰릭 걸'은 '페니스와 동일화된 소녀'이다. 단, 그 페니스는 공허한 페니스, 더 이상 기능하지 않는, 바로 텅 빈 페니스이다. 이 점을 단적으로 증명하는 것이 이미 몇 번이나 언급해 온 아니메〈신세기 에반게리온〉의 히로인 '아야나미 레이'이다. 그녀의 공허함은 아마 싸우는 소녀 모두에게 공통된 공허함의 상징이 아닐까. 존재의 근거 없음, 외상의 결여, 동기 결여…… 그녀는 이러한 공허함으로 인해 허구적 세계에서 영원히 거주할 수 있다. '근거 없음'이야말로 만화, 아니메라는 철저히 허구적인 공간 속에서는 역설적인 리얼리티를 발생시키는 것이다. 즉 그녀는 매우 공허한 위치에 있음으로써 이상적인 팔루스의 기능을 획득하고 이야기

---

29   정신분석적 정신의학을 일컬음. 엄밀하게는 교육 분석을 받지 않은 자의 경우 '정신분석가'라고 할 수 없다. 그런 의미에서 저자는 정신분석가는 될 수 없지만, 정신분석을 항상 임상시의 참조점으로 이용하고 있다는 점에서 필자를 역동 정신의학자라고 할 수는 있을 것이다.

를 작동시킬 수 있게 되는 것이다. 그리고 우리들의 욕망 또한 그녀의 공허함을 통해 상기되는 것이 아니겠는가.

여기에서 팰릭 걸의 히스테리적 특징에 대해 조금 자세하게 검토해 보도록 한다. 애초에 '히스테리'란 무엇이었을까. 그것은 우리의 욕망의(따라서 리얼리티의) 구조 중 하나를 가리키는 이름이다. 우리가 히스테리를 발견했을 때 이미 우리는 히스테리에 매료되어 있으며 그 실체를 의심할 수도 없다. 히스테리는 정신분석과 항상 같이 존재했다. 프로이트에 의해 히스테리는 정신분석의 기원적 위치에 놓이게 되었다. 그리고 보다 철저하게 프로이트적이고자 했던 라캉은 우리 모두에게 내재하는 히스테리 구조를 발견했다. 그것이 가장 잘 나타난 것은, 예를 들자면 우리가 여성을 욕망할 때이다.

'연애'라는 이름으로 여성을 욕망할 때, 그곳에서 우리는 항상 여성을 히스테리화하고 있다고 볼 수 있다. 우리가 여성의 표층에 현혹될 때 우리는 자신을 매료시키는 것이 눈에 보이지 않는 그 여성의 본질이라고 믿고자 한다. '히스테리화'란 여기서 말하는 '가시적인 표층'과 '비가시적인 본질'이라는, 그 자체로서는 근거가 없는 괴리와 대립화의 과정을 의미하고 있다. 동시에 또한 여기서 말하는 '여성의 본질'이 실은 '외상적'인 것과 같다는 것. 우리가 여성의 외상에 매료된다는 것. 그것을 보여주는 흔적은 대중문화 속에서 얼마든지 찾을 수 있다.[30] '상처 입은 여성'은

---

30   예컨대 엔카라는 장르에서는 여성의 트라우마가 수용자의 나르시시즘을 투사하

그 외상성으로 인해 사랑받는 것이다.

만약 우리가 공격적인 성인 여성에게 매료된다면, 그때 이루어지는 것은 '팰릭 마더의 히스테리화'라는 과정으로 서술할 수 있다. 다만 말할 것도 없이 이 서술은 '공격적인 여성이 히스테리가 된다'는 것을 **직접적으로** 의미하지는 않는다. 보다 엄밀하게 말하자면 이 서술은 우리와 대상 여성의 관계 변화의 상징적 성분에 주목한 것이다. 대상 여성에게 공격적인 인상을 받을 때 우리는 거기서 상징적 레벨에서의 팰릭 마더를 발견한다. 또 그녀가 가진 공격성의 '심층'을 어떤 외상성으로 인식하고, 그로 인해 그녀를 사랑하게 될 때 우리는 상징적 수준에서 팰릭 마더를 히스테리화한다고 할 수 있는 것이다. 그리고 이 변화가 일어나는 영역은 반드시 우리의 주관에만 한정되지는 않는다. 그것이 관계의 변화인 이상, 일상적 현실에서는 전이와 투영의 과정으로 인해 변화는 상대 여성을 에워싸게 된다. 따라서 '히스테리화'의 과정은 보통 종종 사랑의 과정이나 다름없는 것이다.

그리고 팰릭 마더와 마찬가지로 팰릭 걸도 욕망의 시선에 의해 히스테리화된다. 물론 우리는 그녀가 그려진 존재이며 그 이상의 배경이나 본질과는 무관하다는 것을 잘 알고 있다. 그것이 우리의 욕망을 조금도 방해하지 않는 것은 왜일까. 아마 그것은

기 위한 매우 중요한 요소이다. 그 외에도 최근의 경향으로 소설 특히 미스테리 장르에서도 트라우마의 비중은 높아지고 있다. 가장 눈에 띄는 사례로는 텐도 아라타天童荒太의 『영원의 아이永遠の仔』(幻冬社)를 언급할 수 있는데, 이 소설에는 학대의 희생자였던 히로인의 매력이 중요한 위치를 점하고 있다.

'완벽한 실재성의 결여' 때문일 것이다. '전투미소녀'라는 존재의 탄생과 동시에 띠게 될 허구성이야말로 중요한 것이다. '유니콘' 문제 등과 마찬가지로 이는 '전투하는 아름다운 소녀'를 일상 세계에서 실제로 볼 수 있는가 없는가의 문제가 아니다.[31] 우리는 이 세계에서 이미 완벽한 허구적 존재로 팰릭 걸을 수용하고 사랑해 왔다. 그리고 그 욕망을 가능하게 했던 것이 그녀의 비실재성이 라는 점은 거의 확실하다 해도 좋다.

이제 간신히 '일본적 공간'이 팰릭 걸의 생성에서 가지는 의 의를 알 수 있게 되었다. 현실과의 접점, 말하자면 '현실의 꼬리'를 남김으로써 리얼리티를 확보하려 하는 '서구적 공간'과는 달리 일본적 공간은 그러한 접점을 고집하지 않는다. 오히려 종종 '일상적 현실'에서 적극적으로 이탈하여 물러나고자 한다. 우리가 허구를 즐길 수 있는 것은 그것이 '가상현실'이기 때문이 아니다. 그것이 주체의 전위를 요청하는 '또 하나의 현실'이기 때문이다.

그러나 '일상적 현실'과 해리된 '또 하나의 현실'이라는 공간 을 유지하기 위해서는 '섹슈얼리티의 자장'이 필요하다. 그것은 우리의 다양한 욕망 중 성욕이야말로 가장 허구화에 저항하는 것 이기 때문이다. 성욕은 허구화로 인해 파괴되지 않으며, 따라서 간단하게 허구적 공간에 이식될 수 있다. 이는 원래 생물학적인

---

31   솔 크립키, 『이름과 필연名指しと必然』, 야기사와 타카시八木沢敬, 노에 케이이치野家啓一 역, 産業図書, 1985. (한국어 번역은 솔 크립키, 『이름과 필연』, 정대현, 김영주 옮김,서울: 필로소픽, 2014.)

근거를 필요로 하지 않는 인간의 섹슈얼리티가 허구에 대해 친화적인 성질을 갖기 때문일 것이다. 그려진 금전, 그려진 권력, 그러한 것이 우리의 욕망을 환기시키지는 않는다. 그러나 그려진 나체가 되면 이야기가 달라진다. 그것이 그려진 것이라는 것을 알고 있더라도 우리는 충분히, 가끔은 신체적으로까지 반응한다. 강아지풀에 달려드는 고양이를 보고 웃지 못할 만큼 그 반응은 확실하다. 그것은 결코 우리의 '본능' 같은 것이 될 수 없지만, 외견상으로는 본능처럼 보일 만큼 근원적인 것이 '성'이다.

세계가 리얼하기 위해서는 충분한 욕망에 젖어 있어야 한다. 욕망으로 깊이를 부여받지 못한 세계는 아무리 정밀하게 그려진들 평평하며 이인(離人/Depersonalization)적인 배경처럼 되어버릴 것이다. 그러나 한번 성적인 것이 입혀진 세계는 아무리 서투르게 그려졌다 하더라도 일정한 리얼리티를 확보할 수 있다. 우리가 포르노 코믹의 융성에서 알 수 있는 것은 이러한 사실이다.

팰릭 걸은 허구의 일본적 공간에 리얼리티를 가져오는 욕망의 결절점이다. 그녀를 향한 욕망이야말로 이 세계의 리얼리티를 유지하는 기본적인 역동임이 틀림없다. 그러한 의미에서 그녀의 존재는 루어Lure나 디코이Decoy와 닮아 있다. 덧붙여 말하자면 성욕을 회수하기 위한 표층적 존재라는 의미에서 그녀는 히스테리적이기도 하다. 그녀와 '히스테리' 사이에는 이뿐만 아니라 매우 많은 공통점이 있다.

팰릭 걸은 자신의 성적 매력에 대해 자각하지 못하며 무관심하다. 바꾸어 말하면 무관심하면서도 성적 매력을 발휘하지 않을 수 없다. 이러한 무관심함과 그것을 배신하는 유혹적인 표층의 갭은 히스테리 최대의 특징이다. 무관심함, 예컨대 순진무구함과 천진난만한 행동이야말로 최대의 유혹이 될 수 있다는 것. 그것은 히스테리 환자에게서 종종 볼 수 있는 '좋은 무관심'이라 불리는 태도와 같다. 또 나지오의 "히스테리증자의 성기는 탈성화脫性化되어 있으며 신체는 에로스화되어 있다"라는 지적[32]도 그녀의 특이성을 잘 표현해 주고 있다. 이야기 속에서 그녀가 성행위를 하는지의 여부는 문제가 아니다. 여기서 중요한 것은 수신자인 우리 자신이 그녀와 성행위를 할 수 없다는 사실이다. 결코 도달할 수 없는 욕망의 대상이기 때문에 그녀의 특권적인 지위가 성립한다는 것이다. 그러나 그 이전에 우리는 여성의 표상에서 '성기의 말소와 신체의 에로스화'에 충분히 순응해 왔다. 그렇다. 매스미디어에 침투한, 어디까지나 상상적인 윤리 규정(=상상적 거세)은 성기만을 말소한 기묘한 누드사진을 대량으로 유포해 왔다. 이러한 표상물에 적응하고 친숙해지면서 우리는 여성을 상상적으로 히스테리화하는 기술을 충분히 학습해 오지 않았던가.

어쨌든 원래의 주제로 돌아가자. 팰릭 걸은 왜 싸우는가. 그녀의 전투 능력은 그녀가 팔루스와 동일화되어 있다는 것을 가장 단적으로 보여주고 있다. 나지오에 따르면 "(히스테리는) 거세된 타

---

32 나지오, J-D., 아네하 카즈히코姉歯一彦 역, 『히스테리ヒステリー』, 靑土社, 1998. 이하 나지오의 인용은 모두 이 책에서 비롯된 것이다. (한국어 번역은 장-다비드 나지오, 『히스테리, 불안을 욕망하는 사람』, 표원경 옮김, 경기: 한동네, 2017.)

자를 바라보고 그와 동일화함으로써 팔루스화한다." 팰릭 걸 또한 사랑하는 소년(무력하고 연약한, 거세된 존재)을 위해 싸우지 않았던가. 히스테리증자는 신체적 증상이라는 표현으로 자신을 팔루스화한다. 그렇다면 팰릭 걸이 싸우는 것 또한 그녀의 '증상'이라 볼 수 있다. 그녀는 '싸울 수 있는' 존재가 아니라 '싸움으로써 존재하는' 것이다. 그녀는 단순하게 아름답기 때문에 사랑받는 것이 아니다. 그 전투 능력으로 인해 사랑받는 것이다. 히스테리증자의 존재 증명이 그 '증상'으로써 이루어지듯이 팰릭 걸의 존재는 전투라는 증상 속에서 성립한다.

여기에서 그녀의 '히스테리성'이 미묘하게 동요할 것이다. 그렇다. 그녀는 '외상'이 없는 존재가 아니었던가? 환상으로서의 외상마저 가질 수 없는 존재에게 어떠한 '증상'이 가능할 것인가? 덧붙여 말하면 히스테리증자란 "향락(주이상스)을 위험한 것으로 여겨 거부하는" 존재였다. 다시 나지오에 따르면 "히스테리의 공격은 오르가즘의 등가물이다." 그러나 그렇다고 한다면 왜 팰릭 걸은 싸우는 것인가. 바꾸어 말하면 왜 그녀들은 '전투=오르가즘'을 무서워하며 회피하려 하지 않는 것일까.

현실의 히스테리 환자와 팰릭 걸을 비교했을 때, 가장 대조적인 것은 외상성의 유무, 혹은 '증상'과 '전투 행위'의 대비이다. 후자에 대해서는 설명이 필요하다고 생각되기 때문에 먼저 히스테리의 '증상'에 대해 조금 상세하게 검토해 두도록 한다.

라캉은 히스테리 증상을 여성성의 수수께끼에 대한 물음으로 보고 있다.[33] 무슨 이야기일까. 성별에 대한 질문은 그대로 존재 그 자체에 대한 질문이나 다름없다. 이 질문은 상징계, 즉 '대문자 타자'에게로 향해 있다. 우리는 존재, 그 증상에 의해 상징계와 관계를 유지하고 있으며, 그로 인해 증상은 존재 그 자체와 동등한 가치를 가진다. 그 점은 앞서 말한 히스테리가 증상에 의해 팔루스화한다는 점과 거의 같은 의의를 가진다. '팔루스'(페니스의 상징 = 페니스의 결여)는 존재 자체의 상징으로, 모든 존재는 은유의 연쇄를 중개로 하여 팔루스로 돌아간다. 바꾸어 말하면, 상징계와의 관계에서 존재를 주장하기 위해서는 은유적 팔루스를 확보해 둘 필요가 있는 것이다.

히스테리는 외견상 매우 다채로운 증상을 보여주지만, 그 다채로움은 여성이라는 표층적 존재에서 나타나는 다양성과 평행되어 있다. 그 어떤 것도 형식과 법칙에 수렴될 수 없지만 이러한 다양성은 섹슈얼리티라는 확고한 전제하에 전개되기 때문에 정신분석적으로 서술할 수 있다. 그러나 여성 그 자체에 대한 질문은 섹슈얼리티의 근원, 혹은 상징계의 성립 그 자체에 관한 질문이 되어버리고 만다. 그것은 남성성이라는 닫힌 집합의 외부에 펼쳐진 무제한의 영역이기 때문에 본질적인 서술은 불가능하다고 여겨진다. 상징계가 팔루스 우위의 영역인 이상, 이는 어쩔 수 없는

---

33   라캉, 「전이에 관한 나의 관점」, 『에크리 I エクリ I』, 미야모토 타다오宮本忠雄 외 역, 弘文社, 1972. 프랑스어 제목은 "Intervention sur le transfer", 브루스 핑크의 영문판 제목은 "Presentation on Transference". 한국어 번역 제목은 원저자(사이토)의 참고 지점을 고려하여 일본어판을 따랐다.—옮긴이

일이다. 이 서술 불가능성에 대해서 예를 들어 라캉은 "여성은 존재하지 않는다", "여성에게도 여성은 수수께끼이다"라고 표현하고 있다.

히스테리 환자의 성별에 대한 물음은 남녀를 불문하고 여성의 수수께끼로 향해 있지만(그렇기 때문에 남성 히스테리 사례는 '여성적'이라 여겨진다), 동시에 그들은 성차라는 상징적 가치에 전적으로 의존하고 있다. 관점을 바꾸어 보자면, 그들의 증상이란 상징계 = 대문자의 타자에 대해 의존하면서도 저항하는 몸짓이라 해석할 수 있을 것이다. 말할 것도 없이 '저항'은 보다 깊게 의존하게 만드는 결과를 초래하게 된다. 그리고 의존의 몸짓은 그 외상성에서 최정점에 이른다. 그것은 외상이야말로 현실적인것이기 때문일까? 물론 그렇지 않다.

히스테리의 치료에서는 말해진 외상 체험의 사실성이 거의 문제가 되지 않는다. 엄밀히 말해 '외상'이란 히스테리 증상으로부터 거슬러 올라가 발견되는 환상이라 간주된다. 히스테리의 리얼리티, 또는 히스테리의 숭고는 모두 이러한 환상의 차원에 놓여 있다.

이상을 정리하면 다음과 같은 등식을 얻을 수 있다.

'히스테리 증상' = '여성성에 대한 질문' = '(환상으로서의) 외상' = '팔루스' = '존재'

이 등식은 히스테리의 외상에 환상성이 있다고 해서 히스테리가 꾀병이 된다는 것을 의미하지는 않는다. 히스테리 환자는 모든 존재를 걸고 '거짓말'을 하는데, 증상의 리얼리티를 치료적 관계 속에서 한 번이라도 공유하지 않는 한 치료 자체가 성립하지 않는다. 그러나 동시에 그들이 말하는 외상적 체험에 대해서는 허구와 현실이 미치지 못하는 차원에서 극히 신중하게 다루어져야만 한다. 그들의 증상이 진지하기 이를 데 없는 물음인 이상, 치료자는 적어도 그곳에서 무엇이 물음의 대상인가를 진중하게 해석해야 할 필요가 있다. 동시에 그 물음에 감춰진 유혹도 충분히 의식해야 한다. 여기서 치료자에게 강요되는 '태도의 분열'은 대략 치료자 자신의 히스테리화라 표현할 수 있을 정도이다. 이와 거의 비슷한 의미에서 우리가 여성을 여성으로서 사랑할 때, 바꾸어 말하면 여성을 히스테리화할 때 우리 자신 또한 히스테리의 영역에 들어서게 된다. 그리고 우리가 히스테리의 실재를 다루는 것은 그러한 순간임이 분명하다.

팰릭 걸의 전투 행위는 이들 히스테리 증상의 대척점에 있다. 예컨대 현실의 여자에게 전투적 태도는 하나의 증상으로, 우리는 그 심층에서 외상의 흔적을 발견할 수 있을 것이다. 그러나 허구 속의 전투 행위 그 자체는 동기와 그것의 행동화가 일의적—義的으로 묶여 있기에 그곳에서는 어떠한 심층도 읽어낼 수 없다. 팰릭 걸에게 결여된 외상성은 이와 같이 행동에 결여된 심층을 의미하고 있다. 임상적 히스테리 환자가 외상을 떠안지만 싸우려고 하지는 않는 것과, 항상 증상을 통해 자신의 성별을 묻는 것은,

팰릭 걸들이 외상을 결여하고 있음에도 불구하고 싸운다는 것과 같다. 이 지점에서 '히스테리'는 **거꾸로 뒤집히게** 된다.

우리가 여성을 사랑할 때 이루어지는 '여성의 히스테리화', 그것을 가능케 하는 것은 눈앞에 존재하는 여성의 실재성이다. 이 실재성이 있음으로 인해 우리들은 '여성은 존재하지 않는다'라는 역설을 실제로 이해할 수 있다. 그렇게 실재하는 개인을 여성으로 표상하고, 게다가 그 배경에 있는 여성의 숭고한 본질—종종 '외상'적인—을 간파하려고 할 때 우리는 이중의 수고를 거쳐 '여성의 부재'를 증명하는 것이 아닐까. 나지오는 말한다. "히스테리는 '지식'을 추구토록 하지만, 답변은 영원히 지연된다". 그렇다. 영원히 답을 찾을 수 없는 '지식'이야말로 '여성의 부재'를 입증하는 것이 아니겠는가.[34] 히스테리에 의한 '여성이라는 것은 무엇인가'라는 질문은 이러한 의미에서 자신의 존재를 바친 질문인 것이다. 그 존재의 리얼리티는 질문에 대한 답변 불가능성에 의해 역설적으로 보증될 것이다. 답변 불가능한 수수께끼에 대해 '그러한 수수께끼는 존재하지 않는다'고 말할 수는 없으니까.

히스테리의 증상이 허구 공간, 즉 시각적으로 매개된 공간에서 거울상처럼 반전된 것, 그것이 팰릭 걸의 전투 행위이다. 실재하는 히스테리가 증상으로 인해 은폐됨으로써 자신의 팔루스적 가치를 높이는 것과는 대조적으로, 팰릭 걸은 분명 팔루스를 체현하면서도 철저히 부재함으로써 상징적 가치를 얻는 것이다. 만

---

34 나지오, 앞의 책.

약 내가 말했던 대로 '일본적 공간'이 일상적 현실에서 괴리된 '허구의 자율적 공간'에 기초를 제공한다면, 그러한 공간에서 생성된 전투미소녀는 말할 것도 없이 이미 '결여된 존재'이다. 그녀는 '실재성' 내지는 '실체성'과 일체 관계가 없다. 오히려 오타쿠의 욕망은 그녀의 제조 과정을 분명하게 하며 그 부재를 폭로하는 쪽으로 향해 있다. 이것이 리얼리티를 떨어뜨리는 것은 왜일까. 지젝도 말했던 것처럼, 환상의 메커니즘을 안다는 것이 환상으로의 몰입을 보다 촉진하기 때문일까.[35] 그러나 물론 그뿐만이 아니다.

팰릭 걸의 '외상성의 배제'는 그 존재의 허구성, 바꾸어 말하면 전제로서의 부재를 순화하는 데 있어 불가결한 설정이다. 왜일까. 혹시라도 그녀의 '외상'을 설정해 버리면 그곳에서 '일상적인 실재'가 침입해 오기 때문이다. 일상적 현실의 침투력으로 인해 순수한 허구 공간은 곧 오염되어, 어중간하게 리얼리티를 결여한 우화 같은 것이 만들어지게 될 것이다. 그러나 그것으로는 순수한 (실재의) 판타지는 성립하지 않는다. 그녀의 전투는 어떠한 의미에서도 '복수'와 닮은 것이 되어선 안 된다. 오히려 소녀의 전투는 '그려진 주이상스'여야만 한다. 다만 정신분석에서 '주이상스'란 일반적인 쾌감, 쾌락만을 의미하지 않는다. 그것은 실재계의 쾌락이라고 해야 할 것이며, 그 효과는 우리에게 리얼리티로

---

35   슬라보예 지젝, 「사이버 스페이스, 또는 존재의 참을 수 없는 폐색サイバー・スペース、あるいは存在の耐えられない閉塞」, 『비평공간批評空間』 제2기 제15호, 太田出版, 1997.

다가온다. 대상에서 리얼리티를 발견할 때 우리는 주이상스의 흔적을 더듬는다. 바꾸어 말하면 주이상스는 도달 불가능한 장소에 놓여 있음으로써 처음으로 잠재적인 욕망을 환기하는 것이다.

다시 라캉을 인용하자면, 팔루스는 주이상스의 시니피앙이다.[36] 팰릭 걸이 전투를 벌일 때 그녀는 팔루스와 동일화되어 싸움을 즐기며, 주이상스는 허구 공간 안에서 한층 순화된다. 그렇다면 우리는 어떠한 회로를 거쳐 그녀에게 매료되는 것일까. 앞서 본 것처럼 그녀는 뒤집힌 히스테리이다. 우리가 현실의 히스테리에 매료될 때는 에로스화된 실체로서의 신체 이미지(섹슈얼리티)에서 출발하여 그 심층에서 발견된 외상(리얼리티)으로 욕망이 향하게 된다. 한편 팰릭 걸의 경우 우리는 먼저 그녀의 전투, 즉 주이상스의 이미지(리얼리티)에 매료되고 그것을 그려진 에로스의 매력(섹슈얼리티)와 혼동함으로써 '모에'가 성립한다. 즉 현실의 히스테리든 허구 속의 팰릭 걸이든, '섹슈얼리티'와 '리얼리티'가 불가분의 관계에 놓이면서 히스테리화한다는 점에서 등가물인 것이다. 이렇게 하여 그녀들은 헤테로섹슈얼한 욕망을 매개로 하여 우리를 히스테리의 영역으로 인도하고자 하는 것이다.

36　자크 라캉, 「팔루스의 의미 작용」, 『에크리 IIIエクリ III』, 미야모토 타다오宮本忠雄 외 역, 弘文社, 1981. 프랑스어 제목은 "La signification du phallus", 브루스 핑크의 영문판 제목은 "The Signification of the Phallus".

다거로의 회귀

나는 항상 다거를 염두에 두고 있었다. 그가 가장 강하게 원했던 것이 자신의 작품에 '자율적인 리얼리티'라는 마법을 거는 것이 아니었던가. 그는 이를 위해 장대한 시간을 들였고, 그가 쓸 수 있는 테크놀로지는 전부 이용했다. 무엇보다도 그를 매료시키고 그의 창조 행위를 격려해 준 것, 그것은 그 자신이 그렸던 팰릭 걸임에 분명하다. 히스테리가 그 증상으로 우리를 매료시킬 수 있다고 한다면, 다거를 매료시킨 것은 그 자신이 열어젖힌 환상적 공간 속에서 말 그대로 반전된 히스테리 소녀였다. '반전'의 징후는 소녀들에게 그려진 페니스에서 정점에 이른다. 현실의 제약을 벗어나 있는 허구적 공간, 바꾸어 말하면 매개된 공간에서 그려진 히스테리 이상으로 음화Negative가 리얼한 욕망의 대상이 될 수 있다는 것. 팰릭 걸의 발명이라는 공적은 역시 다거가 독점해야 마땅할 것이다.

신경증자로서의 다거는 영원한 사춘기를 앓고 있었다. 사회적인 관계를 제약받고 철저히 틀어박히는 것. 분명 그는 일을 함으로써 '사회에 참가'하고 있었을지도 모른다. 그러나 나는 다거가 사회로부터 자신을 완벽히 격리시키기 위해 '일'을 했다고 밖에 생각되지 않는다. 혹 일을 하지 않으면 생활을 위해 복지시설을 이용하거나 홈리스 동료에게 의지해야 한다. 어느 방향을 선택해도 부득이하게 번거로운 대인 관계를 맺을 수밖에 없다. 사회적 향상심을 포기하고 눈에 띄지 않는 최소한의 직업을 유지하는 것은 그의 존재를 한층 투명하게 할 것이다. 다거는 이러한 '의태mimicry로서의 노동'으로 자신의 성역을 완전히 봉인할 수 있었다. 그 결과 60년간 그의 사춘기는 보존되었던 것이다.

그러나 의문은 남는다. 과연 정신병에 걸리지 않은 인간에게 그러한 것이 실제로 가능한 것인가? 내 임상 경험에 따르면 그것은 충분히 가능하다고 생각된다. 다거만큼은 아닐지라도 장기간 집에 틀어박힌 히키코모리 청소년이 최근 증가하고 있기 때문이다.[37] 그들 대부분은 처음엔 등교 거부 등의 '증상을 발생'시키고 장기화하며, 이윽고 집에서 나가지 않은 채로 성인이 되어 30대, 40대에 이르게 된다. 정신 질환을 동반하지 않음에도 불구하고 이러한 상태가 장기간에 걸쳐 지속될 수 있다는 사실은 아직도 잘 알려져 있지 않다. 나는 그들의 존재에서 다거의 심리 상태를 어느 정도 추측할 수 있다고 믿는다. 물론 히키코모리 청소년 모두가 다거와 같이 창조성을 발휘할 수 있는 것은 아니다. 오히려 다거는 이 점에서 특별한 예외인 것이다. 그렇다면 어떠한 소질이 다거의 창조성을 가능하게 했을까.

나는 그것이 다거의 직관상 소질이라 생각한다. 앞에서 개설했던 대로 직관상 소질은 비교적 많은 아이들이 갖추고 있지만 나이가 들면서 쇠약해진다. 왜 이러한 현상이 일어나는지는 알려져 있지 않지만, 나는 그 요인 중 하나로 다양한 사회적 훈련이 관

---

37   사이토 타마키, 『사회적 히키코모리社会的ひきこもり』, PHP新書, 1998.

련되어 있을 가능성을 생각하고 있다. 다거는 충분한 교육을 받지 않은 채로 독신 생활에 들어갔으며 그 후에도 거의 완전하게 사회와 관계를 끊은 채였다. 만약 그렇다면 이와 같은 양육과 생활환경으로 인해 다거의 직관상 소질이 마모되지 않고 온존하게 남았다고 생각해도 그다지 무리가 아니다.

알려져 있는 바와 같이 직관상은 일반적인 이미지와는 다르다. 그것은 마치 눈앞에 전개된 풍경처럼 차분하게 조망하며 그 세부를 검토할 수 있다고 한다. 따라서 그것은 상상적인 이미지라기보다는 보다 실질적인 도상, 베르그송식으로 말하자면 정확한 의미에서 '이마주'[38]라 부를 수 있는 실체성이 있다. 이러한 의미에서 직관상은 오히려 이미지를 넘어서는 것으로서 **표상의 외부**에 존재한다고 할 수 있다. 다거의 창조성의 핵심에 이러한 직관상의 이마주가 있었다고 상정해 보자.

여기서 문제가 되는 것은 다거의 나르시시즘이다. 다거의 그림이 우리를 자극하는 것은 그것이 거의 완벽한 자기애의 산물이었기 때문이지 않겠는가. 그 수취인 없는 표현 행위의 순수함이야말로 우리를 감동하게 만드는 것이다. 발린트[39]가 '대상 관계도 전이도 존재하지 않는 수수께끼의 영역'이라 한 이 심적 영역, '창조 영역'의 활동에 직접적으로 닿아 있다고까지 쓴다면 개인적인

38　앙리 베르그송, 『물질과 기억物質と記憶』, 타지마 사다오田島節夫 역, 白水社, 1999. (한국어 번역은 앙리 베르그송, 『물질과 기억』, 박종원 옮김, 서울: 아카넷, 2005.)

39　마이클 발린트, 『치료론으로 본 퇴행治療論からみた退行』, 나카이 히사오中井久夫 역, 金剛出版, 1978.

감상이 너무 들어간 것일까.

그러나 그렇다면 그의 나르시시즘은 어디로 향하고 있는 것일까. 자서전의 서술에서도 추측할 수 있는 바와 같이("지금은 다리가 아픈 영감탱이다"), 다거의 자기 이미지는 그다지 과장도 이상화도 되어 있지 않다. 즉 그의 나르시시즘은 그 자신의 자기상에 직접적으로 향하지 않는다. 그 대상은 오히려 그의 내면에 생기生起하는 이마주, 그 직관상으로부터 공급되는 이마주가 아니었을까. 다거의 나르시시즘이 표상의 외부로서의 직관상에 재귀적으로 작용할 때, 그 이마주는 무한한 환상 생성의 촉매로서 기능한다. 그의 왕국은 나르시시즘적인 리비도를 공급받으며 마치 호메오스타틱Homeostatic[40]한 환상의 생태계로서 유지된다. 그리고 외상 대신 페니스를 가진 소녀를 그리는 것, 성숙에 저항하면서 끝없는 전쟁 이야기를 계속하여 지어내는 것은 이 생태계에 새로운 생성의 동력을 가져왔다. 이 '생성'은 미디어 조작으로 한층 보완되었다고 여겨지는데, 이러한 관점은 아마 의외의 지점을 사정권으로 두게 될 것이다.

물론 한 작품의 창조 과정을 서술하는 데 있어 이 모델은 단순하기 이를 데 없을지도 모른다. 그러나 그것은 필요한 일이다.

---

40 조직과 세포가 내부 환경의 항상성을 유지하기 위해 생리적인 과정을 조정하는 경향성을 호메오스타시스Homeostasis라 부른다. 다거의 환상 세계도 외계로부터의 자극에 길항하면서 일정한 항상성을 가지도록 조정된다고 여겨진다. 예컨대 다거가 사회와의 커뮤니케이션을 단념하고 히키코모리 상태로 머물렀던 것도 이러한 호메오스타시스의 기능이 유지되는 데 도움이 될 수 있었을 것이다.

지금 우리는 보다 일반적인 방식으로 이야기해야 한다. 그의 작은 방에서 일어난 일이 엄청나게 광범위한 규모로, 일본에서 반복되고 있다고 가정해 보자. 여기에 이르러서야 가까스로 팰릭 걸의 문제를 다거와의 만남에서 발견했다는 경위가 적극적인 의미를 가진다. 그렇다. 지금 우리는 다거에게 유일한 특권적 징후로서의 위상을 부여해야 한다. 근대적인 미디어 환경과 사춘기적 심성의 상호작용이 어떠한 창조성을 가져오는가, 다거는 거기에 하나의 징후적 모델을 제공했고, 우리는 그것을 반복하는 것이다. 이 반복은 항상 반복이라는 자각 없이 이루어지기 때문에 보다 순수하게 정신분석적인 가치를 가지게 될 것이다.

다거에게 상정된 직관상은 이미 필수적인 것이 아니다. 이미 우리는 극단으로 발달한 미디어 환경을 손에 넣었다. 이 환경에서 특히 우리의 시각과 기억이 크게 확장되었다. 그곳에서는 권리에 따라 어떠한 시각 이미지라도 즉시 참조, 복제, 전달할 수 있다. 적어도 그 가능성만은 충분히 믿을 수 있을 것이다. 사춘기의 심성이 이러한 공간과 접속하여 상호작용할 때 그곳에 팰릭 걸의 이콘이 소환된다 하더라도 전혀 이상하지 않다. 하물며 다거의, 혹은 우리 자신의 상상 공간과 같이 상상적으로 거세되지 않은 장소에서 그녀는 보다 생생하게 행동할 수 있다. 그녀는 '일상적 현실'과 철저하게 괴리되었고 또 무관하기 때문에, 온갖 가능한 미디어 공간 속에 용이하게 서식할 수 있는 것이다.

미디어와 섹슈얼리티

'날것의 현실'이라는 구분의 유효성은 이미 사라졌다. 이미 현실과 허구라는 대립은 액추얼한 서술에 어떤 도움도 주지 못한다. 진실인지 여부와는 관계없이, 이러한 대립을 자명한 전제로 하는 논의는 대체로 지루하기 짝이 없다. 이 경과는 또한 순수한 허구의 불가능성 혹은 순수한 매체(미디어)의 불가능성에 대응할 것이다. 이러한 인식은 불가역적으로 진행되며, 우리는 어떤 노력을 해도 그 이전의 나이브한 인식으로 돌아갈 수 없다. 현재 우리가 공유하는 환상이란 대략 한 가지, 즉 '우리가 대량의 정보를 소비하면서 살고 있다'라는 환상뿐이다. 그 환상성에 대해서는 전작 『문맥병』에서 상세하게 검토했기 때문에 여기서 되풀이하지는 않겠다.

'정보화된 일상'이라는 환상에서 살아가는 우리에게 있어 '현실 이상으로 리얼한 허구'의 존재 같은 것은 전혀 놀랍지 않다. '허구의 자율성'도 마찬가지이다. 그 공간에서 욕망에 접촉하고 전투하는 소녀들을 기동시키는 것도 매우 자연스러운 행동일 것이다. 나는 여기에 의도되지 않은 욕망의 반전을 읽어 내려고 한다. 우리가 왜 결코 존재할 리 없는 팰릭 걸에 끌리게 되는 것일까. 그것은 세계의 정보화, 즉 세계 전체의 평평한 허구화에 저항하기 위한 전략이 아니었을까.

우리는 오히려 전례가 없을 만큼 허구에 예민해져 있다. 우리의 인식이 항상 제약되어 있다는 것, 그것이 신경계 내지는 심적 조직의 논리를 따라 구성된 이미지에 지나지 않는다는 것. 그리고 모든 인식이 정보화될 수 있다고 믿는 것. 이를 통해 우리는 '모든 것은 허구에 지나지 않는다'고 몇 번이나 되풀이해서 단정할 수 있다. 그러나 주의하자. 그것 또한 나이브한 니힐리즘의 징후에 지나지 않는다는 것을. 예컨대 라캉 이론은 아직 강력한 준거틀이긴 하지만 그 부작용으로 '소박한 유환론', '소박한 형이상학'을 불러오지 않았던가. 이러한 종류의 '인식론적 전회'는 고작 자기언급의 회로에 허구적인 복잡성을 도입할 뿐이다.

정보화 환상에 의한 허구화, 상대화에 끝까지 저항하는 것, 그것이 '성'이다. 일찍이 섹슈얼리티는 '완전한 허구'로 그려진 적이 없으며, 이제부터도 없을 것이다. 내가 헨리 다거의 작품에서, 혹은 일본적 공간에서 발견한 것은 미디어 공간에 노출된 사람들이 '정보화 환상'에 틀어박히려고 할 때 그곳에 리얼리티의 회로를 열기 위해 현현하는 팰릭 걸의 모습이다. 캐릭터 설정이 어떠하든, 혹은 어떠한 '스펙'이 서술되든 우리가 그녀들을 욕망하는 순간 그곳에 '현실'이 개입한다. 그것은 내가 지금까지 진중히 서술해 온 '일상적 현실'이 아니다. 여기서 말하는 '현실'이란 지금 '일상적 현실'의 논리를 기저에 깔고 있는 현실적인 것의 작동을 의미하고 있다. 자신의 욕망의 회로를 통해 우리는 '존재하지 않는 여성의 수수께끼'라는 '현실'과 닿게 되는 것이다. 그때 예를 들면 아니메라는 미디어 공간은 섹슈얼리티라는 '현실'을 확인하

343

기 위한 대피 장소가 된다. 우리는 이곳에서 욕망의 경제를 충분하게 경험한 후 일상생활로 돌아올 것이다. 허구와 현실이라는 대립이 상상적인 것에 불과하다고 이해하는 것은 그 기저에 있는 불가능한 영역으로서의 실재계를 근거로 함으로써 처음으로 가능해진다. 우리는 그것을 우리 자신의 섹슈얼리티라는 현실적인 기능을 토대로 이해할 수 있게 된다.

우리는 팰릭 걸의 존재에서 '현실'을 본다. 왜냐면 '성의 현실'을 모르는 자는 그녀들을 사랑할 수 없기 때문이다. 말할 것도 없이 '성의 현실'은 성 경험의 많고 적음과는 일반적으로 관계가 없다. 그것은 우리가 불합리하게도 성적인 존재일 수밖에 없다는 '현실'과 관련되어 있다. 그러나 사람은 종종 이를 잊으려고 한다. '정보화 환상'은 미디어가 발달됨으로써 우리의 심리가 '상상계'의 원리만으로 작동하기 시작했다는 것처럼 착각하게 한다. 그 전형적인 사례를 예컨대 셰리 터클Sherry Turkle 등의 논의[41]에서 찾아볼 수 있다. 상징계의 소멸과 함께 정신분석은 쇠약해지고, '마음'은 맥킨토시의 데스크톱처럼 시각적 인터페이스로 조작 가능해진다는 예언. 이러한 예언의 유효성은 '성의 현실'을 묵인함으로써 처음으로 가능해진다.

그러한 착각에 빠지지 않기 위해서라도 나는 오타쿠적 삶의 형식을 전면적으로 긍정한다. 나는 그들에게 '현실로 돌아와라'

---

41   셰리 터클, 『접속된 마음接続された心』, 히구라시 마사미치日暮雅通 역, 早川書房, 1998.

같은 설득을 결코 하지 않을 것이다. 그들이야말로 누구보다도 '현실을 알고 있는' 자이기 때문이다. 물론 어떠한 공동체에도 타락과 병리성을 체현하는 삶의 방식은 존재하고, 그 점에 있어서는 마니아 공동체, 오타쿠 공동체 혹은 정신분석의 공동체도 마찬가지다. 여기에서는 오히려 아니메를 사랑하면서 성을 배제하는 태도의 기만성이야말로 고발되어야 할 것이다. '해리된 삶'을 자각하면서 살아가는 것이 어떤 종류의 성실함과 윤리성으로 이어진다고 한다면, 오히려 거짓된 삶의 일관성에야말로 위선과 기만이 머무르기 때문이다.

과도하게 정보화된 환상의 공동체에서 어떻게 '삶의 전략'을 전개해야 할 것인가. 그것이 얼마나 '부적응'과 닮아 있다 한들, 팰릭 걸을 사랑하는 것 역시 적응을 위한 전략인 것이다. 로고스의 구성물인 심적 조직이 미디어를 경유하여 진행하는 정보화에 어떻게 저항할 것인가. '상징계가 기능하지 않는다'라는 오해가 생길 만큼 변질되었고 희박해진 공동체의 논리를 바탕으로 어떻게 '신경증자의 삶'을 살아나갈 것인가. 그 대답 중의 하나가 '자신의 섹슈얼리티를 이용하는 것'이다. 그것이 만약 과도적인 것이라 할지라도 팰릭 걸을 사랑하는 것은 자신의 섹슈얼리티라는 '현실'을 자각하기 위해 우리 자신이 선택한 하나의 몸짓임에 틀림없다.

연표

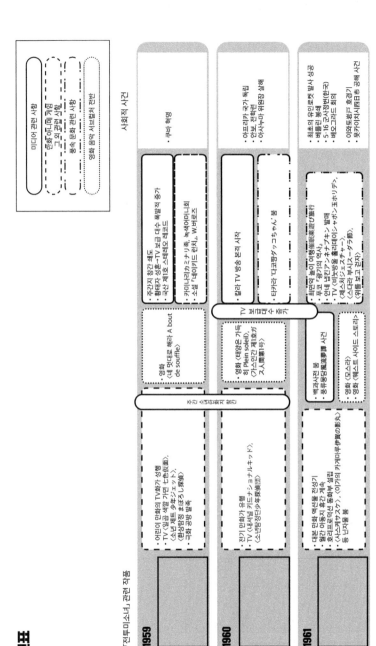

「전투미소녀」 관련 작품

사회적 사건

범례
- 미디어 관련 사항
- 만화·애니메이션 게임 그 외 관련 사항
- 풍속·문화 관련 사항
- 영화 음악 서브컬처 전반

1959

어린이 만화의 TV화가 성행
· TV〈일곱 색깔 가면 七色仮面〉, 〈소년 케트 少年ケット〉, 〈환성마정 まぼろし探偵〉
· 극화 공방 발족

주간 소년매거진 창간

영화
· 〈내 멋대로 해라 A bout de souffle〉

주간지 창간 쇄도
· 황태자 성혼~TV 보급 대수 폭발적 증가
국산 제1호 스테레오 레코드

카메나리카즈리쿄, 녹색어머니회
소설 「네이키드 런치」, W.버로즈

· 쿠바 혁명

1960

전기 만화가 유행
· TV〈내셔널 키드 ナショナルキッド〉, 〈소년탐정단 少年探偵団〉

영화
· 〈태양은 가득히 Plein soleil〉, 〈가스인간 제1호 ガス人間第1号〉

컬러 TV 방송 본격 시작
티가라 '디코짱 ディコちゃん' 붐

TV 보급 대수 증가

· 아프리카 국가 독립
· 안보 전환년
· 아사누마 위원장 살해

1961

대본 만화 액션물 전성기
· 컬러 아동지 휴간 계속
호리 프로덕션 동화부 설립
〈시스케야산〉, 〈이가의 카게마루 伊賀の影丸〉 등 닌자물 붐

백과사전 붐
풍속몽 風流夢譚 사건
영화 〈모스라〉
영화 〈웨스트 사이드 스토리〉

최면약 놀이 여행 催眠薬遊び流行
무크 「걸리버 역사」
인내 남친?~ 네? 키친 발매
TV〈비정방송 홀라이 ジャボン王ホリアー〉, 〈제스처 ジェスチャー〉, 〈스다라 부시 スーダラ 랏샤〉, 〈위틀 보고 왔자〉

· 최초의 유인로켓 발사 성공
· 베를린 붕괴
· 5·16 군사정변(한국)
· 비오그라드 회의
· 이와토 붐 호경기
· 요카이치四日市 공해 사건

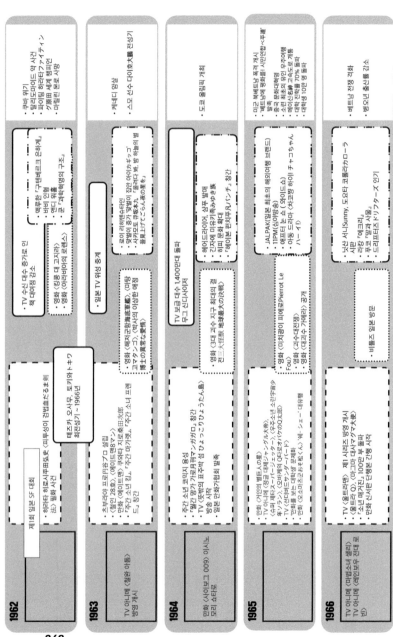

1962

TV 아니메 〈철완 아톰〉
방영 개시

만화 〈사이보그 009〉 이시노
모리 쇼타로

제1회 일본 SF 대회

히라타 히로시平田弘史 〈피투성이 검법血だる舞剣法〉 출판 사건

테즈카 오사무, 도키와장トキワ荘
최전성기 ~ 1966년

- 슈타리아 프로덕션プロ 설립
  - 〈철인 28호〉, 〈에이트맨8マン〉
  - 〈주간 소년 킹〉, 쿠와타 지로桑田次郎 창간
  - 〈주간 마가렛〉, 〈주간 소녀 프렌드〉 창간

- TV 수신 대수 증가로 인
  책 대여점 감소
  - 영화 〈킹콩 대 고지라〉
  - 영화 〈아라비아의 로렌스〉

- 쿠바 위기
- 틸리도마이드 약 사건
- 파미야 허타리アパートィン グ原田 세계 챔피언
- 마릴린 몬로 사망

1963

주간 소년 코믹지 융성
- 〈콜리 양가 기동月刊マンガ가이〉 창간
- TV 〈돗바야 표주박 섬 ひょっこりひょうたん島〉
  방송 시작
- 일본 만화가협회 발족

영화 〈해저군함海底軍艦〉, 〈마탕고
マタンゴ〉
- 고쿠부니 규쿄코桑なるみ, 〈박사의 이상한 애정
博士の異常な愛情〉

일본 TV 위성 중계

로이 리켄슈타인
- 앤틀 워이 〈알맹이 깡온 아이カンギャップ〉
- 사진으로 큐브로서, 〈글러지 박, 밤 하늘의 빨을 올려다보면ぐんぐん空の星を〉

- 케네디 암살
- 스모 선수 다이호大鵬 전성기

1964

극화 소년 코믹지 응성
- 〈월간 가로月刊ガロ〉 창간
- 〈소년 만화 팩〉 창간

TV 보급 대수 1,400만대 돌파
무크 신디A이저

- 영화 〈3대 괴수 지구 최대의 결전
三大怪獣 地球最大の決戦〉

- 헤어드라이어, 샴푸 발매
  - 2차식 미용기족みゆき族
  - 히피 문화 확대
  - 헤어른 펀치ズ,バンチ 창간

도쿄 올림픽 개최

1965

만화 〈거인의 별巨人の星〉
- TV 아니메 〈정글 대제ジャングル大帝〉, 〈우주소년
  소라キ宇宙少年ソラン〉, 〈우주소년 QO太郎〉
- 슈에이샤スーパージェッター, 〈2대책의 오토로가O太郎〉
- 〈신파바ニャンパー〉, 〈사이보그サイボーグ〉
- 만화로도 대박난 만화영
- 영화 〈고수대전〉
- 영화 〈대괴수 가메라〉 공개

- JALPAK(일본 최초의 해외여행 브랜드)
- 1PM〈심야방송〉
- 에프타 논 소 Q〈아이도소〉
- 아동 드라마 〈치크쟝 하이 チャコちゃん
  ハーイ〉

- 미국 베트남 폭격 개시
- 베트남에 평화를! 시민연합ベ平連
  발족
- 중국 문화대혁명
- 소련 최초의 우인 우주여행
- 메이지名神 고속도로 개통
- 대학 진학률 70% 돌파
- 대학생 10만 명 돌파

1966

TV 아니메 〈마법소녀 샐리〉
TV 아니메 〈레인보우 전대로
빈〉

TV 〈울트라맨〉 제1 시리즈 방영 개시
- 〈울트라 Q〉, 〈미그라 대사ウグマ大使〉
- 〈소년 매거진〉, 100만 부 돌파
- 만화 신서판 단행본 간행 시작

- 낫싱 써니Sunny, 도요타 코롤라カローラ
  시판
- 무크 '에크리'
- 무크 '일과 사물'
- 드래프티즈ドラフターズ 인기

- 베트남 전쟁 격화
- 병오년 출산률 감소

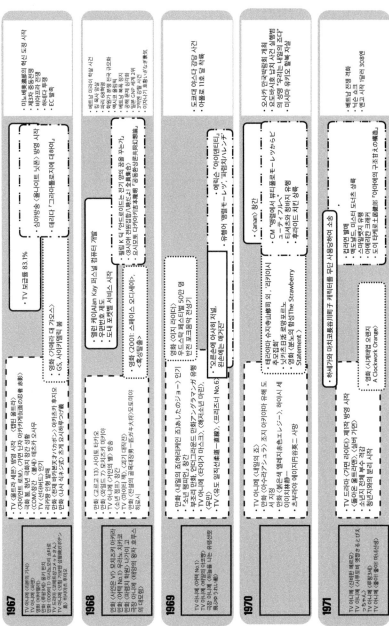

1967

TV 아니메 〈리본의 기사〉
TV 아니메 〈파맨〉
영화 〈바바렐라〉
만화 〈루팡3세〉 몽키 펀치
만화 〈009의 1〉 이시노모리 쇼타로
TV 드라마 〈코메트상コメットさん〉
TV 아니메 〈모험 가보텐 섬冒険ガボテン島〉 히사마츠 후미오

- TV 〈울트라 세븐〉 방영 시작 〈캡틴 울트라〉
- 〈자이언트 로보〉, 〈가면 닌자 아카카게仮面の忍者 赤影〉
- 극화 붐, 청년 극화지 창간 성황
- 〈COM〉창간 〈불새〉 데츠카 오사무
- TV 〈선더버드〉 인기
- 리카짱 인형 발매
- 만화 〈천재 바카본天才バカボン〉 아카츠카 후지오
- 만화 〈나사 식ネジ式〉 츠게 요시하루つげ義

- 영화 〈가메라 대 갸오스〉
- GS, 사이키델릭 붐

- TV 보급률 83.1%

- 심야방송 〈올나이트 닛폰〉 방영 시작
- 데리다 『그라마톨로지에 대하여』

- 미노베美濃部의 혁신 도정 시작
- 제3차 중동전쟁
- 비아프라 전쟁
- 하네다 투쟁
- EC 발족

1968

만화 〈사인은 V!〉 모치즈키 아키라
만화 〈어택 No.1〉 우라노 치카코
만화 〈파렴치 학원〉 나가이 고
극장 아니메 〈태양의 왕자 호루스의 대모험〉

- 만화 〈고르고 13〉 사이토 타카오
- 만화 〈와일드 7〉 모치즈키 미키야
- TV 아니메 〈거인의 별〉 방송
- 〈소년 점프〉 창간
- TV 〈마이티 잭〉, 〈괴기 대작전〉
- 만화 〈전설의 골목대장男一匹ガキ大将〉모토미야 히로시

- 영화 〈2001: 스페이스 오디세이〉, 〈혹성탈출〉

- 앨런 케이Alan Kay 퍼스널 컴퓨터 개발
- 우편번호 제도
- 도내 포켓벨 서비스 시작

- 필립 K 딕 『안드로이드는 전기 양의 꿈을 꾸는가』
- 〈8시야! 전원집합八時だよ! 全員集合〉
- 요시모토 다카아키吉本隆明 『공동환상론共同幻想論』

- 베트남 미라이 학살 사건
- 킹 목사 암살
- 파리 68혁명
- 학원가 분쟁 전국 규모화
- 멕시코 올림픽
- 베트남 북폭 정지
- 공해 문제 심각화
- 일본 GNP 세계 2위
- 3억엔 강탈 사건
- 이자나기 호황いざなぎ景気

1969

TV 아니메 〈어택 No.1〉
TV 아니메 〈비밀의 아코짱〉
극장 아니메 〈하늘을 나는 유령선飛ぶゆうれい船〉

- 만화 〈내일의 죠(허리케인 죠)あしたのジョー〉 인기
- 『소년 챔피언』 창간
- 부조리 만화, 언더그라운드 만화アングラマンガ 유행
- TV 아니메 〈타이거 마스크〉, 〈해저소년 마린〉, 〈무민〉
- TV 〈유도 일직선柔道一直線〉, 〈프리즈너 No.6〉

영화 〈이지 라이더〉
우드스탁 페스티벌 50만 명
반전 포크음악 전성기

- "오른손에 아사히 저널, 왼손에는 매거진"

- 에릭슨 『아이덴티티』
- 유행어 '맹렬モーレツ', '파렴치ハレンチ'

- 도쿄대 야스다 강당 사건
- 아폴로 11호 달 착륙

1970

- TV 아니메 〈내일의 죠〉
- 만화 〈아수라アシュラ〉 조지 아키야마 유해 도서 지정
- 만화 〈붉은색 엘레지赤色エレジー〉, 하야시 세이이치林静一
- 츠부라야 에이지円谷英二 사망

- 테라야마 슈지寺山修司 외, '리키이시 추모집회'
- 닛카츠日活 로망포르노
- 영화 〈분노의 함성The Strawberry Statement 〉

- 〈anan〉 창간

- CM "맹렬에서 뷰티풀로モーレツからビューティフルへ"
- 티셔츠와 청바지 유행
- 후라이드 치킨 상륙

- 오사카 만국박람회 개최
- 요도바시호 납치 사건 실행범의 성명 "우리는 내일의 죠다"
- 미시마 유키오 할복 자살

1971

TV 아니메 〈신비한 메르모〉
TV 아니메 〈사루토비 엣짱さるとびえっちゃん〉
TV 아니메 〈루팡3세〉
TV 아니메 〈좋아! 좋아! 마녀선생〉

- 하세가와 마치코長谷川町子 캐릭터를 무단 사용당하여 소송

- TV 드라마 〈가면 라이더〉 제1작 방영 시작
- 〈돌아온 울트라맨〉, 〈실버 가면〉
- 소년지 전체 부수 격감
- 청년지와의 분리 시작

- 영화 〈시계태엽 오렌지 A Clockwork Orange〉

- 컵라면 발매
- 맥도날드, 미스터 도너츠 상륙
- 스마일뱃지 유행
- 아메리칸 크래커
- 도이 타케로土居健郎 『아마에의 구조甘えの構造』

- 베트남 전쟁 격화
- 닉슨 쇼크
- 엔고 시작 1달러 308엔

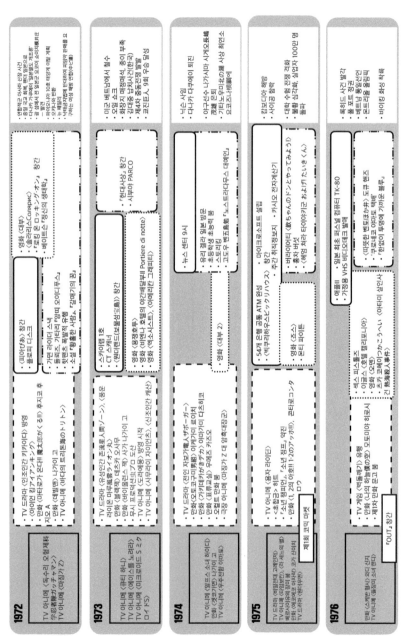

1977

- 미국 카터 대통령 취임
- 일본 정국내 일본항공 472편 납치 사건
- 샤다트 이스라엘 방문
- 블랙 선거제, 전후 최대 도산
- 오사다하루 세계 기록 765호 홈런

- 컴퓨터 시장 1조 달러
- 마이컴 개발 붐
- 아스키・MS커뮤니티 설립

- 《베이직》 창간
- 슈퍼에이프 붐

- 영화 〈스타워즈〉
- 영화 〈미지와의 조우 Close Encounters Of The Third Kind〉
- 영화 〈카지노〉, 〈둘기〉

- 여자 프로레슬링 붐
- 극장 애니메 〈우주전함 야마토〉
- 만화 〈여왕 왕국휴명의王国〉
- 만화 〈사이가리 파이레츠すかいぱいレーンツ〉 예
- 구치 하나시
- 〈대가리〉 초바베매マクロすファえんえん王〉
- 카드게임 초바베매이션
- 미국에서 자체 메이션 뱀블류 결성

1978

- 중동 평화회의
- 타이에이카후 나리

- 미국에서 에이즈 환자 확인
- 시험관아기 탄생
- '인간시원'(한센) 단지선물 사건

- 만화 〈미래소년 코난〉
- 극장 애니메 〈안녕 우주전함 야마토〉
- 만화 〈시공됨 나서홈〉
- 다카하시 루미코

- 《電線音頭》
- 서던올스타즈
- 핑크레이디 데뷔

- 일본어 워드 프로세서
- 에어로스미스
- '잃 찾아진 여자' 소문 유포

- 〈베베이의 조우〉창간
- 슈퍼에이프 붐

- 만화 〈솜이 빨라붐의國星〉 오시마 유미코
- 만화 〈i. 2의 신시로 고데이치の미도
- 만화 〈콩나는 커플봄んだカップル〉 아니키의 야
- 만화 〈코마드나 치에〉 하루키 에쓰이
- 성인극장 인기 〈만래이저 헤도〉 자불
- 〈아니메쥬〉 창간
- 프랑스에서 아니메 〈그랜더이저〉 인기

- 영화 〈디어 헌터〉
- 영화 〈어래이저 헤도〉

- 데즈카가 본 세상 The World According to Garp
- 카라타나 코지 '마르크스와 그 가능성의 중심'

1979

- 홀포트 정권 붕괴
- 이란 혁명
- 제2차 오일쇼크
- 대처 수상 취임
- 도쿄 서미트
- 스리마일 원자력발전소 사고
- 전두환 무데타로 실권 장악
- 소련 아프간 침공
- 공통 일차시험 초 실시

- 광선유 실용화
- 퍼스널 컴퓨터 PC-8001 발표

- 하스미 시게히코 『영화의 유혹』 중심질문본선언』
- 『광고비평』 창간
- YMO, 테크노 카트, 워크맨 유행
- 영화 〈지獄의 묵시록《수雲》
- 유행어 '날까니', '돈쓰い'
- 이마쿠치 모모에のしぼげ, 山口百恵 결혼식
- 데즈카노 코지 '마르크스와 그 가능성의 중심'
- 다케다 코죠 たけだ荘の志ん五 の主家

- 〈갈리그 다욘행〉
- 만화 〈영점묘〉창간

- 영화 〈두목의 묵시록〉, 〈시체들의 새벽〉
- 만화 〈택스 맥스〉
- 기타무라 소北村想《弄書》
- 유메노 유민사夢の遊眠社〈소년 사랑少年狩り〉 인기

1980

- 소말리아 난민 130만명
- 광주 민주화 항쟁
- 모스크바 올림픽
- 이란 이라크 전쟁 발발
- 일본 반도체 수출, 자동차 생산
- 세계 1위
- 금속 배트 살인사건
- '액수의 방주' 사건

- 〈넌텐도 게임&워치〉
- CNN 방송 시작
- 후지쓰, 일본IBM이 일본내 매상 주춤

- 〈액면〉 발매
- PC통신 서비스 미니텔 Minitel 상용서비스 시작
- CD 개발

- 루비 큐 유행
- 마돈나, 밸런타인 〈오토 포 이에시스〉
- 타노타かのきん 붐
- 인자이漫才 붐

- 소년지, 청년지 리뉴 코메디
- 〈비코미 스피릿츠〉, '영 매거진' 창간

- 영화 〈두목의 묵시록〉 역습
- 영화 〈스타 트렉〉
- 〈스타 워즈 제국의 역습〉
- 키스 해링 지하철 페인팅

- 파사밀리 개시
- 만화 〈NORA〉 마가자이 사토の羅鵬竜士
- 영화 〈위력 솔담전〉
- 극장 아니메 〈은하철도 999〉
- 만화 〈동물 요요도군 키즈쓰하로
- 극장 애니메 〈루팡3세 카리오스트로の성 弄〉
- 만화 〈예론일라〉 다카하시 루미코
- TV 애니메 〈전설거신 이데온〉

1981

- 레이거노믹스
- 미테랑 대통령 취임
- 포토피아 81
- 샤다트 암살
- 시가와 잇세이 파리 식인 사건
- 스페이스 셔틀 1호 발사

- 《포카스》 창간
- 과학잡지 창간 러시
- 전일본 복주속 고양이 연합! 얼토당토 않은奇怪な蝙蝠 붐
- DC 브랜드 붐
- 소설 '안녕 경들이여, 다카하시 건너거로
- 소설 〈아엔지 크리스탈〉 다나카 야스오

- 《포카스》 창간
- 메시밀리 개시
- MTV 개국
- 스에이크엑 쇼
- 영화 〈불의 전차Chariots of Fire〉

- RPG 〈위저드리〉 인기
- 만화 〈닥터 미다치 미쿠〉
- 4컷 만화 붐
- 〈코미 봉통コミックボンボン〉 창간

- TV 애니메 〈시골남 나서톰〉・86년
- 만화 〈갓츠아이다〉 쇼조 초카시
- 〈세다녹색 기러운〉
- 제20회 코미 SIC1마〈다이ⅢⅢ 오ㅁ입 얼롬〉
- TV 애니메 〈홍장미 소녀 엔디〉

351

1982

- 일본항공 350편 추락 사고
- 호텔 뉴 재팬 화재
- 포클랜드 전쟁
- 레바논 내전
- 나카소네 내각

- 나카이 히사오 「분열병과 인류」
- 도쿄 디즈니랜드 개장
- 하비노 카츠히코 『백과전서』
- 예능 <오레타치 효킨조쿠> 방송 시작
- TV <우리들은 이상하다 ちひょうきん族人>
- 이토이 시게사토 カ피라이터 전성기

CD 플레이어 발매

- 애니 크레딧 전성기
- 진로의 붐
- 애니메이션 <질베르의 연동말> 타카노 후미코
- 제네럴 프로덕션 설립

- 영화 <블레이드 러너>
- 영화 <E.T.>
- 영화 <트론>

- 애니메이션 <초시공요새 마크로스>
- 극장 애니메이션 <1001 나이츠> 가츠히코
- 애니메이션 <시끌별 녀석들 온리 유>
- TV 애니메이션 <톤더라 전화대국 폰포코란>
- TV 애니메이션 <시끌별 녀석들>
- TV 애니메이션 <신 이야기 코보코로>
- <DAICON IV 오프닝 필름>

1983

- SDI 구상
- 아키노 암살
- 그러나다 침공

- 오키나와 은퇴
- 메도 사건 1.5년 기념으로
- 애니 강좌방 넷플릭스
- <드 데이 에듀>
- <구조아 함>
- <타케우치 메미 크리에이터스>
- 마이클 잭슨

- 카드식 공중전화
- 닌텐도 패미컴 발매
- 해커 등장

- 영화 <시간을 달리는 소녀>
- 영화 <전영의 메리 크리스마스>
- 영화 <스타워즈 제다이의 귀환>

- 게임 <캣츠아이>
- GAINAX 발족
- 나카모리 아키오 '오타쿠' 명명
- 가지와라 잇키 복상성해체로 제포
- 애니메이션 <북두의 권> 하라 테츠오
- 극장 애니메이션 <환마대전>
- 최초 OVA <DALLOS>

1984

- 소고기, 오렌지 수입 자유화
- 구리코·모리나가 사건
- 로스앤젤레스 올림픽
- 반도 마르코스 데모
- 흘레 개념점

- 스위프지의 성 권리 기사를 국회에서 문제시
- 누 아가데미즘
- '누로맨서'
- 파티맨 공수군

애플 매킨토시 발매

- 마돈나
- 영화 <터미네이터>, <그렘린>, <고지라>

- 게임 <슈퍼마리오 브라더스>
- 애니메이션 <풍선의 협곡 아이들의 노래>
- 애니메이션 <가루의 전사는 난도를 다리미 요시하라
- 애니메이션 <자화의 시 꼬마 요시오에>
- <에니메일 코믹> 창간, 아니메지 쿠인
- TV 애니메이션 <타치> OVA <천사의 알>
- 초등학교 교과서에 대조가 오니무 사도 신에이
- 아니메 전집 <Newtype> 창간
- OVA 아데나 대전설

1985

- 그린피스호 사기장 취임
- 츠쿠바 과학박람회
- 남극 고층기의 관측 성립
- 일본 에이즈 환자 제1호
- 문부성 이지메 문제에 대한 긴급대책 발표

- NTT 발족
- 닥쿠리오 초콜릿 붐
- IBM 노트북 PC 발표

- 헤드컴
- 영화도리
- 라이브에이드

- 웰레폰 클럽 탄생
- 영감의복
- 뉴스 스테이션

- 영국 TV <멕스 헤드룸>
- 영화 <백 투 더 퓨처>

- <도쿄 여고생 제토드루>
- <지네를 넘어 얀버~얀~얀> 방송 개시
- <차리복을 벗기지 않아요>
- <세계에서 꼬라 하든 보임도 원더랜드>

- 게임 <드래곤 퀘스트>
- <주간 소년 점프 400만 부 돌파
- 애니메이션 <핫 로드> 주무기 타루
- 애니메이션 <차비마루군> 사쿠라 모모코
- 애니메이션 <세인트 세이야>
- TV 애니메이션 <드래곤 볼>
- 츠리 코믹 레이디스 코믹

1986

- 스페이스 셔틀 폭발
- 체르노빌 원자력 발전소 사고
- 도이 타카코 사회당 위원장 선출
- 나가노구 후지미 중학교 이지메 사망 사건
- 사토로프 박사 귀환
- 다이에나 왕비 붐
- 닛사 개발의 죽음
- 마이크 타이슨 사장 챔피언

- 신흥종교법
- 오카다 유키코 자살
- 일정화 머리 길이, 몸에 밀착되던 옷 유행
- <맨드 는는>
- <남녀 7인의 여름 이야기> 방영
- 초등학생, 소문 네트워크 자전 설명

- 워드프로세서 '이치타로 一太郎' 히트

- 영화 <에일리언 2>
- 영화 <브레즈> <블레이드>

- 애니메이션 <YAWARA! 우라사와 나오키
- OVA <프로젝트 A코>
- OVA <길포스>
- 애니메이션 <세인트 세이야>
- TV 애니메이션 <애돈 알요>

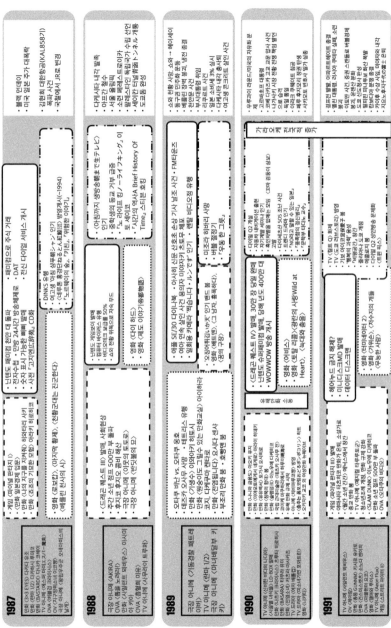

1987

- 블랙 먼데이
- 미국 일본 주가 대폭락
- 김현희 대한항공(KAL858기) 폭파 사건
- 국철에서 JR로 변경

- 닌텐도 페미컴 천만 대 돌파
- 전자수첩
- 숫자 표시 가능한 삐삐 발매
- 사전 『広辞苑』 CD화
- 페미컴으로 주식 거래
- DAT
- 전신 다이얼 서비스 개시

- DINKS 유행
- 애교성 '아침 샤워族シャン' 인기
- 〈네루통紅鯨団 반명해사〉(~1994)
- 『노르웨이의 숲』, 『위험한 이야기』

- 게임 〈파이널 판타지〉
- 만화 〈일본경제 입문〉
- 만화 〈란마 1/2〉 다카하시 루미코
- 만화 〈조조의 기묘한 모험〉 아라키 히로히코

- 영화 〈하얀 방탄차〉, 〈마지막 황제〉, 〈언덕軍隊는 진군한다〉
- 극장 아니메 〈벨룬트 전사의 시〉

- 극장 아니메 〈AKIRA〉 유포
- OVA 〈톱을 노려라!〉
- 만화 〈BASTARD!! -暗黒の破壊神-〉 하기와라 카즈시
- TV 아니메 〈시티헌터〉
- 만화 〈3x3 EYES 〉 다카다 유조
- 극장 아니메 〈왕립우주군 오네아미스의 날개〉

1988

- 다케시타 내각 발족
- 야로강 청수
- 서울 올림픽
- 소련 페레스트로이카
- 월레스타인 독립국가 수립 선언
- 세이칸 터널 青函トンネル 개통
- 도쿄돔 완성

- 닌텐도 게임보이 발매
- 컴퓨터 바이러스 유행
- 소비 전망 위축으로 절수 무드

- 〈아침까지 생방송まで生テレビ〉 인기
- 중후생이 동료 거부 금품
- 토라이브즈 『ライフキャッシング』이
- 『AZ의 역사A Brief History Of Time』 스티븐 호킹

- 영화 〈다이 하드〉
- 만화 〈제도 이야기帝都物語〉

- 〈드래곤 퀘스트 III〉 발매 500만 부 돌파
- 만화 〈원숭이는 이야기하라〉 아이하라
- 극장 아니메 〈이웃의 토토로〉
- 극장 아니메 〈반딧불이 묘〉

- 극장 아니메 〈기동경찰 패트레이버〉
- OVA 〈톱을 노려라!〉 완결
- TV 아니메 〈란마 1/2〉
- 극장 아니메 〈마녀배달부 키키〉

1989

- 소화 천황 사망, 쇼와 → 헤이세이
- 베를린 장벽 붕괴, 냉전 종결
- 천안문 사건
- 부시대통령 취임
- 리쿠르트 사건
- 일본 소비세 3% 실시
- 다케시타 내각 총사퇴
- 여고생 콘크리트 살인 사건

- 애플 SE/30 다이너북
- 연속 살인 사건 용의자 미야자키 체포
- 〈FM타운즈〉

- 〈아침까지 생방送まで生テレビ〉 인기
- 아사히 신문 신종호 손상 기사 날조 사건
- 미조라 히바리 사망
- 베를 열창기
- 『우동 히루』

- '오징어배イカ天' 인기 밴드 붐
- 만화 〈베토벤, 그 남자, 혹寿하다〉 〈경의 구장〉

- 〈드래곤 퀘스트 IV〉 발매, 30만 장 당일 판매
- WOWWOW 방송 개시

- 영화 〈아비스〉
- 영화 〈드탈 리룹〉〈광란의 사랑Wild at Heart〉, 〈녹차와 슬픔〉

1990

- 우루과이 라운드에서의 자유화 문제
- 고르바초프 대통령
- 코메 다카스카 고교 교문 압사 사건
- 나가사키 시장 전항 전쟁 책임 발언
- 입학금지
- 이란 대지진
- 이라크 쿠웨이트 침공
- 배우 후지오카 정명 분신 사망
- 사카강으로 변호사 실종

- 다이얼 Q2 개설
- 자기부상열차 등장
- 슈퍼패미컴 발매
- 노도 혈액 모임 〈코메 삼형제〉
- 둔카이 SOS 인기
- 트렌디 드라마 붐
- 〈NORの말할 수 없는, 일본〉
- 인디조 구제새이트 창간
- 비 후지오카 정명 분신
- 문색녹 바디오 교수,

- 해이누드 금지 해제?
- 미디어MD 발매
- 데이터 디스크맨

- TV 〈텔레 Q〉 개시
- TV 아니메 〈꾸러기 수비대〉 방영
- 기업 이미지광고 활성
- '복지의 과학' 완성
- 『면생공간』 창간
- 출간다녀 도쿄 개업
- 다이얼 Q2 선이행송 문제화

- 게임 〈파이널 판타지III〉 발매
- 〈마벨 소녀 고간2〉 엑스박스에 창간
- 청소년보호 개정 만화 규제 강화
- 〈SLAM DUNK〉 이노우에 다케히코
- 만화 〈소년 점프 500만 부 돌파
- OVA 〈오타쿠의 비디오〉

1991

- 걸프전 발발 아메리칸세계 충격
- 렌지아 쿠데타 실패 소련
- 붕괴
- 붕괴 사건, 운겐 스캔들로 버블경제
- 붕괴, 운겐다케 분화
- 도쿄 신도청사 완성
- 할메니 피싸우크 발언 폭발
- 카위로 살인사건 이야기의 내각
- 지도 후지타카社의 0조 조사

- TV 아니메 〈사일런 머비우스〉
- 만화 〈쿠핑 GUNNM, FUTI본 유키토〉
- 만화 〈건소다스코네스 소노치 센야〉
- OVA 〈쿠핑 교보〉
- 게임 〈스트리트 파이터 II〉
- 영화 〈터미네이터 2〉
- 영화 〈사무라이 개념
- 〈무도인 사람〉

353

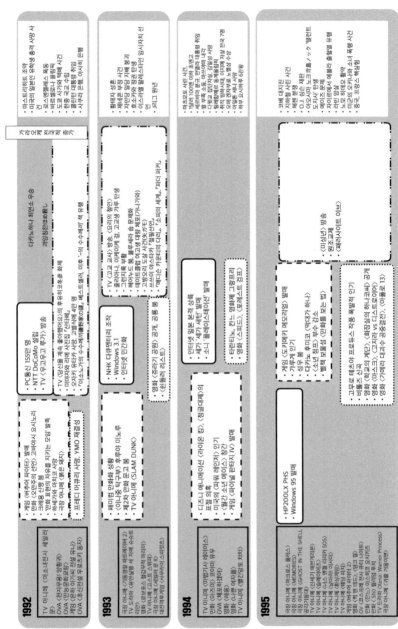

1992

극장 아니메 〈미소녀전사 세일러문〉
극장 아니메 〈MEMORIES〉
극장판 〈GHOST IN THE SHELL〉
공각기동대
TV 아니메 〈쓰레기 쓰레기〉
TV 아니메 〈슬레이어즈〉
TV 아니메 〈나의 이웃〉
TV 아니메 〈영상기행〉
게임 〈천공의 성〉
영화 〈변역동 여도〉
OV 〈코스프레 전사 큐티 나이트〉
애니 〈Sto 헬리컵터〉
TV 드라마 〈Xena Warrior Princess〉
극장 아니메 〈귤물 기월이발〉

게임 〈버추어 파이터〉 발매
영화 〈천녀유혼〉(영혼구)
OVA 〈란마1/2〉
게임 〈은하 아가씨 전설 유나〉
OVA 〈초신전설 우로츠키〉(童)

프레데리 미쓰리 사망, YMO 재결성

PC통신 155만 명
NTT DoCoMo 설립
TV 〈우고우고 루가〉 방송

TV 〈장난을 계속 좋아했나요〉의 후유히코혼슈 화제
미야자와 리에 사진집 〈산타페〉
오자키 유타카 사망, 고별식에 4만 명
'이소노가 이소노가의家家의家' 책 유행

다카하타 치에코의 우승
과잉친족外紀

• 마스트리히트 조약
• 미국의 일본인 유학생 총격 사망 사건
• 로스앤젤레스 폭동
• 바르셀로나 올림픽
• 도쿄 사가와큐빈 사건
• 한중 국교 수립
• 클린턴 대통령 취임
• 사쿠라 은행, 아사히 은행

1993

파트원 만화화 성황
〈이노중 두구루 후쿠이 미노루〉
제2차 만화 문고 붐
TV 아니메 〈SLAM DUNK〉

NHK 다큐멘터리 조작
Windows 3.1
인터넷 민간화

TV 〈고교 교사〉 방송
쓰리나리 이케하라 김, 교고생 가루 탄생
그린차 붐 가속
헤이노드 팀 볼룸셀라 슘 유행화
데이트콤 이곳성 대화 세포〈가니가야〉
쇼쇼이 이스카가 〈달짝사랑 신언〉
메이딘 카르텔의 다리 , '스미의 세계 , 데터 마커

• 황태자 성혼
• 제네콘 부정 사건
• 자민당 일당 지배 붕괴
• 호소카와 정권 탄생
• 이스라엘·팔레스타인 잠시자치 선언
• 피터 윈터

영화 〈쥬라기 공원〉 공개, 공룡 붐
〈스필버그 리스트〉

1994

디즈니 애니메이션 〈라이온 킹〉, 〈정글대제〉의
표정 의혹
게임 〈미녀가시 테이아스〉 인기
〈물과 소년 레이오스〉 참간
게임 〈파이널 판타지 Ⅵ〉 발매

인터넷 일본 본격 상륙
세가 '세가 새턴' 발매
소니 '플레이스테이션' 발매

• 마쓰모토 사린 사건
• 엘리 100엔 이하 초엔고
• 세이와이 분쿄, 만골라 대통령 취임
• 발 녹소 소로, 미스와카 내각
• 팽로교 부정자살, 감불성 사망
• 화기 방위시대 이가께 자살 전국 7명
• 9에 전자자료 노령우 수성
• 아일톤 세나 사망
• 히루 오사카후 6인상

닌텐도, 칸코 영상체 그림프리
영화 〈스피드〉, 〈포레스트 검프〉

1995

• 코베 대지진
• 지하철 사린 사건
• 제2분 분열
• O.J. 심슨 재판
• 아스카마 노크滿品 벨트
• 도사山 탄생
• 에이즈 문제
• 자이르에서 에볼라 출혈열 유행
• 라빈 암살
• 노모 히데오 활약
• 미국 오키나와 소녀 폭행 사건
• 중국·러시아 공동성명, 〈아폴로 13〉

HP200LX PH5
Windows 95 발매

게임 〈도키메키 메모리얼〉 발매
가루계 인기
신우 붐
다카노 후미코 〈막대가 하나〉
〈소년 점프〉 부수 감소
별책 보물섬 〈만화를 보는 법〉

고무 테조아 프로듀스 작품 독습창작 인기
영화 〈학교의 계단〉, 〈화장실의 하나코씨〉 공개
영화 〈마스크〉, 〈고지라 vs 디스트로이어〉
영화 〈카메라 대괴수 공중결전〉, 〈아톰로 13〉

〈미성년〉 방송
원조교제
〈페리사이트 이브〉

가요
음악
사회
정치
국제
문화
일반

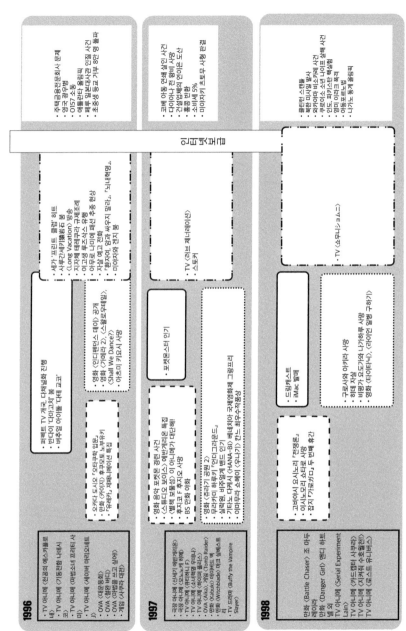

1996

- TV 애니메 〈천공의 에스카플로네〉
- TV 애니메 〈기동전함 나데시코〉
- TV 애니메 〈마법소녀 프리티 사미〉
- TV 애니메 〈세이버 마리오네트 J〉
- OVA 〈파워돌4〉
- OVA 〈붉은 바다〉
- OVA 〈마법 쓰고 싶어〉
- 게임 〈사쿠라 대전〉

- 퍼페트, TV 캐릭, 다채널화 진행
- 반다이 '데아고자' 붐
- 바추얼 아이돌 '다테 교코'

- 세가 '프린트 클럽' 히트
- 〈Long Vacation〉 방송
- 지자체 태페구라 규제조례
- 여고생 루즈삭스 유행
- 아웃도어 나이에 따른 추종 현상
- 자살 예고 전화
- 『헤지와, 암과 싸우지 말라』, 『나네혁명』
- 미야자와 편지 붐

- 우게다 도시오 '오타쿠론' 공개
- 영화 〈가메라 2〉, 〈스월토닥틸〉,
- 영화 〈인디펜던스 데이〉 공개
- 영화 〈Shall We Dance?〉
- 아츠미 키요시 사망

- 주택금융전문회사 문제
- 영국 광우병 발병
- O157 소동
- 애틀랜타 올림픽
- 페루 일본대사관 인질 사건
- 초음성 동료거부 8만 엔 돌파

인터넷보급

1997

- 극장 애니메 〈서녀기 에반게리온〉
- 극장 애니메 〈모노노케 히메〉
- TV 애니메 〈소녀혁명 우테나〉
- TV 애니메 〈하이퍼 폴리스〉
- OVA 〈Aka〉, 게임 〈Tomb Raider〉
- 만화 〈Kabuto〉 애니메도 됨
- 만화 〈Witchblade〉 미국 애니메스트리
- TV 드라마 〈Buffy the Vampire Slayer〉

- 영화음악 포켓몬 경련 사건
- 〈스틸드 보이스〉 예방/어려운 특징
- 〈별책 보물섬〉의 아니메가 대단해!
- 홋카도 F 홋지오 사망
- BS 만화 야화
- 영화 〈쥬라기 공원 2〉
- 무라카미 하루키 『언더그라운드』
- 살로빈, 바주열계 밴드 인기
- 기다노 다케시 〈HANA-BI〉 베네치아 국제영화제 그랑프리
- 이마무라 쇼헤이 〈우나기〉 칸느 최우수작품상

- 포켓몬스타 인기

- TV 〈러브 제너레이션〉
- 스토커

- 고베 아동 연쇄 살인 사건
- 다이애나 전 영태 사망
- 건설업체에 연이은 도산
- 홍콩 반환
- 소비세 5%
- 미야자키 츠토무 사형 판결

1998

- 만화 〈Battle Chaser〉 조 마두레이다
- 만화 〈Danger Girl〉 앤디 하트넬?
- TV 애니메 〈Serial Experiment Lain〉
- TV 애니메 〈카드캡터 사쿠라〉
- TV 애니메 〈지켜라 수호월천〉
- TV 애니메 〈로스트 유니버스〉

- 고바야시 요시노리 『전쟁론』
- 아시노모리 소타로 사망
- 잡지 『키코가마』 두 번째 휴간

- 드림캐스트
- iMac 발매

- 구로사와 아키라 사망
- 하데 자살
- 비평가 요도가와 나가하루 사망
- 영화 〈타이타닉〉, 〈라이언 일병 구하기〉

- TV 〈쇼윈도ㅁ스〉

- 클린턴 스캔들
- 북한 미사일 발사
- 와카야마 비소카레 사건
- 쿠알라 소년 나이프 살해 사건
- 인도, 파키스탄 핵실험
- 엠티 이라크 폭격
- 아동포르노법
- 나가노 동계올림픽

후기

1993년 가을, 나에게 한 통의 초대장이 도착했다. 세타가야 미술관에서 '아웃사이더 아트'를 테마로 하는 전시회가 개최되었다는 것이었다. '패러렐 비전'이라는 이름을 내건 행사에 왜 나와 같은 일개 동네 의사가 초대를 받았는지 그 이유는 아직도 잘 모르겠다. 때마침 내가 정신과 의사로 일본병적학회日本病跡学会 회원이었기 때문일지도 모르겠다. 일기를 보면 내가 실제 그곳에 갔던 것이 10월 17일, 매우 맑은 일요일이었던 것으로 기억한다.

병적학에서 유명한 프린츠호른 컬렉션을 즐기고 있었던 나를 기다리고 있던 것은 전혀 예기치 못했던 작가와의 만남, 말 그대로 사고와 같은 만남이었다. 헨리 다거라는 들어본 적도 없던 그 작가가 그린 그림은 필시 '예술'과는 다른 각도에서 돌연 나타나 나를 기습했다. 내가 다거의 그림의 실물을 보게 된 것은 이때

359

와 또 한 번, 약 3년 후 1997년 1월에 긴자 아트스페이스에서 개최된 개인전에서였다. 그럼에도 불구하고 나는 다거에 대한 동경이라는 불합리한 감정을 아직도 온전하게 가지고 있다. 제대로 된 화집 하나 존재하지 않는 이 화가에 대한 연모인지 향수인지 알수 없는 감정은 점점 강해지기만 했다. 정통적인 것을 경원하는 한편 주변적이고 가장자리에 있는 것에는 쉽게 끓어오르는 취약한 감성이 나에게 그러한 선택을 강요했던 것일까. 확실히 그렇기도 하다. 그러나 그뿐만은 아니다. 나는 그것을 나에게 증명하기 위해 이 책을 쓰기 시작했다고 해도 과언이 아니다.

본문 중에 몇 번이나 다루었던 바와 같이, 다거와 세일러 문이 유사하다는 모 씨의 지적에서 나는 '전투미소녀'라는 이콘의 특이성을 떠올리게 되었다. 그 후로 이 책의 테마를 구상했던 것은 1994년 9월이었다. 지금은 없어진 일반인 대상 정신의학 잡지 『라 루나ら・るな』 창간호에 '뭐든지 괜찮은 비평문'을 청탁받아 쓰게 된 것이 「헨리 다거의 팰릭 걸즈」라는 짧은 글이었다. 그 후 마찬가지로 지금은 없어진 세이도샤青土社의 잡지 『이마고』에 「팰릭 걸즈가 경계선을 넘다」라는, 조금 긴 논고를 쓰게 되었다. 이 글은 이전의 저서 『문맥병—라캉/베이트슨/마투라나』(青土社, 1998)에 수록되어 있는데, 결론은 이 책과 정반대로 오히려 유약화되어가는 미디어 공간을 경고하는 어조였다. 지금 읽어 보면 쓴웃음이 나는 부분도 있지만 어쨌든 그만큼의 시간이 지났구나라고 생각되기도 한다.

나의 글쓰기 스타일은 언제나, 어떤 때는 완성까지 장기간이 필요한 경우도 있어서 '쓰면서 생각'하는 것을 피할 수 없었다. 처음에는 '오타쿠'도 어느 정도 비판적으로 논하고자 했지만, 결과적으로 이 책은 '오타쿠 옹호'라는 방향으로 크게 바뀌어 버렸다. 집필 과정에서 몇 명의 '오타쿠'들과 만나고 취재를 진행하면서 나의 오해를 깨달았기 때문이다. 특히 '오타쿠'적인 욕망의 본질, 판타지와 일상의 모드 체인지에 관해 구체적으로 알 수 있었던 것은 매우 의미 있는 체험이 되었다. 아마도 오타쿠 비판이라는 자세에 얽매여 있었다면 나는 결국 이 책을 쓸 수 없었을 것이다.

내가 가졌던 가장 큰 오해는 오타쿠 스스로가 본인의 존재를 밝힐 수 없다 하더라도 그들에게 완전하게 공감할 수 있다는 근거 없는 확신을 가졌던 점이다. 아니메 시리즈를 꼬박꼬박 챙겨봤던 경험은 부족하더라도, 책이나 인터넷으로부터 얻은 정보만 있었다면 나는 마치 오타쿠 그 자체와 비슷하게 아니메에 대해 말할 수 있지 않을까. 물론 그것은 착각에 지나지 않았다. 이러한 공감 능력은 가장 중요한 점에서 전혀 작동하지 않았다. 예를 들어 나는 지금까지도 '모에'라는 감각을 전혀 알 수가 없다. 아니메 그림이나 성우의 연기에도 여전히 위화감을 금치 못하고 있다. 물론 '오타쿠 공동체'의 외부에서 바라본다는 관점을 의도한 이상, 거리를 유지하는 데 있어 공감의 결여는 유리한 점도 있다. 그러나 내가 그러한 자질이 없다는 것은 많은 친구들을 통해 보완될 필요가 있었다. 자신의 성생활을 포함한 귀중한 증언과 많은

유익한 조언으로 나를 도와주었던 젊은 친구, 하나사키 다카시花
咲貴志 씨 등, 협력해 주신 모든 분께 감사를 드린다.

　다소간이나마 뒷이야기를 적어 보도록 하자. 이 책은 말하자
면 유랑의 기획이었다. 『이마고』에 논고가 게재되고 난 직후, 어
느 편집자로부터 단행본으로 써 보지 않겠느냐는 제안을 받았던
것이 이 책의 발단이었다. 마음이 크게 동해서 받아들였지만, 당
시 나는 임상 업무 외에 단행본 두 권의 기획을 안고 있었다. 세
권을 동시에 진행한다는, 글쓰기 초보의 서투른 진행으로 인해
글은 늦어지고 늦어졌다. 너무나 지체되어 가망이 없다고 생각했
었던가, 그 편집자로부터 점점 연락이 없어져 버리고 말았다. 그
러나 지금 생각해 보면 여기서 기획이 일단 보류되었던 것은 행
운이었을지도 모른다.

　아쉬운 채로 놓아두었던 이 아이디어에 관심을 보여 주었던
것이 오오타 출판太田出版의 편집자 스기우라 나오유키杉浦直行 씨
였다. 스기우라 씨는 내 첫 단행본 『문맥병』을 쓸 때에도 파트너
로 깊게 관여했으며 내가 개인적으로 가장 신뢰하는 편집자였다.
그의 격려를 받아 나는 반 정도 써 놓은 원고에 간신히 손을 대기
시작했다. 그러나 그 스기우라 씨도 편집 작업 중반에 개인적인
사정으로 편집자 일을 그만두게 되었다. 스기우라 씨의 배려로
이 기획은 오오타 출판의 나이토 유지内藤裕治 씨에게 인계되었다.
이는 두 번째 바톤 터치였다. 나이토 씨는 『비평공간批評空間』의
편집이라는 어려운 작업과 동시에 세밀하게 원고를 체크해 주었

다. 아니메나 만화는 도저히 그의 수비 범위가 아니었던 듯하여, 꽤 고통스러운 작업을 강요했는지도 모르겠다. 그는 가끔 내 문장이 술술 써지는 것을 경계하고 혹은 오해를 정정하여 납득이 가지 않는 해석에 대해서는 명확히 반론을 펴 주었다. 그가 관여하지 않았더라면 이 책은 매우 일반적이고 독선적인 내용이 되었을 것이다. 상당히 오랜 시간이 걸린 이 난산을 포기하지 않고 끝까지 산파로서 같이 해 준 나이토 씨에게 가장 큰 감사의 말씀을 드리고 싶다.

집필에 오랜 기간이 걸린 것의 장점은 실은 다른 점에도 있다. 이 책의 디자인을 맡아 준 아티스트 무라카미 다카시村上隆 씨와 알게 된 것도 그중 하나이다. 그는 현대 미술의 문맥에 오타쿠 문화를 이식하기 위해 많은 매력적인 작품들을 매우 전략적으로 세상에 내놓고 있다. 무라카미 씨의 제작 컨셉의 하나인 '슈퍼 플랫'이야말로 바로 내가 이 책에서 '일본적 공간'으로 기술을 시도하고자 했던 표상 공간임에 틀림없다. 다만 최근에야 그 개념을 알게 되어서 이 책에 인용할 수는 없었지만 말이다. 그 외에도 무라카미 씨가 자주 '문맥'을 중시하는 것도 반가운 공통점이었다 (내가 전에 쓴 책의 이름이 『문맥병』이다). 그러한 이유에서 나는 조금의 주저함도 없이 무라카미 씨에게 전적으로 디자인을 의뢰하기로 결정했다. 나는 이 책을 논리적이면서도 소녀적인 에로스가 풍겨 나오게 하고 싶다고 전부터 생각하고 있었다. 그러나 나의 문체는 안타깝게도 아직 성적 매력을 풍기는 수준에는 도달하지 못했다. 그래서 이 책의 섹시 부문을 그에게 전적으로 위탁했던 것이다. 결과는 보시는 대로 멋진 '작품'으로 결실을 맺었다. 이 책은 아티스트 무라카미 다카시가 처음으로 디자인했다는 의미에서도 기념비적 작품이 된다. 나는 무라카미 팬으로서 기쁘고 만족한다. 무라카미 다카시 씨의 깊은 마음의 감사를 드린다.

2000년 2월 8일 이치카와市川 시 쿄토쿠行德에서

사이토 마사키

이 책은 오오타 출판사에서 2000년 4월에 처음 간행되었다.

문고판 후기

저자가 예상하지 못했던 반향을 불러왔다는 점에서 이 책은 정말로 행복한 책이다. 이 책을 출판했던 후의 반향과 그 후의 흐름에 대해서는 아즈마 히로키東浩紀 편저 『망상언론 F 카이網状言論 F改』(青土社)에 쓴 대로이기 때문에 반복하지는 않겠지만, 내가 이 책에서 보여준 '오타쿠의 섹슈얼리티'의 문제는 확실히 다음 세대로 바톤 터치되었다고 새롭게 느끼고 있다. 아즈마 히로키 씨는 이 책에도 충실한 해설을 써 주었다. 여기에 감사의 마음을 남겨두고자 한다.

생각해 보면 이 책을 출판했던 타이밍은 아슬아슬했다. 특히 2000년대 이후 급속하게 진행된 '모에 버블'의 상황에서 질적으로도 양적으로도 극단적으로 확산된 오타쿠 문화의 동향은 이미 개인이 그 전모를 말할 수 있는 대상이 아니게 되었다. 특히 미연

시ギャルゲ- 쪽에 관한 지식이 부족한 나는 눈이 돌아갈 정도로 빠르게 변모하는 현재의 동향을 차곡차곡 수집하여 따라갈 자신이 전혀 없다. 그런 의미에서도 이 책은 행운이었다.

『망상언론 F 카이』 이외에도 이 책에 관심이 있는 독자가 꼭 보았으면 하는 참고 문헌이 몇 편 있어서 여기에 소개해 두도록 한다.

· 아즈마 히로키, 『동물화하는 포스트모던—오타쿠를 통해 본 일본 사회動物化するポストモダン - オタクから見た日本社会』, 講談社 現代新書(최근의 본격적인 오타쿠론을 한 권 고르라면 이 책을 추천한다.)[한국어 번역은 아즈마 히로키, 『동물화하는 포스트모던: 오타쿠를 통해 본 일본 사회』, 이은미 옮김, 파주: 문학동네, 2007.—옮긴이]

· 노비 노비타野火ノビタ, 『어른은 우리를 이해하지 못한다大人は判ってくれない—野火ノビタ批評集成』, 日本評論社(내가 아는 한 '야오이' 비평의 최고봉. 나와의 대담도 수록).

· 존 M. 맥그리거John M. MacGregor, 코이데 유키코小出由紀子 역, 『헨리 다거 비현실의 왕국에서』, 作品社(일본 최초의 본격적인 화집. 이만큼 충실도가 높은 책은 해외에서도 찾을 수 없다).

· 국제교류기금, 『오타쿠: 인격=공간=도시 베네치아 비엔날레 제9회 국제건축전—일본관 출품 피규어 동봉 카탈로그おたく：人格＝空間＝都市 ヴェネチア・ビエンナーレ 第9回国際建築展—日本館 出展フィギュア付きカタログ』, 幻冬社(내 작품 「오타쿠의 방おたくの個

室」이 게재되어 있다).

· 모리카와 카이이치로森川嘉一郎, 『취미 도시의 탄생—'모에'하는 아키하바라趣都の誕生-萌える都市アキハバラ-』, 幻冬社(비엔날레 일본관의 커미셔너 모리카와 카이이치로 씨의 데뷔작).

· 아즈마 키요히코あずまきよひこ, 〈아즈망가 대왕(1)-(4)あずまんが大王(1)-(4)〉, メディアワークス(오타쿠 유전자가 결여된 나를 비롯해서 '모에'에 눈을 뜨게 해준 최초의 만화, 단순하게 만화 작품으로서도 대단하다).

· 키오 시모쿠木尾士目, 〈현시연(1)-(7)げんしけん(1)-(7)〉, 講談社 (현대 '오타쿠'의 생태가 가장 리얼하게 그려진 만화 작품)

그리고 이 책의 편집을 담당해 준 나이토 유지 씨는 2002년 5월 19일 암성 복막염으로 38세의 나이에 세상을 떠났다. 다시 한 번 감사드리면서 이 책을 나이토 씨의 묘에 바치고자 한다.

2006년 4월

사이토 타마키

『동물화하는 포스트모던』을 키운 누나

해설
『동물화하는 포스트모던』을 키운 누나

아즈마 히로키

　　최근 수년 간 오타쿠나 아니메를 둘러싼 상황은 극적으로 변했다. 미야자키 하야오가 아카데미상을 수상했고, 무라카미 다카시가 미술계를 석권했으며, 베네치아 비엔날레에서 오타쿠전이 열리면서 '모에'가 유행어가 되고 라이트노벨 붐이 왔으며 콘텐츠 산업의 동향이 매일 경제지를 장식하게 되었다. 작년 가을에는 『유레카』에서 아니메와 만화 비평 특집이 연달아 기획되었다. 오타쿠와 아니메를 연구한다고 해도 지금은 고개를 숙이지 않아도 된다.

　　그러나 사이토 타마키 씨가 『전투미소녀의 정신분석』 단행본을 출판했던 2000년 4월의 시점에는 상황이 전혀 달랐다. 아키

371

하바라는 그냥 전자제품 거리였고 소프트파워 같은 것이 언급되는 일은 없었다. 아니메나 게임에 대한 글들 다수는 업계의 필자가 쓴 르포르타주거나 팬을 위한 설정 자료 혹은 억측으로, 학문적 일관성을 목표로 한 연구는 거의 시도된 바 없었다. 미소녀 게임이나 라이트노벨은 일반인에게 알려져 있지 않았고, 인터넷이 지금과 같이 얼터너티브한 비평의 장으로서 기능하지도 않았다 (개인 홈페이지는 1990년대부터 개설되었지만, 블로그나 SNS 전성기인 현재와는 상황이 매우 달랐다). 그리고 애초에 1995년의 〈에반게리온〉 이후, 그에 필적할 충격조차도 없는 채로 5년이 지났고 일반인의 눈에서 보면 오타쿠의 존재감 그 자체가 점차 줄어들었다. 즉 오타쿠에 대해 사회적 관념을 가지고 논하는 시도는 당시 매우 희소한 일이었던 것이다. 그러던 중에 제1선에 있는 정신과 의사가 오타쿠의 상상력과 섹슈얼리티에 대해 본격적으로, 그리고 내재적으로 논하는 이 책의 출판은 커다란 사건이라고 해도 좋다.

그 상황이 현재의 젊은 독자들에게서는 잘 보이지 않는다고 생각하기 때문에 다시 한 번 강조해 두도록 한다. 현재 일본에는 사회학과 서브컬처 분석이 교차하는 곳에서 새로운 비평이 태어났으며 독자의 지지를 모으기 시작했다. 그것은 1980년대풍의 포스트모더니즘과는 다르지만 1990년대의 현실 지향과도 다른 새로운 타입의 언설로, 유럽이나 미국에는 이와 같은 것은 없다. 그 언설 공간은 구체적으로 필자의 『동물화하는 포스트모던』(2001)과 모리카와 가이치로의 『취미의 메카 탄생』(2003), 키타다 아키

히로北田曉大의 『비웃는 일본의 '내셔널리즘'嘲う日本の'ナショナリズ
ム'』(2005), 이토 고伊藤剛의 『데츠카 이즈 데드テヅカ・イズ・デット』
(2005)라는 저작들로 형성되었으며, 그 주변을 무수한 블로그가
둘러싸는 형태로 성장하고 있다. 아마 이 문고판을 손에 든 독자
의 다수는 이 책의 내용을 그 '새로운 비평'으로부터 역행하여 읽
고 있을 것이다. 그것이 틀린 것은 아니지만, 전도되어 있다. 실제
로는 이 『전투미소녀의 정신분석』이야말로 그 공간을 준비한 선
구적인 저작인 것이다.

그리고 선구적이라 함은 난삽하기도 함을 의미한다. 이 책에
는 실로 많은 노이즈와 모순이 포함되어 있다. 예컨대 이 책은 전
투미소녀의 출현을 '히스테리 증상이 허구 공간, 즉 시각적으로
매개된 공간에서 거울상과 같이 반전된 것'으로 보편적으로 설명
하면서도 일본 독자의 문화 현상으로서 특수한 위치에도 놓고 있
다. 이 두 개의 입장은 타협할 수 없으며, 실제로 이 책에서 불협
화음을 일으키고 있다. 애초에 헨리 다거의 작품 분석에서 라캉
주의 정신분석 이론, 그리고 오타쿠의 고백까지 담긴 구성은 너
무나도 복잡한데다 주제를 확장시키고 있다. 그러나 이러한 약점
은 논의의 미성숙이라기보다 저자의 열의와 새로운 패러다임을
낳는 괴로움을 보여주고 있다고 생각하는 편이 낫다. 출판된 후 6
년이 지난 지금도, 이 책에는 전개되지 않은 수많은 힌트와 아이
디어가 잠자고 있다. 독자들이 이 가능성을 자신의 손으로 거머
쥘 수 있기를 바란다.

그런데, 이렇게 해설을 쓰고 있는 필자 자신도 『전투미소녀의 정신분석』의 출판에 결정적인 영향을 받은 한 사람이다.

필자가 사이토 씨와 처음으로 만났던 것은 1999년이었다. 사이토 씨와 필자 사이에는 10년 가까운 연령차가 있었지만, 같은 방식으로 현대 사상과 오타쿠 사이를 오고가는 인간으로서 필자는 바로 친근감을 느끼게 되었다. 그리고 실제로 공동으로 일도 하였다. 그렇다 하더라도 당시에는 사이토 씨도 필자도 오타쿠 그 자체를 주제로 하는 책은 쓰지 않았다. 만약 그 상황이 이어졌다면 필자는 지금도 아니메와 게임에 대해 현대 사상의 언어로 말하는 데 만족하는 퇴물 오타쿠 비평가(혹은 퇴물 비평가 오타쿠)로서 어중간한 존재로 남아 있었을지 모른다.

그러나 이 책의 출판은 그런 필자에게 자신이 서 있는 위치를 되돌아볼 수 있는 좋은 계기를 제공해 주었다. 왜냐하면 필자는 사실 이 책을 일독하고(세부적인 논의에는 설득되면서도) 전체적으로 큰 위화감을 느꼈기 때문이다. 그곳에서 필자는 처음으로 자신이 왜 오타쿠에 대해 생각하는 것인가, 오타쿠에 대해 생각하는 것이 왜 필요한가에 대해 정확히 언어화할 필요를 느끼게 되었다. 그러고 나서 썼던 것이 앞서 말한 『동물화하는 포스트모던』이다.

따라서 그곳에는 사이토 씨의 존재가 명시적인 참조 이상으로 큰 그림자를 비추어 주고 있다. 예컨대 그 책은 작품의 해석을 가능한 한 피하고 시각 표상(이미지)보다 소비 형태에 주목해서 오타쿠의 수수께끼를 사회학적 시점에서 풀어 보고자 하고 있는데, 그것은 모두 『전투미소녀의 정신분석』과 대조적인 스타일이 되었다. 『동물화하는 포스트모던』은 『전투미소녀의 정신분석』의 동생처럼 태어난 저작인 것이다.

그렇다면 당시의 필자는 『전투미소녀의 정신분석』에 왜 그만큼 강한 위화감을 느꼈던 것일까. 그의 관점이 얼마나 유효한 것일까, 또 그것과 연관해서 정신분석의 방법이 얼마만큼 적용 가능한 것인가라는 의문과 관련이 있다. 사이토 씨는 오타쿠의 분석이 섹슈얼리티에서 시작되어야 한다고 생각하고 있지만, 필자는 그렇게 생각하지 않는다. 그것이 쟁점인 셈이다.

지면상 여기에서 그 내용을 다룰 수는 없다. 그러나 사이토 씨와 필자가 여러 군데에서 의견을 교환하고 있기 때문에 독자는 어렵지 않게 그 논쟁을 접할 수 있을 것이다.

혹 독자가 흥미를 가지게 되었다면, 먼저 이 책의 출판 수 개월 후 사이토 씨와 필자와 더불어 다케쿠마 켄타로竹熊建太郎 씨, 이토 타케시伊藤剛 씨, 나가야마 카오루永山薫 씨를 초청해 필자의 웹사이트에서 이루어진 메일 토의 '『전투미소녀의 정신분석』을 둘러싼 망상 서평『戦闘美少女の精神分析』をめぐる網状書評'을 보아 주었으면 한다. 회의록은 지금도 웹사이트에 공개되어 있어(http://www.hajou.org/) 누구나 읽을 수 있다(2018년 2월 현재 접속 가능—옮긴이). 신서 한 권 분량에 가까운 활발한 논의는 위의 논쟁뿐만 아니라 이 책을 읽기 위한 다각적인 시각을 제공해 줄 것이다. 이 토의

는 후에 고타니 마리小谷真理 씨가 더해져 평론집『망상언론 F 카이網状言論F改』(2003)로 결실을 맺었다.

논쟁의 존재가 보여주는 바와 같이, 사이토 씨와 필자는 오타쿠에 대해 기초적인 이해도 구체적인 작품의 평가도, 그리고 정신분석 그 자체의 해석에서도 실로 다양한 의견 차이가 있다. 사이토 씨는『전투미소녀의 정신분석』출판 후에도 만화와 아니메에 대해 정력적인 집필 활동을 계속하고 있으며 그 성과는『박사의 기묘한 사춘기博士の奇妙な思春期』(2003),『해리의 팝 스킬解離のポップ・スキル』(2004),『프레임 씌우기フレーム憑き』(2004)와 같은 평론집들 속으로 거슬러 올라갈 수 있다. 사이토 씨의 방법은 영화 비평과 만화 비평과 같은 표상 분석에 가까우며, 이야기와 게임의 구조적인 관계에 관심을 옮기고 있는 필자와는 다른 길을 걷고 있다. 그럼에도 불구하고 사이토 씨와 필자는 보다 넓은 관점에서 보면 1999년의 만남으로부터 현재까지 오타쿠들의 세계를 보다 풍성하게, 보다 다각적으로 분석하는 패러다임을 찾아 일관되게 투쟁해 왔다고 할 수 있다.

『동물화하는 포스트모던』은『전투미소녀의 정신분석』이라는 '누나'의 출현 없이는 결코 지금과 같은 형태로 쓰이지 않았을 것이다. 그 점에서 필자는 각각의 점에서 아무리 의견 차이가 있다 할지라도 사이토 씨를(나이가 적은 내가 이야기하는 것은 실례일지도 모르겠지만), 2000년대의 '새로운 비평'을 세운 동지라고 생각하고 있으며 그 또한 이렇게 생각하고 있다고 믿고 있다. 이 문고를 손

에 든 여러분들 속에서 우리들의 시도를 이어나갈 새로운 세대의
비평가의 탄생을 기대한다.

(철학자, 비평가, 고쿠사이 대학国際大学 글로벌 커뮤니케이션 센터 부소장)

옮긴이 후기

    이 책을 눈여겨보게 된 것은 성균관대학교 일본학 전공 강의 '일본 만화론'을 준비할 때였다. 참고 도서를 선정하고 강의 내용에 반영하기 위해 시중에 나와 있는 연구서나 번역서들을 둘러보았지만, 오오츠카 에이지나 아즈마 히로키 등의 책 몇 권을 제외하고는 표현 기법이나 컨텐츠 산업의 관점에서만 일본 만화를 다루었기에 무언가 부족함이 느껴졌다. 이대로라면 결국 세속적인 이야기, 혹은 이미 논해질 만큼 논해져서 너덜너덜해진 이야기만 하게 될 불상사가 발생할 것이었다. 그러다가 우연찮게 발견하게 된 이들 중 하나가 사이토였다(참고로 다른 한 명은 이토 고伊藤剛이다).[1] 요약 블로그에서 읽은 것에 지나지 않았지만 그의 대략적인 논지

---

1   그의 책 중 『博士の奇妙な思春期』와 『関係する女 所有する男』이 각각 『폐인과 동인녀의 정신분석』, 『관계녀 소유남』으로 번역된 바 있다.

가 아주 흥미로웠기에 바로 주문하여 연구를 시작했다. 물론 2000년대 초반에 나온 책이기 때문에 현재의 상황과는 상이한 점이 있지만 일본 만화의 특이성과 그 함의를 논하는 데는 부족함이 없었다. 게다가 이쪽 분야에서 나름 잘 알려진 책이어서 서브컬처 평론의 발걸음을 따라잡는다는 의미도 있었다. 다행히도 결과는 나름 만족스러웠다.

또 한 가지의 이유가 있다. 역자는 정신분석 수용사를 주로 연구하는데, 현재까지의 정신분석적 논의에서 주로 언급되는 텍스트가 고전 일색이어서 어떤 식으로든 현재 시점에서 갱신되어야 할 필요가 있다고 생각했다. 그럴 때 주목하게 된 것이 일본의 서브컬처였다. 일본의 서브컬처에는 복장도착과 같이 소프트한 것부터 시체 애호나 분변 기호증처럼 하드한 것이 아무렇지도 않게 묘사되고, 그러한 것이 하나의 설정으로 자리 잡음과 동시에 잠정적이나마 하나의 장르('□□물')로서 인정되기도 한다. 내적 묘사와 외적 반응 모두가 '증상'과 같다는 점에서, 분명 일본 서브컬처는 당대 정신분석 텍스트의 보고가 될 수 있을 것이다.

앞서 말했듯이, 하지만 이 책의 관점을 2018년 현재 시점에 그대로 적용하는 것은 불가능하다고 생각된다. 그때의 아키하바라와 지금의 아키하바라가 다르듯이, 오타쿠 산업은 2000년대 초반보다 훨씬 복잡화, 다양화되었고 그만큼 서브컬처의 문맥도 달라졌기 때문이다. 또 지금-여기에서 이 책을 읽는 우리를 고려한다면 대단히 많은 것들을 다시 생각해야만 한다. 일본인의 일본 서브컬처 논평은 한국인의 일본 서브컬처 논평과는 다른 흐름에 위치해 있다는 점에서 그러하다. 요컨대 일본 서브컬처에는 1990년대의 해적판 대유행도 없었고, 기모노를 덧칠해 한복으로 바꾸는 일도 없었으며, 반일 감정과 취향 사이의 애증도 없었다.

그뿐만이 아니다. 전투미소녀가 '일본 특유의 표현형식'이었던 당시와는 달리, 전투미소녀라는 소재 자체는 한국, 중국, 미국 등 어디에서나 생성되고 있다. 또한 '음습한' 오타쿠 서브컬처의 맥락을 벗어나 대중적 공간에서도 출몰하고 있다. 단적인 예로 『갓 오브 하이스쿨』의 유미라는 네이버라는 거대 포털의 웹툰 서비스에 모습을 드러내고 있고, 중국 모바일 게임 <붕괴 3>의 전투미소녀들이 지하철 광고판을 장악하는 한편, PC방에서는 <오버워치>의 디바가 궁극기를 시전하고 있는 것을 보면 잘 알 수 있다. 요컨대 통시적인 관점에서 사이토의 논의는 더 이상 효력을 갖지 않는 것처럼 보인다.

하지만 사이토의 문제의식은 여전히 유효해 보인다. 이 책이 설명하고 있는 전투미소녀의 생성 경위와 수용 양상, 작동 원리, 그리고 그 함의는 환경과 기술이 통시적으로 변화한다 할지라도 통용될 수 있기 때문이다. 그것은 전투미소녀에 대한 경제적 수요가 계속해서 존재하기 때문이 아니라, 그것 자체가 존재에 대한 본질적인 물음이기에 그러하다. 그리고 이 책을 읽는다는 것은 그러한 물음에 직면하는 일이기도 하다. 같은 관점에서, 어쩌면 이 책은 우리의 모습에 대한 하나의 물음이 될 수도 있을 것이

다. "당신들은 누구인가?" 라는 물음 말이다. 그러한 점에서 10년
도 전에 나온 이 책은 현재적인 의미를 가지고 우리에게 다가오
게 될 것이다.

충북 옥천에서
이정민

전투미소녀의 정신분석
'싸우는 소녀'들은 어떻게 등장했나

제1판 1쇄 2018년 09월 05일
제1판 4쇄 2024년 08월 01일

지은이 사이토 타마키
옮긴이 이정민 • 최다연
펴낸이 연주희
펴낸곳 에디투스
등록번호 제2015-000055호(2015.06.23)
주소 경기도 성남시 분당구 황새울로351번길 10, 4층
전화 070-8777-4065
팩스 0303-3445-4065
이메일 editus@editus.co.kr
홈페이지 www.editus.co.kr

ISBN 979-11-960073-8-6 03300
이 도서의 국립중앙도서관 출판예정도서목록(CIP)는 서지정보유통지원시스템 홈페이지(seoji.go.kr)와
국가자료공동목록시스템(www.nl.go.kr/kolisnet)에서 이용하실 수 있습니다.
(CIP 제어번호: CIP2018025899)